遇见孩子 孩子
看见 自己

写给妈妈的心灵成长书

徐静·著

中国纺织出版社 | 国家一级出版社
全国百佳图书出版单位

内 容 提 要

本书作者针对当下父母在育儿过程中所关心和困惑的问题，以一双儿女的妈妈、老师、幼儿园园长、心理咨询师、亲子教育讲师等多重身份，一针见血地点出问题的实质，并通过多个角色积累的案例给读者最直观的印象。

全书内容超越了仅仅对0~6岁孩子的关注，对于父母了解孕期的心理建设、亲子关系和家庭关系的构建都有重要的作用。书中所涉及的许多家长所关心的问题是作者从其接触到的案例和亲身经历中总结出的，如二胎的养育、婆媳关系、孩子的分离焦虑、如何培养孩子的兴趣和个性等，实操性较强。希望家长能透过这些问题，透过孩子，活出真正的自己。

图书在版编目（CIP）数据

遇见孩子，看见自己 : 写给妈妈的心灵成长书 / 徐静著. —— 北京 : 中国纺织出版社, 2019.9

ISBN 978-7-5180-6021-4

Ⅰ.①遇… Ⅱ.①徐… Ⅲ.①家庭教育 Ⅳ.①G78

中国版本图书馆CIP数据核字（2019）第050122号

策划编辑：刘 丹　　责任校对：陈 红　　责任印制：储志伟

中国纺织出版社出版发行

地址：北京市朝阳区百子湾东里 A407 号楼　　邮政编码：100124

销售电话：010—67004422　　传真：010—87155801

http : //www.c-textilep.com

E-mail：faxing@c-textilep.com

中国纺织出版社天猫旗舰店

官方微博 http://weibo.com/2119887771

天津千鹤文化传播有限公司印刷　各地新华书店经销

2019 年 9 月第 1 版第 1 次印刷

开本：710×1000　1/16　印张：14.5

字数：195 千字　定价：49.80 元

推荐序一

美女心理学专家徐静是我的忘年交。

最初对徐静有印象不是因为她爱心理学，而是因为她会弹扬琴，我是几十年如一日的扬琴爱好者。

推荐徐静的处女作不是因为我喜欢她的扬琴演奏，而是因为这本书风格独具。

无须太多，只要本书的以下其中一点内容你感兴趣，这本书就值得你拥有。

1. 如何舒适地享受分娩，让临产得以像婚礼那样愉悦、幸福和美好。在这方面，作者是亲身经历者。

2. 如何让育儿充满欢喜。焦虑是最令孩子难堪的礼物，现实中太多的孩子恰恰就"浸泡"在父母焦灼的口水和表情中。本书教你享受育儿，最后你会发现：孩子快乐你轻松，陪孩子成长的同时，家长也收获了成长，活出了生命的本质，成为最好的自己。

3. 如何获取"营养"丰盛的育儿知识。本书融汇了作者在英国留学提取的教育理念、心理咨询中的实践精髓、幼儿园创办中积淀的育儿方法和自己人生历程中独特的思考。我相信，只要翻开这本书，你就会身随心动。

著名心理学专家、中国首家心理学校创办人　曲伟杰

推荐序二

亲爱的徐静：

冥冥中似乎有注定，从你和我分享这本新书后，我又在南北半球绕了一大圈，最终回到你我初识的京都重拾思绪、落笔写序，我想我们一定是灵魂共振，而非仅仅用头脑去完成一件事情吧。

如秋夜明月入水，滢滢粼粼，是我对你初见的印象。当我了解到你的留学经历、你这些年来在专业上的扎根和热情、你在专业领域提出的独特见解和实用方法，我对你的理解和认识变得丰富起来，我相信你目前所呈现的还远远不足以体现你内在的精彩。

在拜读你的著作时我有很多感触，在理念上我们有着拍案的共鸣感，因为这本书不仅仅是拘泥于育儿的技巧和方法，这些对于已发生的结果的修正，更是帮我们真正意识到人生成长的真谛：一切的发生都是来助我们成为更好的自己，孩子尤其如此，是无可逃遁的明镜，更是相约的深缘。此书的着力点还是在于自我生命的绽放，从牺牲—责任—教导式的教养陷阱中脱离出来，透过对孩子的陪伴活出自己的崭新人生。

书中有关你来自幼儿园一线对孩子的观察和你自己做妈妈及你做亲子教育的诸多案例，带给我多重身份和多个视角的启迪。

奇迹 30 创始人、知名身心灵导师 凤凰娴

推荐序三

学做父母，是一辈子的功课

家庭，是女性的修道场，是女性自我意识的摇篮，更是女性弥补童年缺失，成长为整合的、智慧的、富有力量的自我的机会。

身为女性心理咨询师，同时也是一位妻子和妈妈，在工作、学习、交友之余，我的时间、精力大多都用在了家庭里。我在丈夫身上学习到幽默和克制，在孩子身上学习到好奇和自由，在婚姻关系中学习到坦诚和沟通，在亲子关系里学习到界限和变通。

然而天知道，这个学习的过程到底充斥了多少孤独、多少无助。

像所有普通的妈妈一样，我在育儿过程中也曾经遇到诸多困境。当孩子毫无理由地哭得停不住，我想尽一切办法也无法安抚他时；当孩子第一次离家去上幼儿园，我对他即将面对的新环境充满焦虑想象时；当婚姻关系和亲子关系产生冲突，而我一时间又不知道如何平衡时……

这些挣扎无一例外都和我的成长经历有关。在那些艰难的时刻，我的丈夫、朋友和咨询师为我提供了很多帮助，我非常感激他们。每当从情绪低谷走出来，我都会忍不住想：身为心理咨询师，做了这么多年个人治疗，也为别人提供心理治疗，我尚且会遇到这么多无力和沮丧，其他职业的妈妈，从未走进心理咨询室的妈妈们，是如何帮助自己走过那些时刻的呢？

一口气读完徐静的这本《遇见孩子，看见自己：写给妈妈的心灵成长书》，我有一种冲动想把它推荐给所有正在抚育幼儿的人。因为它不谈多么高深的理论，而更多的是为读者打开广阔的视角，提供情感和心理上的支持。每一个孩子都很独特，每一个妈妈也各有风格，关于育儿，世界上并没有标准答案。也许很多妈妈都像我一样，并不需要高深的理论指导，而是需要一些积极的"经验参考"，尤其你所汲取到的，是经过认真思考和科学验证的经验，那不但会让你感到安心的信任，还会有一种被支持、被陪伴的感觉，那种在心灵深处被理解的感觉，在精神上有共鸣的感觉，会让你在家庭生活和育儿过程中更加自信、更加从容。

徐静就像一个好朋友，无私地分享她的观察和思考，分享她的经验和心得。她的字里行间满是温柔和信任，她信任孩子、信任自己、信任这个世界、信任每一个人自身的能力。身为心理咨询师、教育工作者、妻子和妈妈，徐静在育儿过程中有着非常广博的视角，在这本书中，我除了读到育儿方面的心得，还读到经由孩子疗愈自我，通过育儿经营婚姻关系的内容。后者也是我比较关注的领域，所以在阅读的过程中所获颇多。

这些年来，随着心理学的深入发展，"原生家庭"的概念越来越多地为大众所熟知。早期记忆会影响人的整个生命过程，如果没有经过反思和持续的自我成长，人们可能会用一生去重复5岁之前的经验。人际关系中的卑怯、退缩、犹疑，事业上的焦虑、彷徨、挫败，爱情里的孤独、恐惧、哀伤……如果细究下去，都能找到童年阶段的影子。这是心理工作者致力于心理科普的原因，更是徐静这本书之宝贵所在。

只有快乐地爱自己的父母，才能养育出快乐自信的孩子。把"学做父母"作为自己一辈子的功课，是孩子们的天生好运气，是父母们认识自己、成长自己的机会，更是家庭幸福、社会和谐、国家强大的基石。

资深心理咨询师、作家、女性成长导师 肖雪萍

前 言

我是两个孩子的母亲，也是一名教育心理工作者。在这本书里我想与大家聊聊自己在生儿育女和陪伴孩子成长过程中的反思，也有我作为女性在圆融家庭关系中的探索，有我在发掘内在力量过程中的成长与蜕变，也有我作为心理咨询师在与来访者真实互动过程中的案例记录和感悟。

2014年，为了自己的孩子和有缘的家庭能享受到滋养心灵的教育，也为了让最新的教育心理学研究成果落地，我办了一所走心的幼儿园——爱可园，期待用爱与尊重陪伴生命的成长与绽放。所以，在这本书里你也会看到我作为园长和老师在幼儿园实践过程中的心得体会。当然，我更希望自己作为一个宇宙中独一无二的存在，与大家借由陪伴孩子这一机缘，探索生命的智慧与奥秘，发掘自己的天赋与才华，活出那个豁达、喜悦、平和与充满爱的自己。

我们不光是在陪伴孩子成长，孩子也在陪伴我们一点点成长，书中多次强调父母自我成长的重要性。成长到底是什么？在我看来，成长绝不仅仅是长高、长知识或者长年龄，成长是真正承担起自己生命的责任，随时回归生命的本质和内在源头的探索，认识到所有让我们不舒服的人、事、物不过是触发了一块旧伤，它给我们提供了一个宝贵的机会去颠覆它、超越它。成长就是在育儿的过程中时刻觉察自己的喜怒哀乐与内心需求，越来越清晰生命的意义，不盲从、不刻意、不担心、不用力，随时随地在纷繁复杂中看到美好，越来越能调动并信任自己和孩子内在的智慧。

我希望大家能领悟到我文字背后想要传达的意义，而不只是看到言语层面的表达。我写这本书也是希望父母们能不必执着于某一个被过度强调的理念或育儿方式，时刻提醒自己在教育孩子的过程中莫失去最重要的那份平和与信任。

过去的几年，我一直致力于倡导和宣扬科学育儿知识、心理学最新成果在育儿中的应用，以及最利于孩子成长的主张。从依恋理论到各种敏感期，从爱与自由的理念到如何帮孩子内化规则，从孩子的吃喝拉撒睡到各种"孩子 ××了，怎么办"。这些知识真的很重要，但本书我会着墨于这些知识背后更重要的部分。

你若能读到这些文字不是巧合，当你愿意看见自己，好奇孩子带给你的礼物，才会翻开本书。希望这本书能帮你借助孩子走入生命中的每一个当下，收获点点滴滴的成长。

孩子就像是一面镜子，帮助我们成为更好的自己。孕育、陪伴孩子成长的过程，也是孩子陪伴我们成长的过程，它仿佛赋予了我们一趟全新的生命之旅，真正活出人生全方位的精彩！

是的，孩子教会我享受和专注生命的每一刻，把地球上的体验当成一次自助餐，在游戏规则中感恩它的丰盛、享受我们的自由。可惜有的人玩着玩着就玩儿得太认真，陷入了头脑的评判和比较中，钻进了利益的算计与权衡中。是孩子提醒我们忆起来地球时的约定，回归生命的本质与初心。当我们理解孩子、敬畏生命，随时保持好奇和敞开的心扉时，我们就不会再纠结于凌驾在孩子之上的基于某种担心和恐惧的教导，就会放下狂妄自大的心，谦卑地感受孩子、倾听孩子。

徐静

2019 年 3 月

目 录

第三篇　透过孩子，爱上不完美的自己

第四篇　透过孩子，收获圆融的家庭关系

放下脑，敞开心，透过孩子活出自己

——宝贝，谢谢你陪我长大

宝贝，你如一朵含苞待放的小花，

在我的心中生根发芽，

滋养我内心的小孩，一点点长大。

你总是活在每一个当下，

任泪水和汗水肆意挥洒。

你如一面明镜，

时刻用纯真与爱给我提醒。

你又如闪亮的繁星，

指引我在纷繁的乱世中笃定前行。

我的宝贝，

谢谢你来帮我疗伤，

帮我接纳不完美的自己，收获成长。

谢谢你天马行空的梦想，

帮我认清生活的真相，不再彷徨、不再迷茫。

谢谢你天籁般自由地歌唱，

让我的生活褪去阴霾，充满阳光。

我的宝贝，你是我成长的契机，
帮我勇敢面对真实的自己。
我曾为伤痕累累的自己而哭泣，
也为收获重生的自己而欢喜。
怀着敬畏与感恩的心，我想对你说，谢谢你。

我的宝贝，你是我的傲娇，
给我带来无限的欢笑，
你的世界如此多姿与美妙。
成长之路遥遥，
我要放弃桎梏我灵魂的脚镣，
与你跨过大桥，飞上云霄。

我的宝贝，
谢谢你唤醒了我生命的智慧。
帮我疗愈内心的痛，体验生活的美。
我的心愈发简单纯粹，
不再在欲望与头脑的虚妄世界中昏睡。
我一点点忆起自己是谁，
生命的本质逐渐回归。
放下脑吧，让自由的心在湛蓝的天空中放飞。

第一篇

透过孩子，看见并疗愈自己

我们一起"长大"

咨询室里，我任凭L在我面前哭得像个孩子，这种释放让她觉得畅快过瘾。许久，她颤动着双肩抽泣着，慢慢平静了下来。她习惯性地朝自己的大拇指咬去，咬大拇指的习惯已经跟随她很多年了。焦虑紧张痛苦的时候，大拇指似乎是最温顺的替罪羔羊。小时候，她一吃手父母就制止她，涂辣椒、恐吓，各种办法试过来，终于将她的这一"嗜好"成功地固定下来。L哽咽着告诉我，印象里自己到了小学还在尿裤子尿床，好像身体在与什么力量对抗似的，越矫正就越不受控。L自己也很苦恼，那些记忆伴着清晰的恐惧感和责骂声，至今回忆起来还令她不寒而栗。她说，我给她一种温暖接纳的感觉，但自己对于那些看似很权威的人又怕又恨，比如她的上司，为此她丢了好几份工作，但自己却偏偏又总是遇到苛刻、严厉的老板，她不由得想起了自己幼儿园时期最怕的老师，那个咄咄逼人的眼神至今还停留在她的脑海深处。随着每周一次的咨询，所有这些她自以为早已经忘却的童年往事一点一点浮现上来，或者说一直以来，那些压抑的感伤和不愉快的气息，早已经深藏在细胞的记忆里，磨掉了脸上的笑容，藏进了身体的病痛，植入了人生的基调，那些童年的与人互动的模式也在悄无声息地在她今天的生活中上演。

意识到这一切像是一缕久违的阳光洒进窗子，泪水冲刷着压抑已久的愤怒与惆怅。她似乎都快忘了，自己来找我的时候，不过是想让我告诉她如何纠正儿子的"多动症"。我看到她的儿子后意识到，这不是真正意义的多动症，不过是多动而已，又或者说，是"多"抑或是"少"还是"刚刚好"，不过是一部分成人臆想的判断罢了。离开的时候我轻轻地问："你的手还好吗？"她缩回有些翻皮儿的手指头，尴尬地撇了撇嘴，欲言又止，最后她有些不耐烦地说："我儿子问题多着呢，我下次再和你说我的事儿。"第二天，她果然来了，但没有问我她儿子的事情，而是决定跟随我正式地做咨询。这一路走来，我倾听着她的诉说，陪伴着她的释放，接纳着她的泪水和愤怒，见证着她的疗愈和成长，是的，孩子"帮"她长大了，无数个"她"也陪伴着我成长。

　　作为一名心理学工作者，我常常感到很幸运，能够从事着一份给自己和他人带来温暖和力量的行业是幸福的！每当有来访者或学员带着顿悟和重生的微笑闪着泪光对我说："徐老师，谢谢你让我看到了自己的过往，带我找到了生活的希望！"我都会为他们绽放的笑脸而倍感欣慰。然而一个成年人决定觉察和面对自己内在的问题时需要很大的勇气、耐心甚至机缘，也不得不忍受"剧痛"以期望获得内心的安宁和喜悦！多少人为了疗愈心灵深处那个曾经受伤的小小孩，忍痛揭开童年的创伤，为了能感受和拥有的幸福多一点儿，在精神枷锁与心灵自由间反反复复地挣扎，这一路走来，我深知其中的不易。

　　儿时的经历对于人生的命运至关重要，那些缺失的安全感，那些被压抑的、印刻在记忆细胞中的情绪和被打击的自信心以及那一颗颗不常被大自然和美好事物滋养过的心，那些因缺少陪伴和尊重而变得孤寂和桀骜的灵魂，那些没有体验过真正的爱与自由而受伤的心，需要我们事倍功半的精力去修复和填补。

　　多少善良的人们在迷茫、焦虑和恐惧中度过看似忙碌而充实的每一天，他们也许功成名就并拥有光鲜的外表，但他们会在某一个普通的夜晚突然醒过来，被莫名的恐慌和空虚占据着心灵，拷问自己活着究竟是为了什么？似乎总有无数的压力、忧虑和不幸充斥在周围，使得我们离那颗感恩、喜悦和被爱充盈的心渐行渐远。看似积极健康向上的我们，又有多少人是真正全然地活在当下、享受生活、享受人际互动的乐趣和感受家庭中的爱与温暖呢？

时间都去哪儿了，我们的童年一去不复返了，没有人可以再来一遍。但是，我们可以告诉孩子：你可以害怕和哭泣，脆弱也不是什么丢人的事情，和我们内心中最真实的部分做朋友吧，只有我们面对和接纳它，我们才有可能变得真正强大。我们可以让孩子知道，即使没有窗外的鲜花和掌声，他们的生活依然可以精彩，他们的笑容同样可以开怀。我们会让孩子知道，即使前方的路布满荆棘，或者生活似乎并没有眷顾你的付出，你也一样可以悦纳上天这份独特的礼物，感恩生活，相信一切都是最好的安排，笃定地迈出生命的每一步。

滋养心灵的教育

我们一直在探索一种真正地让每一颗心灵都被滋养到的教育。这样的教育为孩子健康和独立的人格奠定良好的基础，培养他感受和创造幸福的能力。我们无法陪伴孩子一生，也不能确保他学到的知识就会让他过上富足的生活，更难说这种富足是他自我实现的精神愉悦。孩子们会勇于成为他们自己，他们的灵魂是自由的，因为他们的幸福感来自于自己强大的内心，他们可以成为更好的自己，他们快乐，不是因为"我比你幸福"，而是源于"我们都幸福"。他们会爱自己、接纳自己，因为他们知道自己是可爱的，是有价值的，这个世界也是美好的，是值得信任的，他们爱身边的伙伴，有爱心，愿意为社会贡献自己的力量。

也许有人会说，这个世界本就布满了无处不在的险恶，我们要教会孩子时刻提防。我们要用善意引导孩子更了解他人和自己的界限，对自己的一切保有清晰的觉知。但是一个内心无力、软弱和冷漠的孩子在危险的时候反而是不会保护自己的，不安的敌意和防御并不会降低遇到危险的概率，相反，孩子们只会在恶性循环中验证更多的世间凶险。而心中充满恐惧的灵魂只会吸引到更多带给我们恐惧感的人、事、物。尽管这个纷繁复杂的世界似乎常常让人失望，我们的周围也的确充满了各种挑战和事与愿违的无奈，但孩子们仍然热爱这个世界，对未来有着无限憧憬。他们爱爸爸妈妈，不是因为有孝顺和赡养的义务，而是因为灵魂深处的连接和那份发自心底的感恩和爱。

德国教育学家斯普朗格说，教育的最终目的不是传授已有的东西，而是要把人的创造力量诱导出来，将生命感、价值感唤醒。唤醒是种教育手段，不是叮咛、检查、监督和审查他们，孩子一旦得到更多的信任和期待，内在动力被激发，会更聪明、能干、有悟性。

人类生来就具有两种基本的能力：一种是爱，一种是对这个世界的认知。教育的初衷本是要诱发孩子对知识本能的好奇心和探索心，促成其智慧的生成，而不是在大人殷切的期望和填鸭式的教授下把学习变成责任和负担。遗憾的是，在全民焦虑、攀比心和功利心盛行的教育氛围中，人类与生俱来的"求知欲"却悄然地在高压的学习竞赛中变了味。

也许有家长说，没有办法，这个世界的竞争就是这么残酷，我们不能让孩子输在起跑线上！然而如果一个孩子缺乏自理能力、问题解决能力和探索精神，又不会主动安排自己的生活学习，不会感受生命、感恩和欣赏他人，他其实已经输在了起跑线上，求知的乐趣和意义也早已荡然无存。当有一天他为工作压力、人际关系、家庭矛盾和生活的意义而苦闷的时候，可能需要花很长的时间寻求心理帮助去抚平内心的挣扎和深层次的困惑。而对于一个内心有爱、尊重规则、对世界充满善意和好奇的生命，拥有令人敬佩的才能和学识只是享受生命的过程中一件顺理成章的事情。

教育不是万能，教育也不是无能，教育是无限可能。没有尊重就不是爱，没有爱便谈不上教育。不是蹲下来说话，就是尊重孩子；也不是凡事都点头，就叫做给孩子空间；更不是用成人世界的规则与要求去给予期望就是重视。带着对生命的爱和珍视，近些年我把更多的精力投在了儿童早期家庭教育上，这是一个深刻而富有历史使命的课题，同时创办了一个温暖的小幼儿园——爱可园。它没有高大上的围墙，但是它孕育着爱和童年无限的可能性，它让我们看到生命可以这样美好！用尊重陪伴生命的成长和绽放。希望我们微薄的力量能带给孩子们和他们的家庭以滋养心灵的教育，陪伴父母在养儿育女的过程中收获成长的幸福。

当有一天，孩子们在这个纷繁复杂的物质世界拥有一颗笃定而温暖的心的时候，他们会发自心底地微笑着面对自己，面对他人，面对生命中的每一个境遇。

第二节
放松一点儿，不妨试着允许自己、允许孩子

起名儿中的智慧与期待——用爱孕育无限的可能性

起名字里面奥秘很多，生辰八字、缺金少土的考量赋予了姓名独特的魅力。书本里有我们熟悉的"润土"，时代的使命感把姓名诠释得神圣而有力，历史的印记让一个"1949年"生出万千个"建国"和"富强"。是啊，每一个名字的背后都寄托了家族对孩子无限的祝福与祈盼，人们恨不得把世上所有美好的字眼，都浓缩在名字里送给孩子。我家儿女的名字里都有一个"可"字，儿子名"可葇（shēn）（小名佑佑）"，女儿名"可晗（小名咪咪）"，于是有人好奇：徐老师，你家宝贝名字有什么特别的意义吗？园名"爱可园"里面也有个"可"。是的，起名字的过程让我更了解了自己、了解了心中对孩子的期待。

可：允许、接纳、尊重、平和的敬畏心

爱可园得名的时候，我们希望用"爱"孕育生命无限的可能性。"可"是我们无比珍惜的字眼，因为这是允许孩子做自己的核心，它是一种允许，一种一切如其所是的大爱。它是一种发自心底的接纳。它是一种看见，是一种对宇宙中"存在"的尊重，就像欣赏落日一般，我只是去默默地看着、观

察着。我看到了，不带任何评判，我只是带着一颗敬畏的心，去欣赏这个小生命属于他自己的精彩。人类从未停息过在宇宙中探索爱的真谛，而事实上，无论我们怎样诠释"爱"，它的本质都是一种接纳。没有接纳，爱便无从谈起。

也许会有人担心，这所有的"允许"岂不是把孩子惯坏的节奏？其实不然，这种允许是一种深深的信任和谦卑。因为我不担心没有我的帮助，孩子就不能成为更好的自己。因为这美其名曰的"帮助"也许只是一种"干预"，孩子未来的世界存在于我们无法企及又难以描绘和预测的明天！所以我允许他的生命之河按他自己最欢快的、最舒适的节奏流淌；我允许这个世界上人和事的发展与自己想象得不一样。而我知道，能做到这一切实属不易。孩子一直在教我践行这生命中最重要的功课：做从容坚定、平和温暖的自己。

其实，如果所有的家长和幼儿教育者都不急着把成人的想法、要求和愿望强加在孩子头上，孩子便能够真正展现出旺盛的生命力，爱才可以流动起来。于是他们可以成为最好的自己，他们的未来甚至会令我们刮目相看。要做到真正的不干预的确不容易，社会主流文化和我们身上的烙印帮我们把内心中的焦虑投射给了孩子，仿佛如果我们不改变孩子，不纠正孩子，孩子就不会发展得如我们想象的那般好，而这样的担心说到底是一种对孩子的不信任。

我的孩子们和千万个孩子一样，有着旺盛的生命力，当然，这种生命力也时常被人们诠释成"淘气"，甚至是"可怕的"第一反抗期。然而我想说：孩子，你可以是那个说话并不早、黏在妈妈身边的宝贝；你可以是你现在的样子，你可以脆弱，在伤心的时候哭泣；你也可以不那么阳光开朗，选择在角落里默默地独处；你甚至都不必完美、优秀和坚强，因为你是独特的你。尽管我不强求，但我却相信你那强大的生命力会在一个安全、有爱的环境里使你成为最好的自己。我相信，当你被大家信任的时候，便会找到属于自己的勇气、光芒、温暖和力量。

棽：活在当下，一切都是最好的安排

棽是一个生僻字，枝繁叶茂的意思。我和先生希望孩子拥有充实而富足的内心世界，另外，此字乍看上去有点儿像"梦"。梦是人潜意识中珍贵的资源，它开启了我们探索内在的大门。我把孩子带到了这个世界上，也希望他能够带着自己梦想的翅膀，翱翔在属于他自己的天空上。

最终让我毫不犹豫选取"棽"这个字的关键，是下边那个"今天"的"今"字。"活在当下"不是一句简单的口号，它让我们看到生命的本质，让我们活得自在和脚踏实地，这往往是实现梦想的核心，把一切生命中虚无的、浮躁的干扰通通放下，然后就会看到，我们每个人真正拥有的就只有此时此地。正如《功夫熊猫》里面那句经典而智慧的台词：Yesterday is a history, tomorrow is a mystery, and now is a gift, which is called present。是啊，昨天是一段历史，明天又如同迷雾，而当下却是生命馈赠的礼物！

如今女儿可晗也一天天长大，"晗"是初升的太阳。伴随着清晨的第一缕阳光，愿生命以全新的美好开启无限的"可"能性。是的，一切都是最好的安排。让我们拥抱阳光，绽放生命的那份喜悦和爱。

我相信，有许许多多的爸爸妈妈都在名字里融入了各种期许，你家宝贝的姓名里又有怎样的故事和小小心愿呢？

我允许一切如其所是

有些人听到"允许"二字，如临大敌，什么？允许？那孩子岂不无法无天了。孩子不争气，就是不够严格。严师出高徒，你今天不管，明天有你后悔的，社会也会教训他的。什么？允许自己？不不不，我们要对自己下手狠一点儿，要一日三省、时刻保持对自己高要求，避免出错！在这里我们先不着急和社会传统信念系统叫板，从某种意义上讲，这些话没毛病，但我们需要问自己这样几个问题：你不允许自己哭，悲伤去哪儿了？你不允许自己懒，疲倦去哪儿了？你不允许自己生气，愤怒走远了吗？每天用一把自责的小刀子捅自己，你的感觉如何？如果有人说：不，不，不，感觉不重要，我们要完美的结果，逼自己一下，痛一痛才会成功。"那么我想问，如果从"应该"和"有效"两者中选择，你怎么选？每个人都有培养孩子的标准与期待，但如果，你的"不允许"恰恰打乱了孩子成长的步伐，使得他无法调动起自己成长的力量，你会不会在陪娃成长的道路上放缓脚步，多一些沉默，允许更多的自由呢？你也许点头了，但更多的人会说，即使我想也做不到啊。是的，我们习惯了挑自己的毛病，怎么可能放过孩子？

允许孩子还包括允许孩子失败，允许孩子无聊，允许孩子愤怒。你不需要做孩子的拯救者或随时为孩子待命，时刻想着如何安排孩子的"学"和"玩"，成为替孩子服务一生的学习和娱乐委员会秘书。当你真的信任他，不尝试替他解决问题、填满他的闲暇时，你会发现，孩子远比我们想象得负责和强大。当然，这并不是说我们什么也不需要为孩子做，只是我们在引导孩子的过程中是不是能平和地允许非我所愿的情况发生。如果恐惧和担心浸染了我们与孩子的关系，就遮住了我们对孩子的信任与希望。

德国当代系统心理学大师伯特·海宁格先生在《我允许一切如其所是》中有这样一段智慧的语言：

我允许任何事情的发生。

我允许，事情是如此的开始，

如此的发展，如此的结局。

因为我知道，

所有的事情，都是因缘和合而来，

一切的发生，都是必然。

若我觉得应该是另外一种可能，

伤害的，只是自己。

我唯一能做的，

就是允许。

我允许别人如他所是。

我允许，他会有这样的所思所想，

如此地评判我，如此地对待我。

因为我知道，

他本来就是这个样子，

在他那里，他是对的。

若我觉得他应该是另外一种样子，

伤害的，只是自己。

我唯一能做的，

就是允许。

当我们真正了解了自己，就不会轻易妄自菲薄或感到渺小自卑，我们才会自然而然地给自己允许，允许情绪能量自然地流动起来，允许自己现在是现在的样子，允许一切的发生，不与之抗拒，允许一切流经我们，但不抓取、不焦虑、不痛苦。"允许"的力量是解决一切问题的核心力量，它帮助我们放下执着与焦虑，内在的智慧自然生发，再大的问题也自动化解，不治而治。

美玲的困惑

美玲为人和善，人缘不错，可最近她为孩子的事情操碎了心，四岁半的儿子小帅这段时间特别喜欢说脏话，弄得温文尔雅的美玲带孩子出去甚是尴尬。"我这儿子怎么突然变成这样了？什么难听说什么，什么过分说什么，而且我说他他根本不听。那天我正和闺蜜带孩子聚会，他冲着人家便说：'屁阿姨，臭粑粑！'我也忍不住发飙了，他还继续说，没几分钟又跟我闺蜜的女儿大喊：'小心我把你煮着吃了。'我真想找个地缝儿钻进去，无语啊！我至今记得闺蜜当时看我的眼神。"我问道："你觉得小帅说这些对他来说有什么好处吗？""这我倒是没想过，能有啥好处？他就是调皮呗！可能觉得好玩，想引起我注意，那天我光顾着和闺蜜讲话了！"

是的，随着年龄的增长，孩子逐渐体会到语言的力量，通过说"狠"话感觉自己很厉害、很与众不同，有些人把这一段儿叫做诅咒敏感期。当我们暴跳如雷、大动干戈时，孩子会愈发体会到侮辱性语言的威力而乐此不疲。但我们如果并不为此紧张，甚至不去回应和纠正他们，他们反而会觉得没意思了，逐渐放弃这一行为，这就是允许的力量。

了解了这一点，美玲顿时理解了为何小帅的"问题"愈演愈烈了：她总是不失时机地配合孩子给出完美的反馈——愤怒和指责！"但是做到不说他很难呀，我觉得在闺蜜面前特没面子，人家的小姑娘乖乖的，多招人爱。""是啊，知道到做到是有距离的，我们需要先足够了解自己。"经过内在的探索，美玲发现她不接纳自己才是不接纳孩子的根源，孩子的问题给了她一个机会反观自己和闺蜜的相处模式。一直以来，她都试图在攀比中证明自己的价值：彼此的老公够不够帅，生活够不够富裕，孩子够不够乖。仿佛只有外在的砝码和比较中的优越感才能让她感受到自己的存在与价值。要维持表面的温文尔雅，要隐藏深埋于心底的攻击性，这些焦虑让她活得不真实，也好累，是时候收回外求的目光，来面对真实的自己了，她突然有点感谢自己眼中"一无是处"的孩子。

你所抵抗的，都将变得更大

我们抱怨孩子不乖、老公不给力、教育太功利、社会太乱，所有这些却在不知不觉中被我们的不满态度加剧了。我们关注什么、对什么兴奋，什么就会来得更多、更猛烈。不管你是否相信，这永远是宇宙的规律。荣格说："凡是我们抵抗的，都将变得更大！"

我们紧盯着孩子的胃口，不接纳他现在的样子，于是成就了一个需要追着喂饭的吃饭的"困难户"。我们不允许孩子"吃手"，便赋予了他将吃手进行到底的力量，甚至一辈子都难以戒掉。我们不允许孩子碰危险的东西，他却总在寻找机会挑战权威。我们不允许孩子吃零食，他便想尽一切办法吃到。我们对孩子大喊："不许哭！"孩子哭得更肆虐了，或许他可以因为恐惧，硬生生地憋回了情绪，但这份内伤不是伤了身体就是伤了心。

也许有人说，不全是这样吧，我家孩子被我管得很服帖，说一不敢二，是的，很多孩子就像那马戏团里的小象一样，在无数次挣扎之后放弃了反抗，直到它长大，哪怕是拥有了庞大的身躯和无与伦比的力量，它也不再试图挣脱那脚上的链锁。因为它的心早已死去，它已经坚信了自己的无能为力和弱小。直到有一天，一场突如其来的大火让大象本能地挣脱了链锁，它才忆起自己的力量。可是，不是每头象都能遇到那场大火，也不是每头象都耐得住炙烤的疼痛，并迸发出重生的力量。在你为成功驯服了孩子而欢庆的时候，扪心自问，你和孩子的关系好吗？孩子发自心底地欣赏自己、爱父母吗？他的内心温暖而有力吗？他的才能都能自如地发挥出来吗？你是否有机会自豪地说："我的孩子已经十几岁了，仍然愿意和我说心里话？"对于不少父母，这是他们最欣慰、最自豪的时刻。

青春期撞上更年期

陈爸爸感慨颇多，前几年他和太太都忙于生意，顾不上孩子，但也尽其所能地操心孩子。暴脾气的他烦躁了就骂，急起来就打，太太则以唠叨孩子为主。小时候被管得很服帖的儿子上了初中后像是变了一个人：逃学、不与父母交流、早恋。夫妻俩如今每隔一周就赶火车来到我的咨询室寻求帮助。曾经让他们引以为傲的乖儿子如今令全家束手无策、阵脚大乱。"唉，没办法，谁叫我们俩这更年期遇上了青春期呢！"陈家夫妇刚来的时候很认命地叹气。

这是一个很有趣的话题，我们来看看你所关注的和抗争的问题如何变成一个确凿的事实，可以说，集体意识的力量是巨大的。

其实，世上本没有青春期与更年期这两个特殊阶段的矛盾问题，说的人多了也便成了问题。2005年前后，我翻译了几本专门介绍更年期的书，也许是我开始关注了，又或者是社会的趋势，自那以后，这两个名词就开始流行于大街小巷。翻译书稿的研究学习过程帮我更系统地了解了年龄变化的趋势、激素分泌水平以及社会角色的转变给身心带来的可能是巨大的冲击，但标签的强化作用依然难以被否认。过去人们没有听说过青春期，青春期问题也仿佛没那么突出；过去人们没想到把暴脾气和睡不着觉往更年期上归因，

也很少有人暗示自己到了某个特殊的时期。现在我们定义它、描述它、谈论它、研究它、排斥它，影视作品宣传它，生理和心理的医生都重视它、治疗它，它便成了人们津津乐道的话题，固化为人们生活中必不可少的"问题"。

其实，这两个时期不过是人们身心问题模式积累的集中爆发期。拿青春期问题来说，它最容易发生在回避问题、武断专制的缺爱的家庭中。孩子很小的时候往往没有力量和成人抗争，但当他们身体迅速发育，心理和生理上飞跃式的发展赋予了他们能量去反抗，他们开始试图证明自己的强大与独立，于是那些被压抑的、曾经不敢表达的情绪与不满就会变本加厉地发泄出来。对于家长来说，青春期问题不过是来检视亲子关系的。而危机既是挑战又是机遇，能否透过问题的暴露迅速学到生命的功课比忙着贴标签、压制问题要实惠得多。

陈家夫妇通过对自己原生家庭和自我成长的探索，改善了夫妻关系，学习了新的沟通模式，开始尝试倾听孩子，与儿子的关系有了很大缓和，儿子感受到了尊重与理解，也逐渐放下防御，开始了解自己，把抵抗父母的力量转化为自己的生命动能，真正为自己负起责任来。

第三节
溺爱孩子的人，往往最不接纳孩子

越溺爱孩子的人越不接纳孩子的情绪，越做不到如其所是的允许。我们提到的允许不免让人想到溺爱，但什么是真正的允许？是无底线地给孩子自由？是啥都不管？是放养不设规矩？是泛滥的爱吗？好像都不是。

那天在一个妈妈群里，大家讨论得热火朝天，有人说，放养好，孩子的天性要充分释放；另有人以转发的文章予以回击："今天你不管好你的熊孩子，明天社会会给他教训。"管不管？管松点、少点还是管严点、多点？其实，这些问题不过是把我们引入了二元对立的思考模式中。事实上，不是管，也不是不管；不是严，也不是松；不是多，也不是少；不是溺爱，更不是不爱，而是坚持一个重要的态度：温和而坚定。我们可以把规则、自由与爱同时给孩子，在被充分允许后变得自律、自信的孩子眼里，规则是来保护他的，而不是来限制他的，他不需要依靠"他律"中权威制造的恐惧感与人为设定的奖励和诱惑行事。

我们还可以把溺爱理解成给予物质上的富足、精神上的压迫。因为我为你好，给你想要的所有，所以你要听话、要服从。无条件的爱不是无条件的满足，无条件的爱是给孩子足够的信任和力量去自我满足，让孩子带着爱与勇气出发。无条件的满足是无视孩子的真实需求，剥夺孩子自我探索的机会，孩子背负着担心，在众星捧月的关注下怜悯着自己的弱小与无助，感受不到生命的活力、恩典与希望。

眼前的孩子明明四肢健全、活力四射，溺爱孩子的父母看到的却是一个走路要抱、吃饭要喂的弱者。眼前的孩子明明需要体验规则与边界感带给自己的踏实，他们看到的只是自己内在深处那个被过度压抑、匮乏可怜的小乞丐。看似父母倾其所有的付出，不过是他们内心深处那个受伤的、不停地呐喊却又见不得阳光的自己在贪婪地渴求爱。眼前的孩子不过是这一切的投射，成了替罪羔羊来疗愈父母那需要无度满足的匮乏。

被溺爱的孩子没有机会做事和为自己负责，他身体里蕴藏的大量阻塞的能量只好转化为激烈的情绪和出格的行为，而这些行为恰恰是父母不能接受的。彼此的信任感被磨得越来越少，父母便更加认定一个事实，这个孩子不懂事，真的是啥也做不了，甚至为了省事儿，而越俎代庖。于是，家长不信任、孩子不负责，亲子间的对抗与较劲的循环便成了家庭关系的常态。孩子在习惯于被帮助（干涉）的过程中，把怒气不自觉地转化成惩罚式的隐形攻击，变得不愿为自己负责，他们心底在呐喊："你不是觉得我不行吗？那你们替我做吧，我坐享其成！好歹这是我唯一能控制你们的方式！"其实，孩子的每个行为背后有他自己可能都没意识到的深层动机，我们需要倾听孩子的心声，给孩子成就感和尊重，而不是通过负面暗示剥夺他的勇气和力量，

让他觉得自己弱小无助。

溺爱孩子的人常常有怜悯和补偿心理，比如孩子生病了会格外关注、兴师动众。而其实经历病痛，是孩子成长过程中重要的一部分，孩子的身体素质通过与疾病做斗争会逐步提高。生病也是一个孩子与自己身体链接的过程，过度的紧张和补偿心理只能让疾病更长时间地在身体里驻留。

孩子生病背后的秘密

有一对婚姻咨询的来访者，某次咨询里夫妇俩没聊彼此的事儿，而是带来了 8 岁的儿子小东。最近小东出现了一个令他们伤脑筋的现象，那就是生病的频率越来越高。本来婚姻关系走进了低谷就是一地鸡毛的烦扰，加上小东三天两头不是发烧感冒头疼，就是各种的小磕小碰，夫妻俩的工作生活都受到了影响。我注意到这是一次有趣的咨询，平时探讨夫妻关系时，他俩相互间的怨气和敌意隔着两个沙发我都能感受得到，可今天探讨儿子的事，俩人的情感纠葛似乎瞬间放下了。他们坐得很近，妻唱夫和，配合默契，而儿子低着头摆弄着手里的魔方，坐在父母对面。在家庭关系的治疗中，来访家庭成员自发的座位选择会暴露很多有价值的信息。

究竟是怎么回事呢？原来，小东去年有一次玩耍时偶然划破了胳膊，这段经历让他意外地发现，平时已经互不搭理、也没空管自己的父母同时赶到自己身边，一脸关切和紧张。他们一起带儿子去了医院，全程关注他的病情，没有吵架，还有很多互动。后来小东又生过几次病，都获得了他梦寐以求的家庭温暖。就这样，小东真真假假的病越来越多。我们展开了几次深入的家庭关系的治疗和探索，在循环式提问的充分扰动之后，每位家庭成员都有了新的发现，带着对自己更深的觉知和对彼此的爱，小东一家人手拉着手离开了咨询室。

溺爱孩子的人，往往不知不觉地把"关心"变成"担心"，把"他好"变成了"为他好"，把"期望"变成"要求"，这样悄无声息的概念偷换无形中为成人的焦虑和控制欲披上了华丽的外衣，冠冕堂皇地绑架了孩子。而

"为他好"和"他好"有着本质的区别，因为前者的标准由成人决定，后者才是把生命的权利交还给了孩子。我们在做父母的过程中说了许多正确的废话。是的，孩子应该懂事、听话、正确，但如何沟通才有效却常常不在我们的考虑范围内，因为很多父母自身处于挣扎、混乱和矛盾中。

溺爱孩子的人常常强调了温和而忽略了坚定，这常常是因为他们自己有一颗玻璃心。内心有力量的人才懂得拒绝，才有能力带给孩子安心，才能有一颗豁达的心去接纳孩子的情绪。

牛牛妈的担忧

牛牛的爷爷爱孙心切，捧在手里怕碎了，含在嘴里怕化了。丰盛的饭菜摆上桌了，孙子若是看着饭菜皱个眉，他立即会问孩子："宝贝，想吃啥呀？爷爷给你弄！""我要吃土豆丝，才不吃这些破菜呢！"听到这话，爷爷非但不会生气，还会像接了圣旨一般，腾得从椅子上弹起来，自己的腿痛似乎也好了，踉跄地奔向厨房，边走边喊着："老婆子，你孙子要吃土豆丝啊！快来快来！"这时候，奶奶也会丢下筷子，乐颠颠地忙活起孙子的旨意。在他们眼里，吃可是头等大事，怠慢了我的大孙子可不得了哇。乍一看这画面挺温馨的，俗话说，隔代亲，这话一点儿都不假。这份爱虽说是溺爱，但也那么浓、那么真。可是，"把孩子宠坏了的担忧"一直在牛牛妈心头环绕。

重视吃的爷爷奶奶，不停地往家里购置着各种甜腻的蛋糕、糖果、香肠等人工添加十分复杂的食品，用牛牛爸妈的话来讲，就是"垃圾食品"。牛牛爸妈平时工作忙，回到家看到这些"垃圾食品"就和老人着急："爸妈，你们怎么还给牛牛买这些乱七八糟的啊？电视上不是都曝光了吗？这些零食对孩子健康没啥好处啊！吃多了都不好好吃饭了，而且你看，牛牛牙齿都坏了3颗了！"一开始，爷爷一口咬定，"没有啊，很少买啦，都是我自己想吃的"，被说得多了，逼急了，爷爷直截了当地冲儿子回应道："哪有那么严重，买这些东西还可贵呢，你小时候想吃还吃不上呢！小孩子就是要吃些加餐，光吃饭哪能吃饱，他活动得多，一会儿就饿啦！我可不能让我的大孙子饿着！"这下子牛爸牛妈只好不作声了。

这样的场景在我们的现实生活中并不鲜见，父辈的成长经历了严酷的自然与社会环境，在那样一个缺衣少食的年代，物质的极度匮乏是与生死联系在一起的。尽管今天我们的物质丰富度颇高，但曾经被饥饿吓怕了的一代人对于饿的担忧是现代人难以想象的，这种骨子里刻骨铭心的恐惧让他们格外在乎孙辈的吃喝。因为在爷爷奶奶的童年里，蛋糕和糖果这些加工食品是极度稀缺的，是曾经的自己所梦寐以求的，潜意识中是为了满足自己内在那个匮乏的、馋嘴的小小孩，如此看来，他们把这种渴望投射到了孙辈的身上也不足为怪了。

有一种冷，叫做奶奶觉得你冷

另一个让牛牛妈抓狂和不解的是，早在怀孕的时候，她就听别人说，老人喜欢捂着孩子，因为老人年衰体弱怕冷，所以也总觉得孩子会冷，总爱给孩子穿很多衣服。当时牛牛妈还得意地说："我觉得我家老人不会捂孩子，因为我婆婆特抗冻，还挺怕热，经常穿得比我还少！"可是令她没有料到的是，等到牛牛出生以后，公公婆婆宁愿自己穿着短袖，也要给孩子包裹得严严实实。

是的，除了饥饿，寒冷也是那一辈成长起来的人人生经验中的主旋律啊！有一种冷，叫做奶奶觉得你冷。这种冷里面是痛惜和关怀，也是一份掩盖在爱下面，岁月残留下的匮乏与恐惧。它正一点点吞噬着人们的心而不自知地蔓延！"不听老人言，吃亏在眼前，冷，穿上！""来，吃一口，就吃一口嘛！""再不吃妈妈要生气了！"记不清在哪一年，这句流行的广告语席卷了大街小巷。"不饿，我不吃！""胡说，早上就喝了一杯牛奶，怎么可能不饿。""别跑啦，休息会儿，腿都累断了吧""我来拿，你拿不动！"是啊，有无数个妈妈觉得孩子冷，爸爸觉得孩子饿，姥姥觉得孩子累，但到底孩子的感觉谁说了算呢？这是一个值得思考的问题。当我们足够了解自己，收回这些虚无的投射，才有可能看到一个真实的孩子。

溺爱孩子的人，时常正是那个最不接纳孩子的人

还有一件事情令牛牛妈很困惑，她觉得爷爷奶奶把孩子宠到无法无天，用两口子的话来讲是"娇惯和溺爱"。可是很多时候，爷爷奶奶却很不接纳孩子。那天下午牛牛玩得很开心，甚至有点疯，跑得太快了，一下子就撞到了门把手，"哇"的一声大哭起来，牛牛妈赶紧跑过去，而爷爷奶奶就在旁边，他们应该更心痛吧，但爷爷奶奶的第一反应先是愤怒："看看看！活该！刚有没有说过别跑那么快，自个儿玩还能碰门上，你还哭，别哭了！自己摔的还哭！"还有一次，三岁多的牛牛睡前喝了不少水，忘了上厕所，第二天早上起来大伙儿发现他"画了地图"。爷爷一改以往宠孙狂魔形象，脱口而出的羞辱话让牛牛妈提心吊胆："你都多大了，还尿裤子，你羞不羞啊你！"牛牛妈在书里读到说最好不要用孩子尿床的事情羞辱孩子，在排便训练上给孩子压力也会对孩子百害而无一利。但爷爷不以为然："我儿子就是被我这么骂过来，现在不也挺好。"没过几天，早已会自主大小便的牛牛竟然把便便拉在了裤子里，或许是因为叫他尿的时候不尿，转眼就尿湿裤子了，爷爷忍无可忍，觉得孩子故意捣乱，可是严厉的责骂非但没有解决问题，还加重了牛牛的"大小便失禁"，牛牛甚至开始了吃手、黏人，退行成一个小宝宝。

溺爱孩子的人往往内心缺乏力量，责怪孩子"不听话"和辱骂孩子是发泄管教无方的挫败感和无力感的途径，他们时常正是那个最不接纳孩子的人。因为他们从来都没有感受过无条件的爱，或是从未真正接纳过自己。他们一面严苛地压抑自己真实的感受、无法处理被孩子情绪勾起的内在焦虑；另一面，他们又忍不住地怜悯心中弱小无助的自己，借助孙辈尽情地娇宠那个总是不被看到的阴影自我。

补充知识点

孩子在学会自己脱裤子解大小便后，反复出现憋大便或憋小便，并将大便或小便解在裤子里的现象，这是孩子肛欲期到来的表现。在肛欲期，肛门和尿道括约肌的收缩和放松都可以给孩子带来快感。孩子的肛欲期一般经历两个

月左右的时间就会结束。在这两个月中，如果成年人对孩子大小便的训练太严厉，孩子就会感觉紧张，心理压力过大，会扰乱孩子控制大小便的自然节律，孩子将大小便解在裤子里的次数就会增加，肛欲期拖延的时间也就越长。有的孩子几个月甚至半年多都不结束肛欲期，孩子的性发展也就出现停滞状态。

一味地夸赞常常像一颗裹着糖衣的毒丸

近年来，赏识教育大行其道，"孩子要多夸"的理念已经深入人心，但很多父母照搬过来发现用得既不自然也没有什么效果。这是为什么呢？可以说，泛滥的夸赞也是溺爱的一部分，但那些爱夸孩子的人往往又是最不接纳真实的孩子的人。"宝贝最乖了，最棒了，宝贝不哭！宝贝不生气！"这些话似乎听起来很普遍吧，许多父母就是这样一边夸着孩子，一边否定着孩子的情绪。

有次我在饭馆吃饭，看到一个三四岁的小孩子自己吃了碗饭，便被家人的赞美围攻了，孩子完全没有意识到自己吃饭是自己的本分。还有一次在小区溜娃时，我看到一个带孩子的保姆伸出大拇指，一脸夸张地对着拉出了粑粑的宝贝称赞："宝宝真棒！"宝妈也一脸得意，为找到了一位如此懂得"赏识教育"的阿姨而欣慰。这样的小片断在我们的生活中随时上演屡见不鲜，这天一个小男孩成功地跳过了一个台阶，他转而冲父母不满地说："你怎么都不夸我！""好棒好棒呀！"父母赶紧讨好他。那天在电梯里，面对妈妈絮絮叨叨的夸奖，一个10多岁的小女孩不屑地打断妈妈："这有什么呀？大惊小怪的！"有的夸奖就像是我们对一个成年人说"呀，你真厉害，还会用筷子"一样，过度的夸赞会让孩子感到我们小看了他，甚至会令他愤怒。还有的父母第一眼看到孩子随手的乱涂时本是皱眉头，却刻意夸张地赞美："呀，我儿简直是一个艺术家，画得太美了。"不真实的夸赞会让孩子感到困惑甚至逐渐认不清自己真实的状态。

是的，打击教育下长大的我们迫切地想培养一个勇敢自信的孩子，可是随意的赞美反而使孩子失去了自我判断能力，变得脆弱、敏感、自负。一个有意思的现象是，那些草率说出"你真棒"的家长，反而是那些不接纳孩子的人。那天在游乐场，一位爸爸边刷手机边对儿子敷衍地说："你太棒了，宝贝！"在他心里，孩子能不来烦扰他就是极佳的表现。转眼，小男孩跑过来拉着他，"爸爸，陪我一起滑滑梯！""你好烦啊，自己不会滑啊！"

还有的家长往往不经由对孩子的观察和思考，就简单粗暴地评判孩子。欣欣妈也是一个把夸赞挂在嘴边的家长，但孩子听到这些话仿佛没有任何反应，因为孩子早已经知道，"你真聪明"和"你真笨"像一对孪生姐妹，不过是妈妈交替使用的口头禅而已。由于一天中说了太多的"你真棒"，妈妈成功地给自己洗了脑，她迷之自信地相信自己的孩子就是样样棒，一旦孩子力所不及，真实地呈现在眼前，她自然无法接纳，挫败感和愤怒的情绪使之将评语瞬间变成"你真笨"。

一个只能在赞美和包容中生存的生命是不堪一击的，他的成长中甚至会充斥更多的紧张和恐惧，更谈不上内心的强大。孩子需要有管理自己的能力，这需要权威的榜样作用。这个权威内心充满力量，但却不骄傲自大、不操纵他人，而看不到权威的孩子会慌乱不安，没有边界意识。真正的爱，不是单纯地给予，还包括适当地拒绝。

其实，孩子最需要肯定与鼓励的时刻，是他受挫时。当他做错了、搞砸了、情绪决堤了的时候，一个微笑、一个鼓励的眼神能真正地给他力量。他知道家庭的港湾永远都在那里等着他，不拉不助，不贬不赞，给他源源不断的精神滋养。

第四节　自律的孩子更自由

自由是什么？是不是想吃就吃、想睡就睡？是，也不是。是：如果连这点事儿都不能做主还谈什么自由呢？不是：我们必须分清，是头脑想，还

是心里想。自律的孩子往往更自由，因为当孩子的成长顺应了身心发展的规律，他会拥有更平和的情绪、更饱满的精力、更健康的体魄、更成熟的心智，尤其是一呼一吸间有节奏、有韵律的规律作息。

孩子不想睡午觉，算了吧

经常有家长问我，孩子在幼儿园不睡午觉怎么办？学龄前的孩子午睡真的很重要吗？

很多人都知道，睡眠对于孩子来说很重要，但往往忽略午觉的重要性。有的人担心孩子午睡会影响晚上早睡，因此省略掉午睡的环节。其实晚上整夜的睡眠有时候也难以弥补缺乏规律午睡带来的损失。

午觉究竟有多重要呢

美国科学家对 600 名 3~6 岁的孩子进行了一项研究，让他们看一组刻画着物品或者动物的卡片，然后要他们指出这些卡片在一张地图的什么位置。最初所有孩子的记忆效果都很好，可以记住约 75%。待一部分孩子午睡之后，下午科学家又进行了一次测试，这次区别很明显，午睡过的孩子，记忆的准确度还能保持在 70%；没午睡的孩子，记忆准确度降到了 30%。第二天，那些有午睡的孩子，记忆的效果依然还可以达到 70% 左右，而没有午睡的孩子，记忆已经退化到了 20%。随后科学家扫描了这些午睡孩子的大脑，发现这些有午睡的孩子海马体比普通孩子大一点点！

除了记忆力，我们发现没有睡午觉的孩子到了下午情绪状态会不好，稍有不如意就容易闹脾气，这一点对于我自己，包括很多家长都深有体会。所以，养成规律的午睡可以帮助孩子增强记忆力、提高智力、提升注意力、增强免疫力，有助于孩子保护心脏、保持愉悦的心情和促进消化等。

幼儿园阶段的小朋友一般需要一到两个小时的午睡，这利于生长激素的分泌。孩子大脑发育尚未成熟，更容易疲劳，也需要午睡来保证一天充沛的精力和健康的成长。孩子在幼儿园里有规律的作息，一动一静的生活和玩耍节律，会让孩子们的一天既精彩充实，又安逸放松。固定的午睡时间，便于让孩子们形成规律的生物钟。幼儿睡眠时，身体各个部位和脑及神经系统都在进行调节，氧和能量的消耗最少，利于消除疲劳，内分泌系统释放的生长激素可以比平时增加 3 倍。

但是很多小朋友，尤其是刚入园的孩子，对于适应规律的午睡有些困难，一来是因为没有养成幼儿园里午睡作息的习惯，尤其是那些在家庭生活中与幼儿园作息不同步的孩子，适应起来就显得更困难了，因为好的睡眠习惯不是一天两天就能形成的；二来是换到一个陌生的地方，不熟悉的人、事、物都会给孩子带来不安全感，令他们难以入睡，当然，随着年轮的增长，孩子对午睡的需求会逐渐减少。

自由与规则

小龄宝贝的午睡固然重要，但我们不可以强迫孩子睡，一来即使强迫孩子，孩子也不一定能睡着；二来不安的情绪更不利于睡眠和享受午睡时光。如果孩子由此产生对午睡的恐惧情绪就更不利于睡眠习惯的培养了。那我们怎样在午睡这件事上把自由与规则同时给予孩子呢？

我们可以借由生活中的每一件事帮助孩子内化规则，让他理解什么是真正的自由。我们既尊重孩子的自由，也要让他知道自由的基础是不打扰他人，只有遵守一定的规则，才能享有真正的自由，由此孩子会感受到被允许的放松感，同时对规则的敬畏在内心中油然而生。一般情况下，只要孩子不打扰他人、不伤害自己、不破坏环境，他就可以享受很多的自由。睡眠也可以运用这样的原则。如果孩子实在睡不着，可以让他在一旁画些画儿，看看书，或者闭上眼睛休息一会儿，不必强迫孩子入睡。因为对睡觉产生压力和恐惧的孩子，更难以适应规律的睡眠安排。当然，允许的前提是没有打扰到他人以及保证安全，而且这也并不意味着老师就不用去引导他。在我们的实践中发现，即使孩子一开始入园对午睡很排斥，在适当的引导下，用不了太长时间，孩子也会逐渐被这个睡眠的氛围所影响，渐渐加入睡眠的大军。不

过好习惯的养成与家庭的支持和密切配合分不开。

如何培养孩子的午睡习惯

家庭与幼儿园作息保持一致是帮助孩子在幼儿园能够顺利入睡的重要举措。帮助孩子在幼儿园入睡的方法还包括携带孩子贴身的物件儿，例如一块儿布料或一个尺寸合适的毛绒玩具。这些熟悉的物品也会给孩子带来一些安抚作用，帮助孩子放下担心，迅速入睡。孩子还可以穿舒适宽松的衣物入睡。除此以外，我们可以营造昏暗温馨的睡眠环境，例如拉上窗帘，降低噪声，合适的室温，温暖、舒缓、轻柔的音乐，老师或者家长还可以轻声低语，轻拍着孩子背部或抚摸孩子的头部入睡。另外，睡前提醒孩子上厕所也会帮助孩子更踏实地入睡。

假期怎么培养孩子午睡

假期带孩子出去玩是在所难免的，可是午觉也很重要。有些家庭能在出游的同时计划好孩子的作息活动安排，尤其是保证午睡时间，比如选择中午的时候在酒店休息，睡醒以后再继续玩儿；又比如按时吃午饭，保证孩子在出行中也有自己的一日作息规律，这虽然不容易，但是很多时候还是可以实现的。比如佑佑和咪咪一上车就容易睡觉，所以我们有时会把午睡安排在路上。当然，每家的情况不一样，每个孩子的情况也都千差万别，有的孩子周末太兴奋，确实就难以午睡了，但这可能面临着下午孩子情绪容易起伏的风险。

小果儿喜欢睡前咬手指，妈妈不知道是否应该干预。咬手指显然是孩子缓解焦虑打发无聊的一种方式，与其告诉孩子不要咬手指，不如引导孩子用更健康的方式去缓解自己的情绪。紧张的情绪通常出现在我们强迫孩子午睡，或者他有"必须要睡着"的压力时。这也是为什么我们不建议强行要求孩子入睡。如果告诉孩子，只要你不打扰他人，你可以自己安排这段时光，或者稍作休息，那么孩子的焦虑和压力就会减轻，可能就不会用咬手指的方式表达自己了。另外，咬手指缓解的焦虑不一定完全来自于午睡的压力，只是在这段无事可做又睡不着的闲散时光里边，孩子不得不直面自己内在的情绪，咬手指这种释放焦虑的方式就显得比较突出了。

孩子能午睡的一个重要的前提就是早起，另外一个就是上午能有大一些的活动量。爱可园每天上午都会保证他们足够的户外活动量，即使是雾霾天气也会在教室里安排有大肢体运动和消耗体力的活动。幼儿园里有两种故事形式：一种是绘本故事；另一种是编创故事。前者是老师拿着绘本坐下来与孩子一起读的；后者是不用书，老师直接讲出来。这些故事是老师们精选的或自创的能够带给孩子温暖和放松的故事，摒弃了那些会引起孩子恐惧、担心的故事。因为孩子们非常期盼和喜爱睡前故事这一环节，所以午睡的时候，他们都会迅速地躺在自己的床上，督促彼此静下来，闭着眼，享受老师温暖的声音和故事的滋养。

佑佑从小就是一个睡眠质量不高的高需求儿。随着逐渐长大，他对午觉的需求似乎越来越少。然而在幼儿园的特殊氛围里，他常常是吃完午饭玩一会儿就自觉爬到自己的床上，很快就能睡着。在家里一度有午睡困难的孩子，在幼儿园却一直是个午睡标兵，可见环境和习惯对孩子的影响力之大。所以，我们常常觉得自己的孩子睡眠少、不配合，实际上是我们自己的焦虑，扼杀了对孩子的好奇，而孩子的睡眠是一个动态的过程，如果我们放下焦虑，信任孩子，会发现他们的潜力超乎想象。

被爱滋养的"小豆豆"们

日本作家黑柳彻子的《窗边的小豆豆》曾经是日本历史上销售量最大的一本书。这个发生在"二战"时期真实而有爱的故事曾经带给世界几千万读者无数的笑声和感动，也为现代教育的发展注入了新的活力。它让人们开始反思一种真正遵从人性、利于儿童发展的教育，从此"巴学园"也成了世界上美好教育的代名词。

书中的小豆豆其实是作者黑柳彻子的童年原型。在校长先生温暖和智慧的引导下，一般人眼里"很怪""很淘气"的小豆豆逐渐长成了一个大家都能接受的孩子。她的每一个好奇、每一个"破坏"和每一个小心思在妈妈和老师们小心的呵护下成了她生命中的宝贵财富，奠定了她成长的基础。最终，她成了著名作家、著名电视节目主持人、联合国儿童基金会亲善代表大使。小豆豆当年的同学也都各有所成。当然，不是每一个孩子都能像日本巴学园的小豆豆那么幸运，然而，我们欣喜地看到人们正在觉醒，在探索和寻找理想中的教育的同时，看到生命更多的可能性。幼儿园是孩子们成长的第一个社会化道场，在这里我们有幸看到孩子们那丰富的内心世界，他们的喜怒哀乐，一颦一笑都展现出人际互动、社交发展最本真的雏形。

孩子需要你的权威

那么问题来了，如果我们仅仅是被故事感动，然后生搬硬套，你会发现，你的小心翼翼不过是软弱和无底线的退让；你的谨小慎微也不过是刻意讨好的窘态；你的温柔也不过是强忍怒火的压抑，终将有一刻如火山般爆发，抑或是憋出内伤。

但是，权威和接纳不矛盾吗？其实不矛盾，因为接纳也是需要内在的力量的，真正的权威是稳定的人格，有力的臂膀，清晰的界限和让周围人安定下来的踏实感。有权但不滥用，有威望但不操控人，这样一个榜样孩子当然需要。当我们自己内心力量不够、缺乏界限感的时候，才会把允许变成了纵容，把坚定变成了苛刻。倘若对此没有觉察，又不愿意承认自己的失败，我们就只能用心力交瘁的软弱讨好与自责，用强硬的态度掩盖内在的无力，用专制威慑孩子服从。

其实，接纳孩子不代表不能拒绝孩子，就如同我的另一个身份——心理咨询师一般。我常常温和而坚定地拒绝来访者某些突破设置的要求，比如接受礼物、私人化的交往以及非正式场合的咨询提问等。这些看似无情的拒绝都对来访者有着治疗意义，它既帮助来访者形成界限清晰的人际交往模式，又避免了过度的依赖，把成长的力量真正交还给来访者。但是自始至终，咨询师都100%地接纳来访者所有的情绪，无论是愤怒、失落、悲伤，都是被全然允许，而这种无条件接纳的包容力正是帮助来访者积极变化的主要推动力。

接纳孩子接纳的是情绪，而不是所有的行为。不过，如果家长随时让恐惧无觉知地席卷我们的头脑，比如10件事情你有9件在说"不"，孩子恐怕会觉得说"不"是你的常态而变得麻痹，遇到真正危险的原则性事件时，你拒绝的威力也似乎失效了，而我们如果保持自由和允许的大基调，当我们说"不"时，孩子会认真对待。

爱可园也有个小男孩叫豆豆，我们叫他小豆豆。他和黑柳彻子笔下的小豆豆一样不属于传统意义上的"乖"孩子。然而，在老师们悉心的观察、呵护和引导下，小豆豆的每一个"顽皮"都在善意的解读中显得弥足珍贵。他越来越多地展现着旺盛的生命力和各种珍贵的品质。当然，这些品质不是教出来的，而是孩子在被尊重、被理解的基础上主动发展出来的。滋养孩子的心灵不是一句空洞的理念，而是在每一位老师的眼神、语气和行动中一点一滴渗透到孩子心里的。

老师在观察日志《豆豆的愿望与规则》中记录道：

随着小豆豆一天天长大，逐渐从一个适应分离焦虑时哭泣的小泪人变成了活泼可爱的小精灵。今天我看到豆豆的时候，他正趴在桌子上仔细研究一个玩具推土机，一边看还一边说："只能看，不能摸。"他反复地说着这句话，我以为他是说给旁边的迪迪的，但是迪迪好像对那个推土机并不感兴趣。豆豆指着推土机告诉我每个部件是做什么用的，如何铲土、推土。看得出来他很喜欢这个玩具。

过了一会儿小茜过来了，她一把抓起推土机，说："这是我的！"我这才明白他那句"只能看，不能摸"的话是说给自己的。豆豆显得有点不舍，但是很礼貌地问小茜："小茜，我能不能玩一会儿？"小茜很坚决地用"不行"拒绝了豆豆的请求。豆豆有点失望，但是他既没有哭闹，也没有争抢，完全承认小茜对玩具的支配权。看来豆豆对于物品的主权、人与人的界限、如何与人沟通，都已经有了一个基本的概念。而这一点正是孩子们进入社会，开始人际交往的时候，需要培养起来的几个特别重要的基本意识。豆豆虽然才两岁半，但是他已经在内心树立了自己的规则，真是难能可贵。

午睡的时候，小茜睡着了，豆豆要我陪他去取东西，他看到了小茜放在储藏柜中的推土机，指着告诉我："小茜的。""是的，那是小茜的。虽然小茜看不到，但是我们可不可以不经过她的允许，玩这个玩具？"豆豆看着我，说："不可以。"那一刻，我还挺佩服豆豆的自制力呢。

下午的整个活动时间，豆豆都试图和小茜一起玩儿，做出种种努力和她建立友谊。我知道豆豆是希望小茜能因此慷慨地和他分享玩具。我想这就是孩子的世界，他们有自己的需求、努力和实现愿望的方法。这一切都会延伸到他们的青少年及成年的生活中，使他们成为那个独特的自己，而当下他们如此真实地预演着未来的生活，是多么可爱和可贵。

在这里大家看到了孩子们对物权的重视。的确，孩子们常会因为争一个玩具而产生冲突。我们作为老师会尽量尊重孩子对物品的所有权，就像小茜，她可以与别人分享，也有权利说"No"。老师不会"指责"她不够大方，也不会"勉强"她把玩具拿给小朋友来分享。孩子通过"占有"物品来区分自己和他人的界限，并获得安全感，这样长大的他们，不会冀求他人满足自己所有的需求和期待，也不会在愿望无法满足的时候而情绪崩溃。老师适时鼓励孩子用恰当的方式表达自己的需求，豆豆的失望和小茜的坚持都被看到，他们便更容易合作。

孩子们建立强烈的对物品的归属感是心智发展中非常重要和喜人的一步，3岁以前是孩子自我意识启蒙的关键期，孩子们需要通过确认"拥有"而获得对"我"的认知，所以我们会看到这一年龄的孩子最常说的话是"这是我的"。家长和老师在这一阶段是否尊重孩子对物品的掌控感直接影响到孩子内在安全感和人际边界感的形成。其实，当孩子有了足够的安全感和自主决定权，他才能充分感受到"拥有"与被尊重，才能学会尊重他人，才真正有可能乐于分享。鼓励孩子分享的方式有很多，但需要建立在关注孩子感受的基础上。其实，对孩子的尊重说起来简单做起来却容易被人忽视。有时会看到一些家长为了面子，替孩子将玩具"分享"给其他小伙伴。这个过程与其说是建议，不如说是要求，孩子似乎没有选择余地和决定权，眼睁睁地被迫相让心爱之物，那困惑和委屈的神情似乎在说：原来一个人是可以如此这般鲁莽地把另一个人的物品拿走，原来自己是那么无能为力地保护自己所拥有的。当有一天，孩子们生硬地夺走他人的东西或是面对强权委曲求全的时候，很多人似乎还全然不知何时何地在孩子心里种下了这样一颗种子。

当然，我们提倡的干预之道不是命令要求，更不是简单的无为而治，如何介入才能引导孩子既被尊重，又体验到人际互动的全貌，同时学会表达需求、主动合作，这是需要成人的智慧的，或者说是需要成人有足够的自我觉察和成长才能悟到、做到的。通常，在孩子不伤害自己、他人和环境的基础上，孩子们有充分的自由做属于他们的决定。我们需要让孩子知道，当别人侵犯到你的时候，你有权利拒绝或要求对方道歉，即使他是权威人物。其实，勇于表达自己和捍卫权利只是成长中的其中一步，这还远远不够，因为未来的生活可能充满着各种挑战和事与愿违的无奈。我们要让孩子学到，一个人需要有勇气要求自己的正当权益，然而更重要的是，当对方不道歉、不允许、不回应的时候，我们如何依然保持强大而温暖的内心，不因他人的态度和评价而影响到自我的价值感。一个内心真正充满力量的人，自信但仍然懂得欣赏他人、心存希望却不强求、内心坚定却依然可以柔软，这样的人无论面临怎样的境遇，挫折抑或追捧，都有勇气有能力从容面对。

正如爱可园的小豆豆一样，在尝试自律、表达需求和体验碰壁中探寻自己的价值和角色，他的心智于是逐步会变得强大和成熟。真正懂得尊重界限的人不会因被拒绝而过度悲伤，内心力量充足的时候也不会太过依赖他人的反馈；同样的，他也会遵循自己内在的声音，在今后的生活中拥有说"No"的勇气和能力。我想，这其实是很多成年人都缺乏甚至忽视的，但这又是非常重要的。因为我们常常不忍心拒绝他人，于是在被他人拒绝的时候才会经历内心的挣扎而格外痛苦！

说"不"的勇气

我们想引导孩子拥有说"不"的勇气，让内心充满力量，这需要我们也有说"不"的勇气，很多时候甚至是直接采取行动去阻止危险的事情发生。

有一天，我和一位从事儿童教育的妈妈在儿童图书馆偶遇了。她曾经向我咨询过幼儿园的情况，对于"爱与自由"的理念深深赞同和向往。一见到我，她便说："哎，当初因为家里太远，最终没能去爱可园，真是可惜。"我说："一切都是最好的安排呢！"她点点头，看到孩子们正好被书本吸引，在安静地翻看，我俩便攀谈起来，还没聊两句，她4岁的儿子乐乐就开始攀爬书架，大声尖叫以引起我们的关注。我们闻声走过去，妈妈似乎有些尴尬，微微皱了下眉头，轻声说了句："乐乐，不要这样。"孩子似乎还沉浸在自己的狂喜中，见我们走过去，他越过书架把书扔在地上，还没等我们反应过来，孩子又从书架后面扔来一些小铜条，"乐乐出来，不可以的！"但孩子像是根本没听到，乐乐妈妈显然招架不住了，她憋红了脸，却依然很有耐心地对孩子说，"乐乐，你在那里待够了，就出来好吗？"虽然那里人不多，但显然还是打扰到了看书的人们。这时候，图书管理员过来，严厉地把孩子赶到了常规活动区域。

我看到了妈妈内心的无助和孱弱，感到有些心痛。显然，这样的相处方式不是一天两天形成的。孩子不需要一个严厉的妈妈，但需要一个有力量的妈妈，一个内在很自信，说话做事有分量、有原则的妈妈，这样的妈妈让他们感觉踏实、可靠，这样的妈妈散发着从容而坚定的人格魅力，让待在她身边的人自然而然地回到自己的位置上做自己。而这样的妈妈不是育儿理念教出来的，而是通过不断的成长与觉察修炼出来的。妈妈叹了口气说："唉，他总是这样，上次带他出去，他在公交车上尖叫，我不知道该怎么办。"因为并非咨询场合，我不便多说什么，我感受着她的这份无力，轻轻地安抚她："一个人带孩子出来，真的是不容易呢！"她突然有些哽咽，我想起她和我说过的她自己的童年，弥漫着缺乏存在感的孤独基调，永远是那么的无能为力和不被看到。我仿佛从她的慌乱下窥见了那个无助的小女孩，她曾经也是在一次又一次类似的失控的场面下手足无措地舔舐伤口，现在不过是换了一个身份和场合给她机会体验熟悉的感受罢了。我在心里默默为她祝福，我想我此时能做的最好的事情就是不评价、不干预，也好缓解因我在场而给她增添的压力了。

待孩子们再次安定下来，我们继续交谈，乐乐妈妈说："我一直很好奇呢，你和佑佑爸爸都是做亲子教育的，对孩子一定特别接纳、允许和尊重吧。"我一时间不知道如何来回答她，因为我不希望人们把育儿这件事看成是在遵循某种准则，或是在完成一件完美的作品。我更看重的是这个过程中的每一步是否自然而然，父母和孩子是否各归其位做自己。我说："哈，谁都会有有情绪的时候哦！我们也不例外。"她瞪大了眼睛，吃惊地问："难道你们也吼孩子？"紧锁眉头的她似乎在问："那你们和普通父母有什么区别？"我说："区别可能只是，我们会随时随地觉察，看到这份情绪是属于我们自己的，孩子只是帮我们投射出来了而已，所以关注点不落在孩子身上。但如果有了情绪，我们也不会过分自责。在放松的状态下，带着觉知真实地做自己，这是我给自己的期待。"她若有所思地点点头，紧接着问："像刚才那样，如果是你，会怎么做？""我也会像你一样制止孩子，但语言有时候很有限，我不会说太多次，我可能会直接过去把他带出来，尽量会温和并且坚定！但是他在做危险动作，还打扰到了他人，所以坚定更重要些！"看到她认真的样子，我连忙补充道："这可不是啥标准答案哦！相信你那一刻排除杂念后内心的真实状态就好！"

如果不能跳出知识的堆砌，就跳不出有限认知对自己的束缚。知识不能变成智慧，我们反而变得刻意和懦弱，内心的摇摆不定和恐慌是得不偿失的。幼儿园里，当老师蹲下来，温柔而尊重地问孩子："你要去吃饭吗？"不如温和、笃定地拉起孩子的小手，边走向饭桌边说："我们现在去吃饭吧。"因为当你假惺惺的尊重始料未及地得到一句孩子的否定时，尴尬、愤怒、无力随之将填满你的内心。而孩子需要一个让他们感受到安定的成年人。

不自律的孩子通常缺乏自尊，孩子们没有得到太多内化规则、建立自律的机会，"他律"环境下长大的人更是本能地对规则和界限有着排斥和挑战的冲动。这样的时候，安静地把孩子带离现场，既不纵容也不惩罚是一个有力的做法，而你行为背后支持的气场是真正影响到孩子的力量。

第五节
感恩不是鸡汤，它是治愈你心灵的妙药

鸡汤的火候与营养

"鸡汤"这个词近年来一度盛行。我也曾和许多人一样，把它定义为空洞无意义、喊口号不务实的代名词，避而远之。然而我们不得不承认，一部分被打入"鸡汤"冷宫的文字拥有在润物细无声中给人们带来力量的功效。只是我们的头脑太发达，我们不想承担面对自己的痛苦和责任，只想通过外科手术铲除眼前的障碍。相反，即使某些没有被扣上"鸡汤"名头的内容也不过是在"实操""有效"的旗帜下大谈非此即彼、非对即错的方法论。它告诉人们遇到什么情况该怎样做，它总结出看似系统而逻辑的条条框框。头脑当然喜欢这个，但实际上，每个人的经验不同、所遇问题的细枝末节不同，这些经验也许在某一时、某一地起了作用，但时过境迁后就无效了。它同时还阻碍了人们形成自己的智慧。授之以鱼不如授之以渔，依赖在他人所赐的方法建议中，不如拼凑起属于自己的那部分力量。如此看来，何为鸡汤每个人的标准都不同，鸡汤的火候与营养也要另做讨论了。

前段时间我同时把路易丝·海的《生命的重建》和张德芬的《活出全新的自己》两本书推荐给了不同的朋友。他们的反馈很有意思，A说："你介绍的那些书简直太棒了，直戳我的痛处，里面的方法也超级实用，立马就能用

上，很有效！"B说："还行，不过没有实操性，你有没有直接介绍方法的书推荐啊？就是教怎么解决实际问题的！"C有些不好意思但很坦白地说："这就是心灵鸡汤吧，我有点不知所云，对我没有什么帮助！"推荐的课程也遇到同样的情况。一般情况下我不会主动推荐，因为每个人的所需不尽相同。如果有人问起，我会推荐一些自己确实听过，并觉得有启发的课程。说来也巧，那天下午我同时收到两条微信：一条是感谢信，另一条是质疑。从文字里，我就能感受到A的热情和激动，她说："这是我这几年来上过的最好的课了，这段时间我的生活真的发生了翻天覆地的变化，无比感谢你的推荐，你简直是我的大恩人。"B："老实说，我是因为信任你才去听的，但是非常失望，我不知道它想说什么，也不知道它对我要解决的问题有什么意义！"我对A说："最重要的是感谢你自己，是你内在本有的智慧被照亮，才能听到对你有价值的部分！"我对B说："谢谢你的分享让我了解你的想法和感受！"面对A的赞捧，我不以功臣自居而沾沾自喜；面对B的不满，我不会极力维护或辩解，也不会着急驳斥他的观点，更不会因为质疑自己的推荐而道歉或自责。因为我知道，每个人读书听课都是听他自己内在的声音。由于人生所处的阶段不同、成长的步伐不同、内心的敞开度不同，所以即使听到的、看到的内容相同，得到的收获也会不同。是的，世界在每个人眼中都是不同的，疗愈和成长就是放下有色眼镜，真实地、清醒地看待自己、看待周遭，还原这个世界本来的面貌。

有人会问，我整天关注那些好的部分，可坏的部分也照样存在啊，岂不是自欺欺人、掩耳盗铃？我在成长初期也有这样的疑惑，甚至有一段时间，对那些一味宣扬积极、感恩、正能量的言辞特别敏感并且厌恶。直到有一天我真正地感悟到，不关注坏的部分并不是让我们忽略或排斥阴暗面，而是在接纳和承认的基础上不再过多地给它加注能量。就仿佛一个调皮的孩子，我们的过分关注和打压正是培养他不良行为的沃土。他不但不会停下来，反而会变本加厉地搞破坏。集体意识一直教导我们要爱憎分明、善于批判，这些教导充分地满足了头脑的控制欲和抓取心。我们的能量在对抗和抱怨中被消

耗，直到再也没有力量去解决真正的问题。我们以为批判能驱逐不想要的从而获得想要的，却在一次次的事与愿违中继续抱怨世态的不公平。那么，有没有解锁和改变这一状况的妙方呢？有的，它就是感恩。

通过感恩小练习，一起来寻找生活中的闪光点

从今天起，每天花几分钟记录一天中让你感谢或感动的事情和体悟。一开始你可能会觉得没啥可写的，慢慢地你便会习惯这个过程，你也会越来越能够从身边的小事中体会到快乐。例如，感谢某人做了某事对你的帮助，感恩自己的身体健康运转，感谢金钱带给你便利与舒适，感谢家人朋友的陪伴等。即使疾病缠身、穷困潦倒、关系纠葛，我们也总能找到生活中的闪亮之处。更多感恩的详细步骤推荐大家参阅朗达·拜恩的作品《魔力》，这本书里面有花 28 天带领人们练习感恩的方法。

习惯于感恩是我们能给孩子的珍贵礼物

无论我们和孩子邂逅怎样的境遇，总是在每时每刻坐拥一种活在恩典中的满足感，那是怎样美好的日子啊！无处不在的平和喜悦与满溢的爱正是人间天堂的写照，而感恩，是通往这里的一座桥梁。习惯于感恩是我们能给孩子的珍贵礼物。

感恩是一种选择，更是一种习惯，感恩的家庭氛围是对孩子最好的滋养。练习一段时间后，孩子能积极地看到生活中更多的美。

小美妈妈最开始练习的时候觉得有些困难，习惯了生活中大大小小的"理所当然"，未觉不妥，沿袭着从自己身上挑错的模式来表现理智和谦虚，而这也直接导致了她对周遭人、事、物接纳力的停滞不前。因为要表现得如他人期待的一般，许多情绪和压力被无形中压抑下来，她越来越感受不到生命的活力和热情。

而感恩为她开启了一扇新的窗户，她开始感恩自己和孩子身上一点一滴的小事。渐渐地，她看到了孩子身上的变化。有天放学，小美路过小道旁的花草树木时突然停下来，她深深地吸了一口气，感叹道："妈妈快看，这花多香啊！还有那树，绿油油的，我们好幸运，能看到这么美的景色！"妈妈为之一振，能够帮助孩子感受这个世界的美好，不是一份最珍贵的礼物吗？如今，小美即使只是从出租车上走下来，都会大声地说："谢谢司机叔叔，谢谢汽车！"妈妈也不由地感恩孩子的感恩。

是啊，培养孩子从小就拥有感受和创造幸福的能力是每一位父母和老师的重要责任。有了感恩的心、满溢的爱、喜悦的灵魂，孩子便拥有了源源不断的生命活力在这个大千世界里去探索、去创造、去生活。

感恩不是要求孩子说谢谢

没有人喜欢被指挥、被要求，只有我们感觉到自己有选择做与不做的权利，我们内心中向善和自我完善的部分才会自动启动。比如延迟满足，比如吃饭、睡午觉，比如说"谢谢"。感恩是一种主动的、发自内心的情感流动。它需要形式但不局限于形式，就像说"你好"一样，刻意为之的礼貌失去了它本身的意义。我常遇到家长困惑地问我："徐老师，我那孩子总是不和人打招呼，怎么说也没用，弄得我们很没有面子！""您平时总和人热情地打招呼吗？""我和他爸爸都是比较腼腆的人，对人不算热情！但我们不希望她像我们这样啊！而且小孩子就要有礼貌嘛！"我说："你们可以先让自己变得热情些，孩子有更多的机会耳濡目染你的礼貌，他自然会模仿。另外你是为了自己的面子还是其他，看看你的初心，孩子不是让我们满足虚荣和补贴我们好形象的工具！当一个人感受到'不得不'的时候，这个行为就难以建立了。如果你已经逼着孩子打招呼失败过多次，那么在这件事情上就需要更耐心了。其实孩子是真实的、有智慧的，初见一个人，他会很敏锐地捕捉到自己对这个人的感觉，也已经在内心决定了是亲近一些还是保持距离。当孩子感到自在的时候，他很可能热情似火地扑过来抱着你；当他感觉不那么明确时，他可能先观察。"

我们在陪伴孩子的过程中需要随时检视自己的状态，是感恩的、放松的、带着爱的，还是纠结的、控制的、带着怕的，这是影响力的关键。爱可园的孩子出门总会被夸奖既活泼又懂礼貌，但老师们却很少刻意地教他们礼貌，这些礼节在老师的一言一行里，在每日三遍的餐前感恩歌里，在每一个微笑和点头里。

有一次，一位观园的妈妈看到孩子们餐前唱感恩歌，她有些不安地问："你们怎么还有这个？是什么宗教信仰吗？"我说："我们没有宗教信仰，但每一个人都需要感恩，餐前的仪式感能帮孩子更好地感谢所有人的付出和珍惜粮食呢！"那位妈妈像是突然悟到了什么似的频频点头："对哦，都需要感恩！"

第六节　和孩子一起回到幼儿园

择园是一场自我成长的修行

帮孩子择园是一个梳理自己、探索自己的机遇。在这个过程中，我们能看到自己内心中真正想要的是什么，了解到希望自己的孩子成为怎样的人。这些愿望都是我们内心的投射，承载着我们的价值观、人生态度和信念系统。

我们是带着焦虑用枯燥的知识填鸭孩子，担心他输在起跑线上，还是充分地信任、尊重孩子的步伐，陪伴他生成自己的智慧？我们是相信有觉察的"自由"和"爱"，让孩子的内心更强大，更易于引导他们内化规则，还是希望老师"看管"和"教育"出一个表面顺从、内心恐惧和叛逆的孩子？我们是相信"高大上"的幼儿园撑起了自己的颜面就是对孩子的成长负责，还是听从自己的内心，掀开幻想，从孩子的角度感受他的需要？

择园的过程，会让我们开启自我成长的大门，跟随孩子和幼儿园的脚步，成为更好的自己。无论是家庭还是幼儿园，如果我们的出发点在于提升自己的境界，孩子们便自然会得到滋养。

择园时，除了性价比、距离、配套设施等硬性指标外，还有些我们容易忽视又很重要的内容启发我们思考：成人如何为孩子提供有准备的环境，以帮助他们更健康的成长。

滋养心灵的环境布置

来到一个幼儿园最直观的第一印象是环境，它是孩子们的健康、安全、舒适的活动空间，随时散发出潜在的信息影响着孩子们。一个简单朴素但舒适的室内环境会引领孩子更关注自己内在的成长，也许是清新的，又或者是温暖的，不一定色彩艳丽，不一定有夸张的卡通图案，也不一定有高大上的装潢，一个简单的空间，协调、柔和但不失明快的色彩搭配帮助我们将目光从生命外延的攀附转向寻求内在的喜悦、平和与爱。

我们可以从幼儿园的布置看出园所的理念和实践，看到幼儿园是否从儿童的角度来考虑各种细节，如园内的门、洗手台、马桶是否符合孩子的视角，有无尖角的桌椅门边等。我们还可以从装饰上看出幼儿园的品位，对美育的重视，首先看物品的摆放是否整齐自然，看是否呈现人为痕迹过重的杂乱无章，看玩具是否尽量用天然木质而非塑料材质的。

装饰物的随意堆砌容易分散孩子的注意力，也不利于培养孩子的艺术美感。有好几位家长曾对我说："我每次走进爱可园就觉得特别放松，心里有种莫名的感动，都不想离开了。"我想，环境的滋养是一个因素。如果你是老师，或者是想在环境布置上为孩子花点心思的家长，这里推荐一个墙面选择：彩绘墙。它柔和的色彩仿佛妈妈的子宫一般，让孩子感到踏实。渐变的透明彩绘会让空间变得更加开放和宽阔，光线和颜色的明暗变化预示着自然界万物，一如初升的太阳呈现出淡淡的粉红，有时又将那一抹淡蓝的天空晕染成温润的蔚蓝，那些闪烁在其中的黄色如同金灿灿的阳光洒向大地。渐变的彩绘墙呈现出流动性，深浅不一，无章可循，就如同颜色在墙壁呼吸一样，颜色在各个角度逐渐变幻和跳跃。

彩绘墙的绘制

　　我们要把真实的、自然的色彩带到教室，在孩子心里播下美的种子！彩绘墙通常由父母或老师用湿水彩亲自用心绘制，一般要刷三层。前两层的色彩有很强的吸入性，让墙"消失"，梦幻的氛围使孩子身心融入色彩的世界，滋养他们的心灵，产生信任和安全感。屋顶留白避免了压抑，头顶向外打开，给整个空间一个出口。整个色调冷暖结合，以粉色和黄色为主，点缀在其中的金黄色像阳光洒下来，带给人温暖，以适合幼儿园孩子的心理特点。室内的环境布置、教学材料选择和色彩搭配上也考虑到大自然的滋养。

择园的核心是老师爱的能力

　　教育心理学者尹建莉老师曾在她的书中说道："选择幼儿园最重要的是老师爱的能力，在幼儿园的一切设施和条件中，没有比教师更重要的条件。硬件设施有多好，门口的金字招牌有多炫，这些其实影响不了孩子，孩子甚至都感觉不到。幼儿园真正对孩子产生优质影响力的，是融洽的师生关系。幼儿园教师最核心的能力，不是她的学识、才艺等可见、可量化的东西，而是她爱的能力，即她发自内心的善良和对孩子们的尊重。"

　　幼儿园里，老师的眼神是温暖的还是不屑的？老师的语气是真诚的还是敷衍的？老师的表扬是在点评还是在欣赏？老师给出的建议是提供了一种可能性还是带有强制性的？老师面对自己即将冒出的情绪是怎样处理的？面对孩子们的争抢行为，除了急着干预或转移注意力，还有没有更好的引导方式？能不能借机引导孩子主动思考？老师如何面对孩子的各种情绪？孩子哭的时候，无论是急着哄还是急着制止，都是对这种情绪的不接纳，背后的语言是："我无法忍受你哭。"这些点点滴滴的细节看似无伤大雅，但却是教育的核心所在。

　　孩子不需要高大上的围墙，但需要带来心灵滋养的舒适环境。整洁的、温馨的教室会迅速让孩子心身都放松和踏实下来。孩子不需要十八般技艺的老师，但需要老师有爱的能力。

幼儿园观察日志

◆ 小沙的拒绝

两岁多的小沙内心世界已经相当丰富了，他常常因为发现自己在这个世界上能力是那么有限而沮丧。当遇到不能拿到某样东西、不能爬高、不能吃冰棍等种种限制时，这些事与愿违不免让孩子的内心积压了不少情绪。加之小沙在语言方面的发展较晚，无法准确表达需求所带来的交流困难更是让他无所适从。

小沙入园已经一个多月了，通过这些天的陪伴和观察，老师发现他在进行某项活动时，非常不喜欢被打扰，老师要是走近或是想加入，都会被他以大声喊叫的方式"赶走"，直到那位"干扰者"离开后，他又会安静地回到他的活动中来了。

于是，我们尝试着帮他表达感受和需求，相信有一天，他也能自如而准确地和他人沟通，"小沙，看上去你有些着急。""小沙，你是不是有些担心，看，妈妈没走，就在那边"……然而，无论老师的语气多么温柔和坚定，他的情绪依然激动如初。

"小沙，你是想独自完成这件事吗？那留你独自在这里待一会儿好吗？"在没人打扰的情况下，他显得很平静，专注在活动上的时间越来越长。小沙对数字表现出极高的敏感度和天赋，有时候甚至可以聚精会神地探索很长时间，小沙的自如让老师放松下来，同时，他的拒绝也给了大家新的启发。以前我们以为孩子需要我们尽其所能的帮助和陪伴，而事实上，观察、允许和留白也是一种引导，是更难得的相处智慧，我们需要给孩子空间和时间与自己相处。

蒙台梭利说："科学的观察已证明教育不是在于教师给予什么，教育是一种由个人自发完成的自然历程，他必须由人直接从环境中得到经验，而不是借着听讲就能获得的。教师的任务是准备一系列能引发文化活动的动机，传布于特别预备的环境中，而且避免让儿童受到强迫性的干扰。教师只能够帮助使正在进行中的伟大工作继续进行，就像仆人帮助主人一样。如此，教师必然会看到人类心灵的展现，也能看到一种新人的出现。这种新人不是事件

的牺牲者，而是具有清明的理想而能引导及塑造人类社会的未来的人。教育的目的，在于了解如何协助儿童生命的正常发展。"

我们以教师为主的传统教育和家人过度的"关心"容易破坏孩子探索周遭的专注力。小沙对自己所属空间感的重视深刻地告诉成人，这样的"帮助"和"走进"有时候对于他们来说，几乎是一种"干涉"。

教师的角色是一个观察者、陪伴者和协助者，而孩子是他们自己的主人，是整个教学的主导者，是这个空间的主角。保护儿童求知的主动性，发挥他们探索世界的本能，深入到与环境的深层次互动之中，用心读懂孩子的语言，你会发现一个奇妙的世界。

◆ **旻儿的秘密语言**

旻儿第一次来到爱可园的时候，安安静静地跟在妈妈后面，戴着一只大大的口罩，白皙的皮肤、有些瘦弱的身体，两个大眼睛里面游离的眼神放着似乎让人读不太懂的光芒。妈妈说，旻儿有过敏性鼻炎，按照空气指数来决定外出，因此很少能出门，出门一般都戴着口罩，也不常和小朋友们玩耍。旻儿3岁了，妈妈一直亲力亲为地照顾他，非常辛苦。有时候，他莫名的情绪和执拗令妈妈有些不理解和苦恼，妈妈说这是一个顽皮、固执、难以捉摸的孩子。我很欣喜，当我听到评价的瞬间，这些词迅速变成了充沛的活力、坚持、神秘。他一定是一个充满想象力的小生命，我这样想着，从妈妈手里接过他来。虽然从比年龄略显小而单薄的外表上暂时不易发现他的活力，但后来他在幼儿园爆发的那发自内心爽朗的笑声，让我们惊喜于这个幼小的生命独特的展现方式。

看到旻儿的第一眼，就让人感觉到，他是一个特别的孩子，从他那清澈的眼神里，仿佛能看到他内心中的那种独特和灵气，他活在自己的世界里，他是属于他自己的孩子。通常来说，调皮的孩子和德智体全面发展的孩子是最容易引起老师注意的，无论是被赞扬和喜爱（正面关注），还是被批评和管教（负面的关注），孩子至少是被回应的。但默默无闻的孩子常常容易被忽略，他们像一个安静的影子，不吵闹不要求，也不会闪闪发光。

旻儿还没有尝试过自己吃饭，很多事情依然是妈妈代劳，他对各种交流没有太多回应，但他完全看得透每一个人的善意和温度，看得出来，他对我们不排斥。言语对于旻儿来说并没有效力，也许是听到过太多成年人的教导，这些言语在他听来已经成为一种可以忽略的背景音，被当做"正确的废话"逐渐被过滤掉。因此对于旻儿，我们需要用更多的耐心和允许的态度陪伴他，走进他的内心。渐渐地，我们越发地感受到，他那脆弱、敏感而纯真的内心在渴望着被读懂，他像一颗宝藏，闪着智慧的光芒，等待人们走进他，细细品味他，发现他。

幼儿园王老师在观察日志中记录了陪伴旻儿入园的过程：

吃完午间加餐，其他小朋友都欢快地去玩儿了。旻儿还是很安静地坐着，慢慢地喝完杯子里的水。我拉着他的小手把垃圾扔到垃圾桶里，把杯子放到指定的位置，教他把自己的凳子推到桌子下面。这样做可以帮助他清晰自己的责任，更主动地参与。

旻儿吃完之后就到活动室玩儿。他刚开始是爬到滑梯的上面，站在那儿一开一合地玩儿空调出风口的盖子，打开合上，再打开合上，乐此不疲。我指着空调告诉他："这是空调。"他并不跟着我念，还是喜欢把盖子打开关上。后来花豆和多多在滑梯上爬上爬下，我问旻儿要不要加入，他也不应答，反而跑去推蒙氏教室的门。那个门是左右推拉式的，旻儿站在那儿足有30分钟，慢慢地把门拉开，然后又关上，反反复复，毫不厌烦。我站在他身后，当他合上门的时候，就说："关门"；当我说："开门"的时候，旻儿便把门缓缓拉开，于是教室里面的一切面貌都呈现在眼前。这个行为似乎对他来说是一件神奇的法宝，一开一合间，世界便是两个不同的模样。

整个下午，旻儿都在探索门的秘密。他明显对门怀有巨大的兴趣。洗手间的门、餐厅的门，只要他进出之后，都会转身把门关好，并且一定是把两扇门整齐地对合上才行，不能有错位。甚至别人进出之后，他也会走过去把门关好。这也激发了我极大的好奇心：为什么他对"开、关"这样的行为这么有兴趣？为什么把门齐整地关好对他这么重要？这背后隐藏着怎样的心理动力？他的内心上演着怎样的情感需求？

我不知道这背后的原因，但我领会了它对于旻儿的独特意义，我和他一样，也将这个行为赋予了意义。晚餐前旻儿坐在餐桌旁，我站在门口，如果有人进出的话，我便将门关好，而且特意把门严丝合缝地关好。昱儿一直看着我，我关好后也看看他，我们会心地一笑，他显得特别开心，而且有种如释重负的感觉。那一刻，我们心有灵犀，那个门是属于我们两个才能懂的秘密，是我们的语言。

昱儿不善言辞，他跟我说话的时候声音很轻很轻，几乎是只看见嘴的动作，听不到声音。但是他喜欢笑，那种笑是真正发自内心的喜悦。我们一起玩气球，一个小小的气球，一个简单的游戏，竟让他开心到仰头大笑。他看着我将气球一点点吹大，觉得好神奇；他用手将气球捏一捏，变成了奇怪的形状，也觉得神奇；他将空气从气球中慢慢地放出来，看到大大圆圆的球变成一个小塑料皮，更是觉得奇妙。每次他看气球的变化，便绽放出那如阳光般灿烂的笑容，恣肆的笑声传达出内心深藏的能量。在他眼里，世界是如此充满魔力。听懂了他的语言，你会更懂他，也更尊重和爱护他。

第七节　孩子在成长,你的分离焦虑如何安放

祝福孩子吧，而不是担心他，当我不再害怕失去时，我们都将得到更多自由！我们做父母的能做的事情很多又真的很有限，"很多"是说父母的自我完善与成长是永无止境的，你内在涌动出的智慧与爱是不断滋养孩子前行的力量源泉。"分离"是亲子关系中不可回避的话题，你的放手有时正是给孩子最好的精神食粮。孩子能够陪伴我们走一程，他们从那个腹中与我们血脉相连的小宝宝到怀中吸吮乳汁的小婴儿，从蹒跚学步的小童到背上书包去上学的少年，望着孩子渐行渐远的背影，我们是允许这个过程自然而然地发生，送给孩子默默的祝福与信任，还是在焦虑与惶恐中试图阻止些什么？其实，孩子也在教会我们做内心独立而强大的自己。从母体分离、断奶、上

学、离家、结婚、生子，曾经那些藏匿在我们内心深处的始料未及的分离之痛还在隐隐提醒着我们被抛弃的恐惧，这份恐惧不只属于孩子，更是我们内心的痛，世界上所有的爱都是为了相聚，而只有亲子之爱，永远指向分离。心理学者曾奇峰曾说："越是能够面对和接纳她逐步被抛弃、失败的命运，就越能做一个好妈妈。"而探索亲子间的一次又一次分离带给我们的冲击与启发正是疗愈你我的好机会。

如何陪伴自己和孩子度过分离焦虑

带佑佑去社区医院打防疫针，佑佑焦急地催促大夫说："阿姨，还需要多久呢？我要赶回去上幼儿园，我的老师和小朋友该想我了！"50 多岁的老大夫饶有兴趣地抬起头扶了扶眼镜说："快了，你这孩子有意思，到我这儿来的小朋友都不着急，因为可以不用去幼儿园，你是哪个幼儿园的？""爱可园！"佑佑自豪地说。

2018 年夏天，2 岁 3 个月的咪咪也正式地进入了哥哥的爱可园。我们和老师都做好了耐心陪伴她适应分离焦虑的准备，出乎大家意料的是，她笑嘻嘻地小手一挥，迅速融入了幼儿园的吃喝拉撒睡玩中。我不禁心中感叹，一个安全感充足的宝贝，在她准备好的那一刻，她留下的背影是那样坚定和猝不及防。

每个孩子呈现出的分离焦虑很不一样，因为孩子的个性和安全感不同，家里的具体情况也千差万别，如果有大的变动，比如添二宝、搬家等都会影响到孩子离开熟悉的环境，而幼儿园带给孩子的踏实感和吸引力也不尽相同，需要我们在择园的时候把好关。除此以外，下面的准备工作也能帮你和孩子更顺利地渡过这一时期。

1.培养孩子的自豪感

让孩子感到上幼儿园是大孩子的特权，是一件值得兴奋的事！家长可以和孩子共同憧憬：幼儿园是个有趣的地方，有小朋友，有和蔼可亲的老师，会开展各种活动。但不需过分夸大描述幼儿园，切记不可威胁或暗示孩子："再不听话就把你送去幼儿园！"为了建立和保护孩子的安全感和自我价值感，要让他们感到，爸爸妈妈并非因为不愿陪伴我而要我和家人短暂分开，他们仍然好爱我，老师也喜欢我。同时，有的幼儿园允许孩子带一件体积适中、无尖锐突起、表面光滑或柔软的安慰物去幼儿园，熟悉的东西会减少孩子的入园焦虑。也可以准备一张家庭合影让孩子带到幼儿园，想家时可以让他看看。

2. 养成良好的生活作息习惯

提前调整孩子在家的起居生活节奏，尽量以孩子入园的生活规律为标准，固定孩子的餐椅、餐具等，给孩子机会让他们学习自己用勺子吃饭，自己洗手、擦嘴，培养孩子每天早起按时排便的习惯，让孩子尝试独立穿、脱衣服。孩子能做的或有兴趣做的事让他多尝试，也许对于成人来说，放权让孩子自己做事反而显得麻烦，但孩子需要从克服困难中获得成就感，并形成自己负责的人生态度。自理能力弱的孩子往往更容易感觉自己是特殊的，是被照顾的对象，因而产生自卑感，较强的自理能力和规律的生活习惯会让孩子在新的环境中更有掌控感，更快地适应幼儿园的生活。最后，引导孩子用语言或肢体语言表达需求，如：摔倒导致身体不舒服会说出或指明具体位置（肚脐、胳膊肘、膝盖……）。

3. 父母要学会调节自己的情绪，增强与学校之间的信任

心心妈妈说："孩子要上幼儿园，我有很多担心，怎样才能缓解入园的焦虑呀？送园的时候孩子不让走或哭怎么办？"家长和孩子一样，也有入园焦虑，帮助幼儿的同时，家长还需先调节自己的情绪。透过孩子这面镜子帮你看到内心都有哪些担心、焦虑、不舍，看到还有哪些本属于自己的情绪投射在了孩子的身上，对孩子产生了怎样的影响。

如果孩子感到自己身处家人都放心的环境，内心便会放松下来，踏实地探索，也就是说家校之间的信任和家人对待上园的态度直接影响孩子适应幼儿园的情况。比如，家庭成员就送园年龄、理念和园所选择等未达成一致的情况下，孩子更容易出现焦虑。在爱可园，新入园的孩子会有老师的特别陪伴，老师会用温柔而坚定的态度接纳孩子的情绪。当孩子哭泣的时候，老师会倾听他、理解他，允许他表达所有的思念和情绪。"别哭了"这种否定孩子情绪的话语是可以从老师们的字典里抠掉的。老师有时会在孩子情绪释放的间隙说："宝贝很想妈妈，心里有点难过吧，老师小时候刚上幼儿园也哭呢，实在不好受就趴在老师肩上哭一会儿吧，老师在这陪着你。"

4. 想办法帮助孩子做好和家人短暂分离的准备

不过，即使做好各种准备，仍会有小部分孩子出现严重的分离焦虑，我们要做的和能做的就是耐心地接纳和陪伴孩子渡过这个特殊的时期。早上送孩子入园，当孩子不愿和我们离开时，家长的不耐烦或恋恋不舍的为难态度会增加孩子的不安，孩子会无意识地表达"忠心"、配合家长，用哭闹回应父母的不知所措和不舍。

其实，有的时候，家长还在离开的路上难过时，孩子就已经自如地在幼儿园里活动了。"不让孩子哭"不是我们的目的，"哭"是那一刻情绪的宣泄，我们要看到"哭"背后的需求，而不是否定孩子的情绪。哄孩子、讨好孩子以及责备孩子哭都是对孩子情绪的不接纳。我们要对孩子保持真诚、温和而坚定的态度。

小贴士

送园离开时家长最好正式和孩子打招呼，为了避免孩子哭（或拒绝）的不辞而别会极大地破坏与孩子间的信任。离开时父母可以平静愉悦地对孩子说："拜拜，妈妈知道宝贝不想让妈妈走（看到孩子的内心，帮他说出想法），但妈妈必须离开了（陈述事实和表达坚定），妈妈会想你的，妈妈爱你（点明孩子最在乎的本质。大多数情况下孩子的哭闹其实不过是在索爱和求关注。让他感到家人的爱不变，即使他还在哭，也会慢慢安静下来），×点就会来接宝贝的（给孩子希望，让他理解分离是暂时的）。"如果承诺了时间，尽量提前一点儿或至少按时来接，这样也是一点一滴建立信任的过程，孩子便会安心地适应幼儿园的节奏了。因为他相信，爸爸妈妈一定会来接他，而且说到做到。最后，家长也可以根据自己的情况选择"每天多待一会儿"的方式让孩子逐渐适应幼儿园的生活。

有时候老师告诉宝贝，妈妈的爱在口袋里，这样孩子会感到，虽然妈妈人不在身边，但她的爱还停留在身边，想妈妈时就摸摸口袋。另外，角色扮演、分离主题的中英文绘本，如《阿文的小毯子》《汤姆上幼儿园》《我好担心》《一口袋的吻》等都是老师和父母的好帮手。让我们相信孩子有很强的适应能力，上幼儿园是孩子社会化的第一步，对孩子的成长有很多好处，会是件快乐的事情。请把最坚定的目光、信任的拥抱和从容的微笑作为送给孩子最好的礼物吧！

和孩子一同在离别中成长

随着成长，孩子们会面临越来越多的别离时刻。爱可园 Sunny（冬苗）老师在观察记录插班小朋友维维的日志中写道：今天是维维在爱可园的最后半天，我们拥抱告别时他对我说："Sunny 老师，一会儿见！"我们以往总是说："明天见！我在幼儿园等你。"但这次维维坚持说："一会儿见。"

孩子的世界是这样的简单而又深情。我想几个月之后他也许无法再记起爱可园里老师和小朋友的模样，但是他将永远携带着这里的老师和小伙伴们带给他的温暖、友好和安全的感受，无论走到哪里。

1. 爱与信任感的建立

Sunny 老师继续写道：仍然记得维维来园里的第一天，徐老师请我特别陪伴他，因为维维跟着爸爸妈妈在不同的城市生活，曾经换过好几所幼儿园，每一次和幼儿园的分离和对新幼儿园的重新适应，都是挑战，对于一个只有四岁多的孩子来说，需要他用多少的勇气来应对呢？这一次他对上幼儿园有极大的抗拒，情绪起伏也很激烈。

初见我，维维还是有些回避，我试着和他温和地对话，问他带了什么玩具，怎么玩儿……几分钟之后维维答应和我一起玩他带来的飞行棋。很快我们通过游戏，成为好朋友，他对我的信任和依恋让我感到非常难得，也让我感受到维维是一个特别重感情的孩子，而且会毫不掩饰地表达自己的感受。他一边滑滑梯，一边大声说："Sunny 老师，我喜欢你！"下午离开幼儿园的时候，维维还嘱咐我："你今天晚上要做一个有维维的梦。"多么可爱的请求！

随着相处，我更加感受到顽皮的维维内心有着浓厚而细腻的情感。有一次，我给小朋友剥虾的时候，把手指刺破了，维维立刻跑过来看，问我疼不疼。有天我穿了靴子戴鞋套，他也会想到问我："这样会不会太热？"能够站在别人的位置上，去体验他/她的感受，这是一种非常难得的品质。

2. 在信任关系中培育规则感

等维维和老师们的信任关系足够牢固的时候，老师们便开始帮助他建立在幼儿园的规则感。对于每个孩子来说，建立规则感都是一个"成长的烦恼"。在这里，规则感是要等到信任关系建立之后逐步建立的。我个人也深深感受到亲密信任关系在其中的重要性。

有一次维维和一位小朋友发生冲突，动手打了小朋友一下。当老师把他们拉开的时候，我对被打的小朋友说："你可以让维维向你说对不起。"维维听我这么说，感到很委屈，因为一向鼓励他的 Sunny 老师竟然没有向着他，而是护着"外人"，这让他感到很受伤。他噘着嘴巴，扭头不看我，嘴里念叨着："这个 Sunny 老师，这个 Sunny 老师！"我蹲下来看着他，说："我知道你现在对 Sunny 老师很气，但是你不可以打人，你还是我喜欢的维维，我在那边，你可以随时来找我。"维维不说话，一个人默默地站着。过了一会儿，当我和其他小朋友们画画的时候，维维也加入了。我提议大家把画完的作品送给自己喜欢的人，维维大声说："我要送给 Sunny 老师。"他很慷慨地把作品递给我，我冲他微笑并表达自己的喜悦和感谢。

那一刻，我知道维维用自己特别的方式完成了与我的和解。他在这样一个看似极小的事件中，却经历了十分丰富的情感体验和知识学习：与小朋友发生冲突时，如何解决问题；与自己亲近的人发生矛盾的时候，如何设置自己的期待，又如何表达情感与和解。这些问题的解决如果没有我们对彼此的信任和依恋，是很难完成的。

3. 独立与合作

三周后，维维脱离了对我的依赖情感，开始和别的老师及小朋友建立友好的关系，不断拓展自己的交际圈。独立与合作，成为这个时间段维维发展的重要品格。维维自己的玩具和物品也能很好地归置在柜子里。他开始主动帮助年龄较小的孩子，成为老师的好帮手，帮老师分配餐具。维维和豆豆成为好朋友，而且表现出哥哥的风范，遇到豆豆不会做的事情，他会很热心地帮助豆豆："来，哥哥教你！"

他和小茜的友情更是成为幼儿园的"喜事儿"。两个最大的孩子结成了同盟，亲密地合作和相互照顾，成为其他小朋友的榜样。即将离开幼儿园，有天维维和小茜并肩坐在台阶上，维维说："小茜，我很快要去美国了，你也要来啊！告诉我你家的电话，我打给你。"小茜说："我要回家问我妈妈，明天把电话给你好吗？"这不经意的互动让在一旁的我们觉得真是温馨感动啊！

孩子之间发展出的纯真的友谊，会很好地促进将来他们发展人际关系的能力，处理友情中产生的各种问题，包括界限的设定、冲突的解决、情感的表达、共情和理解他人的能力等。这些都是孩子要在幼儿园经历和学习的，是单纯的家庭关系无法提供的社会化经历。

4. 离别

时光似乎还是定格在温暖的午后。维维非常努力地向我们讲述夏威夷的好，希望能因此说服我们，把幼儿园搬过去，"徐老师，我想要所有的小朋友和老师都跟我走，夏威夷真的可好了，你们都跟我走吧！"

如此让人动容的邀请如滴滴细雨浸入我的心田。是的，我们的生活中每天都有形形色色的人进进出出，而带给人们的感动却越来越少。说来确实神奇，这个并非传统意义上乖巧的小生命带给爱可园的老师和小朋友那么多美好的回忆和思念，这是源于老师们付出的真情实感，也是源于孩子们之间难得而深厚的友谊。

人生中会有无数的离别，维维和他最好的伙伴小茜都在经历着这一切。他们是形影不离的好朋友，这样的离别情绪是孩子们生命中重要的体验。那天维维兴奋地拉着小茜对我说："徐老师，小茜是我最好的朋友，我想带她一起去夏威夷！"小茜也灿烂地笑着说："对啊，维维去哪里我也去哪里！如果去不了，他走了我会想他的！"我只是微笑地看着他们，内心却为之一振，多么纯真的笑脸，多么无奈的离别。可能他们都还没有意识到，这已经是他们拉着手一起玩的最后一个上午了，孩子们的世界，单纯、动人！尽管大人被离别情绪笼罩着，孩子们似乎没有受太多影响，即使离别就在眼前，他们也欢心雀跃地享受在一起玩耍的这一刻。有人说那是因为孩子还不明白"离别"的真正含义，但我却想说，那是因为他们不恋过去、不恐未来，"过去""一会儿""刚才"都不是当下，孩子很小的时候分不清时间概念，因为他们只活在当下。是的，离别对于他们也很痛，但是他们可以随时放下，继续前行。孩子的童年需要相对稳定的生活环境，这样他们才能在规律的生活中、在充分安全感的基础上构建完整的人格。

小武老师也很舍不得维维的离开，她说："你和爸爸妈妈要去美国吗？"

维维："是啊，又得换幼儿园了，这就是生活啊！"

听到一个4岁的孩子感叹"这就是生活"，老师既惊喜又好奇，但依然很平静地问：

"你认为什么是生活啊？"

维维："走遍世界各地，到不同的国家都走走看看就是生活呗！"

……这就是孩子的视野，不得不令人惊叹和感慨。是啊，每个孩子的内心都住着一个小小哲学家。

"离别"似乎是人生不可逃避的、永恒的话题，但"离别"又意味着开启上帝赐予我们的另一扇窗，有一个全新的世界等待着我们用一颗喜悦而平和的心去探索、去欣赏、去经历！

维维的父母带着他在美国定居之后，曾经辗转过不同国家和幼儿园的他即将开启一段稳定的生活！尽管每一次分离都带给孩子离别情绪和体验焦虑的经历，却不得不否认，孩子的价值观和世界观也在这个过程中被不知不觉地塑造着。

如今维维已经和家人在美国开始了全新的学习生活。是啊，不知道10年后、20年后，他还记不记得这些相处的时间并不久的小伙伴和老师，但我们坚信，他会带着在爱可园得到的温暖和力量，继续前行。

我们生活中，有许许多多的舒适区，有时候不一定是这些区域有多舒服，只不过是我们习惯了而已。我们害怕改变，我们对未知有很多恐惧，我们担心离别。而孩子们给我们上了难得的一课，他们总是活在当下，用全身心体验着这个丰富又瞬息万变的世界。

第八节
接纳自己的不完美，拥抱你内在受伤的小孩

    M女士是因为夫妻关系走进了我的咨询室，几次咨询后，她第一次认真地提起自己作为一个母亲的角色："徐老师，道理我懂很多，但我做不到接纳孩子，他哭我就着急，他不听话我就生气，有时候我甚至还忍不住想打他。"说到这，她顿了顿，把头深深地埋在胸前，这时的样子比谈及她丈夫的时候更无助，甚至还露出羞愧，"我总是照顾不好他，我太没用了，弄得他生病、摔倒。"说着，她失声痛哭起来："我不是一个好妈妈！"

    M成长在一个让她很不愿意回忆的原生家庭，儿时记忆中没有太多欢笑，她却对母亲无尽的叹息声和父亲离家时重重的摔门声记忆犹新。父亲的影子很模糊、很严厉。母亲操持家里家外，拉扯大姐弟三人，长期得不到丈夫的支持和关爱，却一直委曲求全，无力改变，满心的哀怨时常压抑在心底，构成了家中阴郁的主基调。父亲在家的时候，母亲爆发的不满又演化成父母间为琐事的争吵，而父母对婚姻、对生活的种种不满都会渗透在孩子们幼小的心灵中。她常常觉得不敢自由地呼吸，生怕一个不小心就会招来父母的责骂。每每这时，M便暗下决心，努力读书，希望早日离开这个让她窒息的家。M成绩很好，然而，高考时的发挥失常让她留在了离家不远的大学。

    其实M是一位很有能力，落落大方的女孩，落寞的神情依然遮不住她的眉清目秀。然而受母亲自卑感的影响，她对自己的感情充满了恐惧和自卑，她错过了几位优秀男生的追求。快毕业时，她选择了一个各方面都很普通却很有支配欲的男生。毕业后，男友说想去外省闯闯，她便毫不犹豫地跟随，去远方安了家。结婚、生子，一晃7年过去了，尽管事业在陌生的城市不温

不火地稳定下来，她却在这段关系中越来越迷失自己，越来越压抑。起初她觉得男友很体贴，很有主意，这让缺乏父爱的她倍感踏实。刚结婚时，她偶然晚归，丈夫很紧张很生气，尽管有些不自在，但她觉得自己很被在乎，这比那个对母亲不闻不问的父亲强多了。渐渐地，丈夫还会因为一些小事批评她，让她自己都怀疑自己是不是真的很没用，然而，越觉得自己一无是处，就越犯错。最近发生的两件事让她感到深深的绝望。那天，她不小心打碎了一个杯子，丈夫却把桌子上另一个杯子摔在了地上，对她大吼："你还能干成什么事啊？"而更心痛的是，上周她陪3岁的儿子玩躲猫猫，不小心夹了儿子的手，夫妻俩都心疼地安抚大哭的儿子，她吹着儿子的手说："没关系，没关系！"丈夫却突然生气地说："怎么没关系了，你自己夹一下试试，儿子在奶奶那怎么能好好的，在你这里才几分钟就被夹了！"说着，丈夫甚至试图拿着她的手去门上感觉一下。她很伤心，更可怕的是，她甚至已无力愤怒，感觉自己低到了尘埃里，产生了深深的自责和自我怀疑，"也许我真的不是一个好妈妈！"讲到这里的时候，她喃喃地低语着。

M的内心深处住着一个受伤的小孩，无助、痛苦、纠结、自责，这些伤痛加剧了她的不配得感，吸引和选择了一位并不能给她真正带来幸福的伴侣，她在感情里活得越来越小心翼翼、不被珍惜。在我们的咨询过程中，M第一次真正地去看到、认领内在受伤的、弱小的自己，她渐渐地看到，自己似乎无意识地重复着母亲的命运。而她曾经暗暗许下的誓言"等我长大当了母亲，绝不像我妈妈那样"也在自己内心深处那压抑已久的愤怒面前变成了美好的幻影。受伤的内在小孩不停地哭泣和呐喊，想要挣脱这窒息的束缚。我在咨询里陪伴她把这些过往的伤痛一点点地揭开，一步步地修复那些丢失的力量和安全感，终于，她感受到一个坚定有力的声音在告诉她：我有能力改变这一切，当我停止自责，当我愿意看见、接纳和拥抱自己的过往与内在，就是时候改变命运的轮回了。没有人是完美的，只有当她接纳了自己的不完美，才有可能在亲子关系中接纳自己的孩子，只有她真正地看到了自己的价值，才能获得爱人的尊重与欣赏；只有当她学会真正地爱自己，才有能力爱别人和感受到爱。几次咨询之后，M女士带着觉知和力量重新出发。

第二篇

透过孩子，成为真实的自己

第一节　你是自己和孩子最强大的催眠师

揭开催眠的神秘"面纱"

你大概早就听说过"催眠"这个词了，无论它来自媒体还是玩笑间的调侃，多数人都或多或少带着对"催眠"一词的好奇、误解，甚至偏见。而事实上，催眠并没有我们想象中的那么神秘，它无时无刻地发生在我们身边。如果我说，当你看到一个大写字母 M 就想到了麦当劳，你就是被催眠了，这也许会令你觉得有点失望；如果我说，你上课走神的时候脑波进入了阿尔法（α）波段，就是催眠，你或许又觉得靠谱；如果我说，催眠状态下能让你忆起平日难以记住的事情，你也许会觉得神奇。催眠是一个有趣又严肃的学问。它不仅仅停留在炫酷的"人桥"试验或被催眠后说出银行卡密码的担心里，没有你的允许，你心中的秘密还是你的，没有你的信任，你也难以被真正催眠。

在心理咨询中，我们常常使用催眠技术。简单说，催眠是一种高度集中的放松状态，由于讯息绕过了头脑的批判机制直接进入潜意识，所以人们极易在这个状态下接受暗示，使得疗愈和改变的发生成为可能。催眠师在声、光、情景等营造的安全氛围下，引导来访者敞开自己，像是做了一场心灵手术般给其植入积极的暗示，帮助来访者成长。

催眠应用的领域很广，从心理疾病到手术麻醉，从提高学习效率到改善睡眠，从戒烟戒酒到美容减肥，催眠都在贡献着它的力量。近年来，作为一名催眠治疗师，我也一直致力于研究和实践催眠在亲子关系和婚姻关系中的应用。

我曾经在课堂上问学员："有谁觉得自己难以被催眠？"好几位伙伴举起了手，我说："恭喜你，你成功地被催眠了，被有关于自己的信念'我难以被催眠'给催眠了！"如今的你我又是怎样不知不觉地成为自己和家人的催眠师的呢？

你是自己最强大的催眠师

催眠的本质是自我催眠，与其说是环境把我们变成了今天的自己，不如说是我们在不断给自己下暗示的过程中，允许自己成为现在的样子，所以说，我们每个人都是自己最强大的催眠师。

从小到大，我们给自己贴了太多的标签，捆绑在头脑中的所谓"真理"常常让我们做事畏首畏尾，活得既辛苦、又无奈。有了孩子以后，想做好妈妈的焦虑感又让我们走上了另一条不觉知的并没有高明多少的道路——很上心，但不走心。当你找回自己内心的力量和智慧，就能在纷繁育儿观点的轰炸中，从容不迫、运用自如，而不会被所谓的"知识"束缚了手脚，因为尽信书不如不读书。

你是孩子最强大的催眠师

曾经有位心理学老师问大家：你们中谁觉得自己从小就比较自卑、胆小或者常常内疚？有几个朋友边点头边举起手来，老师笑了："那你们谁见过一个小婴儿一出生就长了一张好'抱歉'的脸，渴了饿了也不好意思说，为自己不够聪明不够漂亮而难为情呢？"老师的话把大伙儿都逗笑了，是啊，每个生命最初来到这个世界时都带着婴儿般的自恋，觉得全世界都可以围着自己转，他真实而大胆地表达着自己的各种需求，不比较也不自责，值得感和价值感都爆棚，全然地存在于此时此刻。如果你观察婴儿，你会发现：当你把他们手中的玩具拿走时，他可能会立马号啕大哭；但当你还给他，他就瞬间破涕为笑了。是的，孩子不担忧未来，也不纠结于哪怕仅仅是上一秒的过去。随着成长，他们从周遭环境学到了许多"宝贵"的知识和人生经验，逐渐拥有了越来越多的技能与记忆，却失去了真实的自己。

下面这个狼狗的实验故事为我们淋漓尽致地展示了这一过程。

研讨动物行为学的科学家做了一个试验。他们把狼狗关在一些没有顶盖的铁笼子里，让它们吃饱后被电击，狼狗可以跳到一米八高，从而轻易地跳出笼子。

接下来，他们让这些狼狗先饿上两三天，再用电击时，饥饿的狼狗跳得更高了，越过了两米一高的笼子。然后科学家们又把狼狗喂饱，将笼子的高度调到了二米八，它们依然用电去击打这些狼狗。这些可怜的狗儿拼命地想往笼子外跳却没有成功，它们一直努力直到终于跳不动了躺在笼子里发出可怜的啼声。休息几天后，科学家又重复了多次同样的做法，直到第八次，狗狗不再尝试跳出笼子，而只是啼叫。

接下来，科学家们把这些笼子的高度全都降到了一米八的高度，再用电去击，狗狗依然不去尝试跳，只是呜呜哀叫。科学家们通过这个实验让狗儿们学到了无望。当这些狗儿无论如何尽力都跳不出笼子时，它们就不再有愿望，也不愿徒劳地尝试了。

许多的朋友看到这个故事感到非常残忍！但事实上，很多孩子也是因为时常达不到父母的期待而备受批驳与责备，于是，他们不再努力，逐渐学会了无望。殊不知我们便是那些一手制造"似乎没救了"的孩子的"科学家"。

再来看一个实验：

科学家在一个养老院里做了一个实验。在老人们不知情的情况下，将老人分成两组。科学家给第一组的老人们每人一盆花草，告诉他们可以用自己的方式来照料这些花草，然后，这些老人们就很开心地把这些花草带回自己所住的房间了。

接下来，他们也给第二组的老人们每人一盆花草，不过告诉他们不能自己给它们浇水、施肥和修剪，只能由养老院里的工作人员来做这些工作，于是，这些老人们也很开心地领着这些花草回去了。

第一组的老人们每天忙着给花草修剪、施肥，看着这些花草长得很好，老人们的心情不错，身体也越来越健康。在另一组，由于科学家们交代这些养老院的工作人员，故意给这些花草多浇一些水，或者不浇水，叶子黄了也不修剪，老人们看到这些花草一天一天变得枯黄甚至逝去。

半年后，科学家对两组的老人进行了对照。第一组的老人的身材健康状态比第二组要好得多，而且，第二组的老人的死亡率是第一组的3倍。

在这个故事中，第二组的老人们体会到了无助。当一个人有能力却没有掌控权，不被允许用自己的才能来解决问题、做事情的时候，就会感到无助。

同样的，很多朋友看到上面的故事后，也会觉得这个实验太残忍。不过，我们的生活中天天都在上演着这些残忍的故事。中国传统的孝顺方式是让老人闲着，什么也不让他们做，美其名曰：养老。事实上，一个人没机会在自己的劳动中获得满足感与快感，就会以为什么也不必做的养老状态就是最佳的养老方式。殊不知，当一个人不被需要，并对生活失去了掌控的时候，其生命力也在一点点褪去。

这些事不仅仅在老人身上上演，在孩子们身上演绎得更加淋漓尽致。许多父母打着爱孩子的幌子，为孩子设下种种限制并过度呵护，孩子们被照顾得很好，他们习惯了包办代替的便利，但内心却有着无以言表的无助，并在这种无助中逐渐枯萎。正如我们所说的催眠暗示一般，它不是电视里媒体中炫酷般的魔法，而是真真实实地存在于我们身上的点滴小事中。

孩子是这样被我们催眠的

1岁的孩子哇哇哭，妈妈想：还没到喂奶的时间呀，再等等。宝宝，你是想用哭来控制我吧，被我看透了，为了你的将来，我忍着不抱你，"乖，不哭了，不哭了。"

2岁的孩子津津有味地拿勺子自己吃饭，只是碗四周有些狼藉，奶奶一把拿过勺子："看，吃得到处都是，还是我喂你吧"。

3岁的孩子正在努力地往身上套一件外套，妈妈看到了冲过来说："我的小乖乖，你要把自己捂死啊，我来我来。"

4岁的孩子正试图自己系鞋带，着急出门的爸爸不耐烦地说："怎么那么慢，笨死你了，赶快赶快，算了，我给你系上吧。"

5岁的孩子妈妈故作民主地问："宝贝想吃什么？""薯条和冰淇淋！""那有啥可吃的，没一点营养！吃水果！"孩子一脸蒙圈地想："那你问我干吗呢？"

6岁孩子的妈妈说："不许乱跑，等着妈妈来帮你，小心坏人把你抓走！"

7岁孩子的妈妈："不要和他一起玩，学那个没用的街舞干吗啊？你知道什么呀，听妈妈的话就对了。"

8岁孩子的爸爸："这有什么好怕的，看你那点出息，又担心、又粗心，咋就没学点好啊！"

孩子常常接收到与家人互动中不知不觉传递给他们的信号，它可能是上面的话语，也可能是一个厌烦或鄙视的眼神和一声叹息。这些信号在帮孩子认识到：我是不重要的；这个世界是不友好的；我没有能力自己做好事情；我是需要被帮助和照顾的；我不聪明；我很弱小；我一无是处；我是不讨人喜爱的；这个世界很恐怖，我周围是不安全的；我没有权利选择自己喜欢的朋友和爱好；我也没能力做出对的选择；我最好少表露真正的情感和想法，一来没啥用，二来会受到更大的伤害。

接着，孩子变得噤若寒蝉，灵气一天天消散，而父母们亲手导演了这些试验却不自知。其实，无论在家还是在学校，孩子要夸，还要舍得用，他们的精力才能消耗掉。

在爱可园里，这天吃过饭佑佑又像上了发条一样推着小竹篮当火车，在教室里疯跑起来。这一跑倒好，把本打算去阅读的小朋友也被带动起来了。老师喊了佑佑的名字，他像是没听到一般。又喊了一声，佑佑警觉地做好了要被批评的准备，谁知老师说："佑佑你帮我个忙好吗？"佑佑眼睛一亮，"怎么啦？""你看大家都在跑，能帮老师组织大家去阅读教室吗？你的号召力比老师大！"佑佑顿时像一个不屈服的被捕士兵瞬间被授予了将军头衔一般充满了力量，开始引导大家收玩具，面对小一点的宝贝，他耐心地示范，不一会儿，孩子们都开始听老师讲故事了。中午抬床的时候，佑佑要求帮忙，并且一个人搬一个，谁帮了忙他还有点不悦，感觉自己被小看了，现如今，他每天要把三个教室的地都拖一遍，哄睡妹妹和其他宝贝，满身的力气有了出口，佑佑觉得自己是一个了不起的大孩子，充满了成就感。

适当地向孩子示弱会帮助他们拾起自己的责任、力量与自信。我们不一定要当最牛的父母，有时候，父母太勤劳孩子就懒了，父母太聪明孩子就笨了。有人问，那这和以身作则不是矛盾了吗？不矛盾。我们在自己的事情上勤奋、专注、谦卑、豁达，孩子会被我们对待人生的态度潜移默化地影响着，但如果我们对孩子的事情插手太多而变得太勤劳、太急于给出答案，自然就剥夺了孩子自己思考的时间和做事的机会。

佑佑刚满4岁时我惊讶地发现，即使我穿着运动鞋全力以赴，也跑不过穿着皮凉鞋的他了，我于是甘拜下风，从此有意无意地灌输他比我要强壮有力的信号。有一次我带他和另一对母子打车，那位妈妈觉得佑佑年龄小，多半要黏在我身边坐，于是好心地把后面的位置让给我们，并试图说服她家孩子和我们坐在后排，谁知佑佑主动上去请求："阿姨，你能让我妈妈坐前面吗？她晕车！"那个妈妈着实吃了一惊，一路感慨佑佑的懂事。我常常骑电瓶车带佑佑上学，电瓶很重，佑佑每次都要求帮我拿包的同时也拿上电瓶，还不忘帮我开门，这样一整套绅士的流程似乎已经成为他的习惯。也许有人会斥责我这个懒妈妈，但没关系，我看到孩子乐在其中的成就感，看到了他眼中的光，有什么比这个更珍贵的吗？

我们常常因为恐惧而剥夺了孩子探索大自然的机会，因为焦虑而忽视了孩子心灵的成长，因为无知而错过了孩子一个又一个敏感期的发展！我们试图为孩子打造最完美的人生轨迹，却不想这正是孩子痛苦和反抗的开始——亲子关系的恶化、学业的不理想、情绪的失控、心理的脆弱，人际交往的障碍。这所有的一切让我们不知所措。当我们把手指指向孩子的时候，当成人理所当然地期待孩子为自己实现梦想的时候，当我们怪网吧、怪手机、怪社会环境的时候，可曾想到，我们自己才是孩子那个最强大的催眠师。我们从孩子出生起，就开始为他们的内心编程。这种潜移默化的催眠暗示将我们的价值观、自身未圆满的梦想、焦虑、控制欲和对生命外延不断的攀附统统印刻在了孩子心灵的深处。其实我们自己的潜意识也是一路被家庭、学校、社会催眠过来的。我们的意识似乎早已忘记了自己是孩子时的感受，忘记了真实的自己。而事实上，每个人的内心深处都有一个黑匣子，我们的情绪和细胞不断地记录着一切过往的喜怒哀乐。若不清理那些内心创伤的残骸和探索自身内心世界的奥秘，我们又如何真正地用爱陪伴自己、陪伴孩子呢？

当你一遍又一遍催促孩子学习的时候，孩子的潜意识里早已把"学习"和"不愉快的体验"联系在了一起，以后每每想起学习都本能地排斥；当你拍打绊倒宝宝的小板凳替孩子出气的时候，孩子慢慢学会了把情绪和责任推给环境；当你无法忍受孩子哭闹而对他大喊"不许哭，不许乱发脾气"的时候，孩子学会了忽视和压抑自己的情感。是的，我们成人才是最需要看到自己，改变自己的。我们是孩子的催眠大师，而我们却忽视了无时无刻发生在身边的催眠暗示。

最遗憾的事莫过于一个外科大夫在手术台前对患者说"我不懂医术，但我非常非常地爱你，让我试着切吧"，这一刻，患者是该悲哀和恐惧呢，还是该感谢这份爱和努力呢？然而因为不觉知，无数内心伤痕累累、不懂如何爱自己和爱孩子的父母正在成为这些充满"爱心"的刽子手！

一位爸爸在了解完催眠暗示的原理后恍然大悟，他说，我总是批评孩子，恨铁不成钢的心情你懂的，难怪我越说他他越不争气呢，原来我在暗示他学不好啊！好在孩子依然有知耻近乎勇的"品质"，只是有些自卑。为了弥补缺憾，这位爸爸及时做了调整，在孩子又一次拿回不及格的成绩单后，对孩子说："没关系，下次会考好的。"儿子对爸爸的态度有点诧异，随即又陷入痛苦，"不会的，我从来没考好过。""那也不代表你下次不行啊！""我学不会！""你没好好学呢，你怎么知道！"老爸继续试图说服儿子，"我学了，学不好啊！""你又不笨，怎么学不好！""我就是没别人脑子好使啊！"这位爸爸最后急了，对儿子大喊："笨蛋，你一点也不笨！"说完，自己都怔在那儿了。他总是骂孩子笨，现在想立即让孩子相信他自己的智慧，恐怕也没那么简单。虽说知错就改就是好父母，但很多时候我们的努力正如温柔的糖衣炮弹，带着说一不二的控制欲，依然看不到眼前的孩子，不接纳他的脆弱、他的恐惧，而这些本是我们一手种出的果实。

这个充满矛盾的对话让人啼笑皆非之余也帮我们看到，孩子从出生起就开始内化周围环境对他的评价，并把它当做自己与生俱来的、深信不疑的现实。这些标签以有形无形的方式悄然驻足在他们的身体里、血液里、细胞里，形成最初的信念系统。有些孩子以叛逆和逃避的方式面对自己的"不可爱"和"不乖"，有些则陷入无法自拔的自卑中。

你愿意让孩子真正地做自己吗

如果你曾经被无条件的爱包围，被允许真正地做自己，活成自己喜欢的样子，那么让孩子成为他自己就是自然而然的事情。反过来，借对待孩子的态度观自己，弥补童年缺失的爱与自由，你便能找回真正成为自己的勇气。

当一个小生命呱呱坠地的时候，父母们对他有无数的祝福与期待。希望他上哈佛、当大官、做科学家！期望他读书、工作、结婚、生子，一切在我们的标准下按部就班地"幸福"下去……然而，我们唯一能做的也是唯一应该做的却是祝福他成为真实的自己。世间最伟大的爱便是如此——用温暖的目光注视着孩子渐行渐远的背影而欣慰地微笑，目送他踏上属于自己的征途，开启生命无限的可能性！曾经和一位妈妈聊天，她说："孩子即使以后当了清洁工，如果那是她想要的生活，她感到幸福的话我也祝福她。"她的话语显然背离了许多父母的认知，但却让我很感动，这是怎样的一种信任与无畏，是怎样的一份豁达与勇气！我想，一位承载了父母祝福而非担心而前行的灵魂，一个被爱与尊重滋养下成长的孩子，他的未来才真的是不可估量的。

让孩子真正成为他自己！如此简单的一句话，做起来却是多么的不容易啊！我们不禁试问自己，当孩子的发展背离我们所崇尚的主流价值轨道时，我们会怎样呢？

当我们把自己的期望强加在孩子的身上要求孩子成为某某的时候，此时，这些期望又似乎是那么隐晦甚至是美好！

在我带领的成长小组里，出现过一段耐人寻味的对话。小 A 说："小时候在农村，父母只关心我吃饱穿暖。我错过了很多学习机会，所以现在工作之余都会挤出时间来上各种培训班充充电。等以后有了孩子，我一定给他从小提供好的学习条件。"有意思的是，旁边的小 C 说："小时候父母工作很忙，很少陪我，只重视学习，爸妈脸上偶尔绽放的笑脸都是由成绩决定的。等我有了孩子，我一定多陪他，不在乎他考多少分。"

他们的反思对于自己、父母和我们每个人都很宝贵，然而我却依稀看到这样一个画面：时光转瞬穿梭到 30 年前。我的面前坐着小 A 的妈妈，她满怀憧憬地摸着自己的大肚子说："小时候我家里穷，穿不暖也吃不饱，等我家小 A 出生一定要他衣食无忧！"这时候，在不远的城市里，小 C 的妈妈抱着怀里的小 C 说："我们小时候赶上了'文革'，书都没能好好读啊，我们要努力赚钱，把小 C 送到最好的学校，让他将来有出息！"听了我描述的想象画面，小 A 和小 C 都怔住了，仿佛有了顿悟。莫非我们每个人也在不知不觉中想把自己儿时得不到的东西拼命弥补给孩子？原来我们"爱"孩子的方式不过是在满足自己内心中的那个小小孩啊！只可惜，孩子似乎感受不到我们的良苦用心。

我们一代又一代内心中立下的誓言不都是源于爱吗！但这份爱却为何没能

传递下去呢？因为孩子是属于他们自己的，是属于我们做梦都无法触及的明天的。今天，我们所坚信的真理不可避免地烙上了时代的印记，于是再善意的期待都可能顾此失彼，成为前进的桎梏，再完美的安排和顺理成章的愿景都可能成为孩子人生的遗憾、灵魂的禁锢。捧读这本书的您，又不知不觉地投射了怎样的期待给孩子呢？

或许你会说，我可是为他好啊。然而，我们容易忽视一个事实：那就是"他好"和"为他好"有着本质的区别。前者是由孩子的主观感受、需求和自由意志出发的，其中渗透着尊重、信任和无条件的爱，是真正把生命的权利交还给了孩子；而后者是以父母的信念系统为基石，标准由成人决定，把自己的意志和需求强加给孩子，是一种带着控制、焦虑的有条件的爱。

给密不透风的"爱之网"松绑

曾经在我的家庭咨询中，一位妈妈委屈地流着泪，控诉着一米开外坐在沙发上的 13 岁的儿子。妈妈滔滔不绝地说着，情绪有点激动："我为你付出了多少啊，为了你的学习，我辞了职在家给你做饭洗衣服伺候你，省吃俭用地给你报补习班，就盼着你能争点气、有点出息。你倒好，现在说不想去学校就不去了，你有一点责任心吗？我这么疼你，你在乎过妈妈的感受吗……"一直埋着头不说话的孩子忽然幽幽地抬起头，面无表情地说："你不是在乎我，你只是想控制我罢了。"妈妈突然停下来，显得措手不及，"你怎么能这么说，这一切都是为了你啊！""你不是真的为了我，你只不过是为了你自己，如果你那么想出人头地，你自己去实现啊！"妈妈愣住了，显然没有料到儿子会这么说，带着震惊和悲愤的心情，妈妈再一次痛哭起来。

孩子冷酷的回应伤了妈妈那颗脆弱敏感的心。她已经好久没有做一次头发，抑或是开怀大笑一回了，怎能禁得住她唯一的"希望"如此残忍的回击，然而，孩子总是那么一针见血地点到本质，令人哑口无言。

当父母把焦点和期望放在孩子身上，试图让孩子的成功来圆满自己的人生时，多数情况下会事与愿违。因为我们放弃了自己的人生，把掌控权交了出去，失去了自己的力量，喜怒哀乐都被另一个生命牢牢牵绊，而另一个生命是不会轻易被控制、被说服的。当我们的掌控感被不断地挑战，内心免不了充满无奈、痛苦和焦虑，即使岁月静好，孩子顺从地做了妈宝，他也会为无法活出自己真实自在的人生而黯然。孩子正是我们内在的一个投影，他会不得不背负着我们那些复杂的、压抑的情绪，呈现出纠结的生命状态。当我们知道了这个秘密，就必须认真反思一下，我们是不是很多时候无形中给孩子帮了倒忙？

看到这里，有些朋友会倒吸一口气，小组里的壮壮妈妈就担心地说："呀，你还别说，我好像也总是在拿自己的需求和心情绑架孩子，这可如何是好呢？"其实，我们无须过度紧张或担心，这些投射不是我们的敌人，而是帮助我们了解自己的朋友，顺着这些投射，我们将目光从孩子身上转移到自己内在，看一看，你内在的那个小孩到底有着怎样的期待吧！聆听他、抱抱他、好好爱他！这才是我们真正填补内心匮乏和空洞的正确方式。

我们不敢让孩子们自由地走他们的路常常是因为恐惧，但我们甚至可能都不曾想到，担心孩子也不过是我们自己内心焦虑的投射。但至少，如果我们有了这样一种觉察，我们可以尽量不去用我们的担忧打扰孩子那片纯净的心灵和对美好事物的信念。因为他们会用他们眼中的、心中的世界去塑造未来！

孩子摔倒，想扶就扶吧

不知从何时起，孩子跌倒扶不扶似乎成了判断一个妈妈懂不懂教育的试金石。有人强调：孩子摔倒的时候，不要扶他，要让他自己站起来，这样可以锻炼孩子的抗挫力，使之变得坚强。然而这看似天衣无缝的"育儿真理"和妙招却在实践的过程中让我们看到了不少局限性。

做这样的分析并不是想说哪个做法对，哪个做法错误，育儿路上本就没有绝对的对与错、好与坏，只是希望大家看到，方法论不是金科玉律。当我们遵循着神圣的"书本真理"生搬硬套、轻易给建议、提供答案、不加变通的时候，免不了顾此失彼，甚至产生适得其反的效果。在"快餐"文化的影响下，凡是标榜直接解决问题的育儿方法常常受人瞩目，但没有一个标准的育儿方案是适合所有孩子、所有情况的，而事实上，盲目轻信建议和追逐标准答案有着让人不易察觉的潜在危害，遮蔽了我们从自己内在提取智慧的大门，流失了我们自身的力量。其实，建议、方法、各类育儿观点本身可能并没有错，我们无须批判。现在重新来颠覆一下种种标准答案吧！以更广的思路和角度探讨新的可能性将有助于我们远离僵化的"正确"，成为能够独立思考的父母。

曾经看到一篇广为流传的文章说，一个两岁半（已经具备独自爬起来能力的年龄）的小孩子走路时不小心跌倒了，"哇哇"大哭。这时候，不同国家的妈妈会有不同的反应。

美国妈妈：不去扶孩子起来，而是用坚定的目光鼓励孩子："宝贝，你会很勇敢的，站起来！"（我的辩证思考：我们是否真的需要或有必要命令孩子爬起来，孩子有权选择自己是立刻就站起来还是趴地上待一会儿与自己的"痛"做会伴儿。尊重孩子的选择，沉默或许是更宝贵的品质）

俄罗斯妈妈：再哭闹也不去扶孩子起来，让孩子自己解决。（我的辩证思考："扶"与"不扶"不是问题的关键。看似为了锻炼孩子自己解决问题的能力，并且坚持了原则，但孩子有可能学会以同样的方式对待别人，变得冷漠，缺乏感同身受的能力）

非洲妈妈：看到孩子摔倒，不去扶他起来，而是妈妈自己一次次地趴在地上，然后做爬起来或是站起来的动作，直到孩子看懂了妈妈的行为。暗示孩子自己掌握了方法后自己爬起来。（看似很讲究实际行动，然而，足够信任孩子的妈妈或许不必示范。妈妈需要做的只是接纳孩子的情绪，用鼓励的目光见证这一切的自然发生，剩下的不如就留给孩子自己探索。他们有权决定是否立即站起来，也一定具备了足够的能力和智慧站起来）

中国妈妈：立即上前把孩子扶起来，一边敲打地面一边对孩子说："宝贝摔疼了是吧？（及时猜测和肯定孩子的感受）不哭不哭（否定孩子的情绪），妈妈打它（用损害他人利益的方式替孩子解气）！"看到这一段您可能很熟悉，爱学习的父母常常在育儿书中看到这个反例。专家告诉我们，孩子遇到挫折就打地会让孩子从小形成凡事都怪别人的习惯。于是我们学会了给地面和桌子揉揉痛，因为据说这样能让孩子从对方的角度思考问题。这个建议很有道理，的确能引导孩子理解一件事情的发生双方都有责任，要学会照顾他人的感受。然而，我曾经见到，当孩子痛得"哇哇"大哭的时候，父母不失时机地告诉他"地"也痛了，你给"地"也揉揉吧，这刻意而生硬的忽视加上注意力的迅速转移对于孩子来说是一件匪夷所思的事情。他们会觉得自己的感受是那么不重要，在自己痛苦的时候，妈妈居然想到的是让自己先跟冷冰冰的地道歉，所以不妨还是先接纳孩子的感受再引导教育孩子吧！

接下来，这篇文章继续引导读者思考：宝宝摔倒了，是谁的责任？这时候各国妈妈们的不同做法折射出了不同的教育态度和理念。

美国妈妈认为：既然是你自己跌倒的，就要为自己的行为负责，解决了就没事了。美国妈妈是从培养孩子独立性、勇于承担责任的角度出发的，教给孩子的是坚强、勇敢等坚毅品质。

俄罗斯妈妈认为：自然性的教育才是最好的教育。如果孩子自己选择了某种过程，那么就让孩子自然地去发展，自己去承担责任，家长不会给予任何干涉。这样的教育让孩子从小就懂得：哭闹都是没有用的，只会让你更累，如果自己爬起来了，还能得到大人的表扬。

非洲妈妈认为：孩子摔倒了，就要鼓励孩子解决问题，但如何解决问题，孩子没有经验，需要大人手把手地示范给孩子看，让孩子有章可循，有方法可操作。非洲妈妈及时为孩子提供具体帮助，让孩子有方法可操作，有范本可模仿。

中国妈妈认为：孩子摔倒了，他已经很痛苦了，我也心疼啊。拿地板当替罪羊，可以缓解他的痛苦，反正地板是没有生命的。

文章到这里为止引导妈妈们看到了几种西方值得借鉴的育儿方法，但是，为了解放从小建立的标准答案式的思索型头脑，请允许我再深究一下吧。

"让"孩子自己站起来，是允许还是命令

让孩子自己站起来的确给了他们体验挫折的机会，但是关于克服困难的勇气、自己解决问题的能力以及对自己负责的意识就真的提高了吗？有时候也许是我们想多了。问题首先出在这个"让"上，这个"让"是允许还是命令有着本质的不同。其实，一个鼓励的眼神可能比命令孩子站起来要有效得多。这些隐蔽的干涉不但削弱了孩子承担责任的主动性，还阻断了他们自我修复的能力。

两岁多的小丽和妈妈一起出门，走着走着摔了一跤，还没等她反应过来，妈妈就站在旁边发令："自己站起来，没事！"本来已经在尝试站起来的小丽听到妈妈这么一说，反而坐在了地上，委屈地撇着嘴示意妈妈过来帮助她。"妈妈不扶，你行的，坚强点。"妈妈继续站在那儿发令，遭到拒绝的小丽，这下子终于哭出声来了。

耳提面命的提醒源于对孩子的不信任

我们对孩子耳提面命的提醒和教导源于内心深处对孩子的不信任和担忧。跌倒了尝试站起来是孩子的本能，如果我们从骨子里不相信孩子有这种能力并担心自己的一个安抚就让孩子脆弱了，同时又管不住自己的掌控欲，就免不了居高临下地提醒孩子。当孩子感受不到来自最亲密的家人的同情和理解时，他们可能会表现得更脆弱，甚至用更夸张的哭闹来吸引家人的关注。

小丽的妈妈不甘心地强调："以后长大了跌倒可不是总会有人扶她，她必须学会坚强！"那么，先不提什么是真正的坚强，单就扶不扶来说，我们完全可以不扶，因为这不是重点，但如果信任孩子跌倒后将自然经历的一切，任何刻意的干涉似乎都显得多余。耳提面命的提醒不但削弱了孩子承担责任的主动性，还阻断了他们自我修复的能力。所以，父母们不如放弃画蛇添足式的"教导"，真实、自然地做回自己，见证孩子的经历，与孩子共情，足矣。

引导孩子关注自己的真实感受

1. 有一种"不痛"，叫做你爸觉得你"不痛"

小强从滑梯上摔下来，看起来摔得不轻。爸爸立刻对他说："不痛不痛，没事儿，没事儿。"这时候小强哭的声音却更大了。曾经听说有一种冷，叫做你妈觉得你冷，那么我说，有一种"不痛"，叫做你爸觉得你"不痛"。

我们是有多想把孩子的关注力从自身真实的感受里引开呢？对于孩子来说，跌跌撞撞地长大给了他们很多机会体察自己身体的感觉和情绪的来去，而在那种"你的感受我做主"抑或是"你的感受不重要"的潜台词下，我们的孩子不得不挣扎着证明自己作为一个生命体真实的存在。否定孩子情绪的结果是，孩子们不得不夸大自己的痛苦来寻求认可和关注，以证明自己是值得被同情的。

其实，从本质上讲，我们的孩子都是坚强的、有力量的，他们与生俱来的旺盛的生命力给了他们疗愈自己的能量。当他们的痛苦能够被看到，当他们的感受能够被接纳时，他们便无须再用哭闹的方式表达自己了。

然而我们很难有耐心和孩子的感受待在一起，因为我们曾经是孩子的时候，那些痛多被否定了，我们早已学会了用理智的思考说服和屏蔽自己的感受。当孩子的痛碰触到我们内心的痛，我们要么急忙地回避，用自己曾经被对待的方式让命运轮回，要么借此机会让自己内心中的这一切感受浮出水面，看到真实的自己。

2. 真正被关爱过的孩子才有可能在乎他人的感受

忽略自己的感受不代表坚强，表面的坚强有时不过是为了掩饰或逃避内心的无助。小玲和小强是一年级的同班同学，家住得也近，两人很要好。这天放学，小玲被路上的石阶绊倒了，看起来摔得不轻，"哇哇"大哭起来。小强冷冰冰地对她说："这有什么好哭的，我不会扶你的。你要为自己的行为负责！"道理说得有板有眼，令人无以反驳，但如此年幼的孩子为何会对同伴的遭遇无动于衷甚至如此冷漠呢？事实上，只有被真正关爱过的孩子才有可能在乎他人的感受，而感同身受的能力和关爱他人的能力正是在那一次次被接纳、被关爱中孕育的。小强的家人希望他是一个坚强的男子汉，在被夸"坚强"的鼓舞和被贬"懦弱"的强化下，小强看不起流露感情的"脆弱"，教育自己的小伙伴也自然成了他对朋友好的方式。孩子们往往直接从大人对他们的态度中习得经验，因为孩子们学习的主要方式是模仿。

有些孩子在成长的过程中逐渐放弃了索取情感上的关怀，也学会了屏蔽自己的感受。当他们长大后不假思索地对着下一代脱口而出："没事、不热、不痛"的时候，他们也成功地将隔离的面具传递了下去。有人问，你说的这些我从来没有想过啊，我们不就是这么长大的吗？是啊，思维方式和生活态度的传递是我们毫不知情的。因为它发生在我们的童年，我们的记忆深处，于是我们会在某个时刻，感到莫名的慌乱恐惧，会因为一件小事大动干戈。是啊，没有人帮助儿时的我们区分和表达情绪，面对这一"敌人"，我们不是压抑就是发作。我们的内心深处住着一个封闭情感的、不被接纳的小小孩。我们在"不要哭""听话""不许发脾气""好孩子不哭"的教导下"茁壮成长"。我们把太多复杂的、丰富的情感打包成了模糊的统称：郁闷。

一路受伤一路长大的你，这时候，不妨扪心自问：我是有多在乎孩子的感受？我们更爱孩子，还是更热衷于缓解自己内心被哭泣引起的焦虑？我们是想看到一个表面坚强的孩子，还是希望孩子拥有一颗真正坚强又不失温暖的内心？

母爱的本能和直觉哪里去了

我曾经在课堂上问大家："如果你告诉过女儿这个桶很沉，不要玩，她还是好奇地搬了，砸了自己的脚，你会怎么做？"

于是大家七嘴八舌道，"不让你动你还动，看砸着了吧？""是你自己把桶弄翻的，砸着脚了别哭啊。""你怎么那么笨啊？这都能砸着脚"。

当然也有看似更聪明的回答，"站起来走两步，没事，不疼了不疼了，很快就好了。""这个桶很重，搬的话应该这样拿，来，我教你，你再来试一试。""摔疼了吧宝贝，都怪这个桶，咱们来打桶。""你来给桶揉一揉吧，它也被你给摔疼了。"

我微笑着摇摇头，大家更是期待地看着我。这时候一位妈妈得意地站起来，像拿到了解题金钥匙一般说："乐乐那次不小心被茶几碰倒，顿时大哭起来。我既不安慰他，也没有拍打茶几，而是对他说：儿子，你再重新走一遍！走路会碰到茶几，一般有三种情况：一是因为走得太快，二是走路的时候没有看到前面有什么东西，三是走路的时候脑子里在想着别的事情。你刚才被茶几碰倒，想一想是哪一种情况呢？"乐乐妈顿了顿，解释道："这样，孩子会明白是自己的原因导致的摔倒，下次就知道怎么做了。因为孩子分析思考问题的能力还很弱，我们可以详细地帮助孩子分析原因，引导他去思考。这种方法既能锻炼孩子的思考能力，又教会了他凡事要从自身找原因，让孩子理解自己应该负什么责任，搬桶的事儿也可以这样，有意启发孩子为什么会被砸，怎样能避免……"

有人投去赞许的目光，也有人听得打起了瞌睡："太理智了吧！其实5岁的孩子在家撞到茶几，完全有能力知道是怎么回事了。"

"对啊，太复杂了，我们很多时候挖空心思的教育在孩子眼里不过是一场费力的演出，最多只需要启发孩子自己想一下为何会砸到脚就够了吧。"

"金钥匙"妈妈听了大家的议论，有些尴尬地说："这是我跟书上学的哦。"

待大家都安静下来，我说："你们的答案没有对错之分，不过，真的爱你的孩子，也许只需要走过去把她搂在怀里，抚摸着她的背轻轻地说：爸爸（妈妈）爱你。"

这个回答同样不一定是标准答案，但却给大家很大的震撼。或者说本就没有完美的答案，你只需要想一想，当你摔痛了，无助又惊慌的时候，你希望怎么被对待！

对待孩子，有的时候我们可能什么也不用说，一个鼓励的眼神、一个温暖的拥抱，一个信任的手势，或者只是蹲下来，不打断孩子的哭声，告诉孩子，如果感觉疼，想哭就哭吧！

是的，这就是抱持、尊重、允许、信任和接纳孩子的境界。因为你相信，孩子们有足够的智慧做出"站起来"的决定，也有权利和自己的悲伤独处一会儿。

如果我们允许这一切发生，孩子们会真正成为内心温暖而强大的人。育儿的道路上，放松一点、自然一些，孩子跌倒了，想扶就扶吧。

第二节
孩子该分床、分房睡了，怎样把他"赶"出去

亲子关系是唯一指向分离的关系，除了断奶、入园等主题，分床睡也是很多家庭都要面对的问题。有的医生建议，孩子自出生开始即和父母分床睡，认为这样比较安全，父母不会在睡梦中压到孩子，但其实这个也因情况而异，孩子离父母较远时反而可能产生了危险也不易被及时发现，又或者小床里东西的堆积可能造成堵塞鼻孔，给孩子带来安全隐患。也有人认为，孩子从小分床睡，能够锻炼其独立性。这点恐怕很难成为所有人的共识。心理学上认为，早年依恋建立得越好，童年时期的陪伴和安全感越充足，长大以后的独立性反而更强。

作为父母，我们需要在了解利弊之后，根据自己孩子和家庭的具体情况来采取适合的养育方式，切忌恪守所谓的标准答案，否则会产生额外的焦虑，既伤害了孩子也影响了自己。

秉持亲密育儿观点的父母一般不会在早期对于没有分床产生过多焦虑，对于需要频繁夜奶的宝宝，妈妈也觉得分床睡并不方便。我们很难下定论说，哪种睡眠方式是养育的最佳选择。有的孩子从很小就开始单独睡婴儿床，他们睡眠踏实、规律、安定。由于很早就习惯了这样的睡眠方式，所以分床分房对他们来说不是什么难事，偶然睡到爸爸妈妈的床上，反而觉得不自在。但是有些孩子在婴儿时期，放下就会醒来，几乎需要人抱着才能短暂

入眠，更别说单独睡在自己的小床里了，例如我家大宝就是这样的孩子。如果父母精力尚可，我们更无须担心，因为孩子这段依恋我们的时光很短，他们一眨眼就长大了。高需求的孩子在早年养育的过程中需要爸妈更多的关注、陪伴和拥抱。如果我们愿意付出更多的耐心和爱，他们依然会成长为内在强大而独立的个体。

给孩子建立良好的睡眠习惯和氛围很重要，有时候，睡前的高质量陪伴也能够让孩子在一种安定的、温暖的、有爱的状态下入睡，这对他们安全感的建立有很多的帮助。当然如果孩子有夜惊的现象，当他醒来，能随时随地感受到父母的陪伴和安抚，对孩子建立安全感也有好处。

孩子多大需要分床、分房睡

国外的孩子与父母分床和分房睡觉的年龄普遍偏早，西方主流观点是一出生就分床，2~4岁分房，因为人们认为年龄越大越不好分。究竟几岁分床分房观点不一，东西方文化也存在差异。一方面，国外的孩子本身独立较早，家中房间普遍较多，孩子数量也较多，客观上促进了孩子很早与父母分床。国内的孩子有的到10岁以后还没有办法真正地做到与父母分房。所以这里没有一个统一的标准年龄界限。一般认为，3~5岁是性别角色建立的非常重要的阶段，孩子的独立意识在逐渐形成是实施和逐渐分床分房睡觉的机会。因为孩子发育到四五岁，已经有了相对明显的性别意识，分床分房睡觉被认为是减少对孩子性刺激的举措。但是美国倡导亲密育儿的西尔斯博士通过40年的临床经验，发现很多高需求宝宝的家长难以很好地实现。如果因为种种原因一直迟迟不与孩子分床，父母还必须面对夫妻隐私和相处方式被孩子干扰的现实，利弊面前，父母需要清醒看到并做出取舍。

如何帮助孩子顺利实现与父母分床分房睡

在计划分床和分房之前，家长就可以经常暗示和预告这件事，给孩子充足的心理准备时间，整个过程可以给孩子一种自豪感，让他们认识到这是成长的必经阶段，也是成长的一份礼物。父母可以和孩子一起布置他的新房间，购置和组装自己的小床等，让这个过程充满乐趣和期待。

完全黏在爸妈身边睡眠的孩子，可以从让他独自盖自己的被子开始，渐渐过渡到同睡一个房间但睡不同的床。如果家里条件允许，逐渐发展成孩子单独睡在自己的卧室。一开始不建议把孩子的卧室门关上，便于孩子喊一下，爸爸妈妈就能够出现，由此逐渐过渡到关卧室门入睡。独立睡一个房间可以用孩子熟悉的被褥，因为这些用品上有孩子熟悉的气息，可以减少孩子对新环境的焦虑，这个过程里更要注意高质量的睡前陪伴，用讲睡前故事或亲吻等方式，让孩子在一种安定的感觉中入睡。刚开始分房的几天爸爸妈妈可以在新房间陪孩子睡觉，但是和孩子约定好陪几天后，宝贝就要自己睡了，慢慢过渡。

孩子的分离，父母的成长

培养孩子独立睡觉即缓解孩子的分离焦虑，需要一个循序渐进的过程。有的时候，更多的担心和焦虑是来自于父母舍不得放手，担心孩子晚上一个人睡觉会着凉，担心一个人睡觉不安全，担心宝贝会害怕，当然也可能来自于舆论的压力，担心自己的孩子分床晚了是不是对孩子的成长不好等。我们无须迷信具体的年龄数字，也不必把自己的过度焦虑投射给孩子。

首先，我们要觉察自己的情绪，耐心地引导，对孩子抱有信心。如果我们平时能让孩子建立充分的安全感，会很大程度上缓解分房睡所担心的安全感缺失。另外，在实施分床和分房睡的问题上，家长要注意的是不要操之过急。如果孩子生理和心理都没有完全准备好而强行去做，会给孩子的心里留下阴影，破坏安全感的建立，让孩子有一种被抛弃的感觉。

其次，要尽量避免在非常时期操作，比如说断奶、入学或者家庭有重大变故的时期，离婚、搬家、家中有人生重病，生弟弟妹妹等。

再次，要让孩子知道这个过程的意义，睡眠的分离标志着他长大了，而不是父母不愿意和他在一起，让他有一种自豪感。如果孩子还没有做好这个心理准备，那不分床也无妨。注重给孩子足够的心理营养和内心的力量去面对自己的成长才最重要。接纳孩子的情绪，及时与他沟通，尽量做到不强迫、不拒绝、不评判、不对比、不打击，更不能哄骗孩子。有的妈妈在新房间陪孩子入睡的时候告诉宝贝，妈妈会一直陪着你不走，但孩子睡着后却溜回了自己的房间，这样让孩子感受到，爸爸妈妈是不可信任的，影响安全感的建构。

最后，孩子已经适应分床分房之后，也可能偶尔回到父母身边，这时候尽量不要拒绝他。有人担心这样做会使分房成果前功尽弃因而死板地守住规则，这其实是大可不必的。如果我们足够笃定，会明白，这种和孩子亲密的机会不会太多了，偶尔他们回到我们的臂弯，感受爱与接纳，再重新带着力量出发，他们才会真正地独立和强大。

第三节　不做100分妈妈
——妈妈归位，孩子欣慰

严歌苓说，一个人在放弃给别人留好印象的负担之后，原来心里会如此踏实。一个人不必再讨人欢喜，就可以像我此刻这样，停止受累。

不争做全能妈妈，妈妈的心柔软下来、放松下来，孩子感受到的便是爱而不是束缚。不做100分妈妈也意味着我们要回到自己的位置上，只有我们真正做自己，孩子才能做孩子。个体心理学创始人阿德勒曾说："幸福即贡献感。"很多"好"妈妈在陪伴孩子成长的过程中一直在努力地奉献，妈妈自己的贡献感自然得到了满足，她的角色和归属感日益丰满，却往往有意无意地剥夺了孩子的贡献感。而一个人通过付出感受到自己能力和价值的过程才是幸福感真正的源泉。日本心理学家岸见一郎也说过："共同体感觉是人类幸福感最重要的指标。"只有妈妈把体会自己角色和服务他人的机会还给孩子，孩子才能真正体会到幸福。家庭是孩子体会"付出"最初的道场，他们在这里做所有力所能及的事情，和父母兄弟姐妹合作，共同为家里做出贡献，感受到自己的价值，才会在学校、社区和社会上获得更多的归属感和幸福感。而这一切都需要父母们从心底里认同，付出是比索取更快乐的事情。

小朵儿才 2 岁多，她喜欢自己穿鞋、穿衣服，虽然有时候看起来笨笨的，但是她总是很认真、很努力往身上套。有的时候，爸爸妈妈顺手帮了忙，她便会号啕大哭。这些行为时常弄得家人不耐烦，认为孩子对待一点小事如此执拗。而恰恰是这样一点小事情，值得我们父母细细地反思，我们是否也经常剥夺了孩子体会成就感的机会呢！

别人家的孩子和别人家的妈妈大"对决"

小亮的妈妈喜欢唠叨，她这天又忍不住"教育"9 岁的儿子小亮，最要命的是，她用了孩子们最反感的句式——别人家的孩子！她一边帮孩子收拾，一边说："你看看你，哪家孩子像你这样，早上不起床，晚上不睡觉，自己的衣服袜子到处扔！你都多大了啊！你怎么不学学张叔叔家的阿乐呢？人家每天都是自己定闹钟，自己穿……"妈妈的话还没说完，小亮就跳起来回怼道，"你也不像阿乐的妈妈啊，他妈每天早上变着花样给他做早餐，你也学学啊！"妈妈一时语塞，不知所措，更令人揪心的是妈妈居然开始反思自己了，她想起阿乐妈的朋友圈，确实总是在晒给阿乐准备的各式营养早餐。最后，小亮妈妈总结道："是啊，我做得确实也不够，不能一味地要求孩子呀！"

听完了这段故事，有些父母得出结论："是啊，我们要先以身作则，才能要求孩子啊。"而我看到的是，正是因为妈妈的目光聚焦在外界，觉得比较和评判合情合理，才会默认了孩子对自己的指责，而那位任劳任怨为孩子准备早餐的妈妈就该是大家学习的楷模吗？如果妈妈自己享受为家人精心制作美味的服务过程，那可以说，妈妈收获满满，既享受了时光，又满足了自己的成就感、价值感，还收获了他人的认同，在付出中体会着真正的幸福。但那些盲目跟风的妈妈不一定就享受烹饪的过程。她们因为缺乏自信，在争做完美妈妈的路上越发焦虑和茫然。

再来看看孩子。孩子看似是最大的受益者，但某种意义上享受烹饪的妈妈才是，而孩子却可能在这个过程中失去了为自己为家人服务的宝贵机会和热情。如果在小亮的家庭，妈妈逼迫自己为孩子做早餐，这一行为源于妈妈自身的内疚和匮乏感，孩子自然会感受得到，甚至将生活在"妈妈如此对你，你可得听话、好好学习"等的道德绑架中。也许有人说，太严重了吧，妈妈做早餐还做错了吗？我想说的是，这种微妙的内在需求是我们非常容易忽视的。如果我们不重视各归其位、无原则无觉察地"教育"孩子和为孩子付出，我们会看到一个毫无责任感和幸福感的孩子，也会感到一种莫名其妙被辜负的委屈和无奈。

上面的妈妈从比较和责备孩子迅速变成了自责和拿自己与别人比较，因为对自己总有不满和评判的人才会对别人挑错，匮乏感强烈的人才会去与别人频繁比较。我们在育儿的道路上不停地反思，往往不过是从一个坑跳到了另一个坑，在自己编织的套路里迷失。而觉察绝不仅仅是反思，觉察是跳出问题本身看一切，不带评判地看见，去看到我们行为、态度背后的需求、内在最深的渴望，甚至是恐惧。我为什么对孩子的行为不满？我为什么觉得自己做得不够？我是否害怕孩子不如别人？我担心别人说我不是好妈妈吗？我不相信我的孩子有能力做好他自己的事情？我感受不到自己的价值和美好？我内在有不被看到和理解的深深的恐惧……一层一层深入进去，看清楚了这一切之后，我们便不会再轻易迷失。

再次遇到小亮妈的时候，她欣喜地与我分享：这段时间她很少唠叨孩子了，不再总和他人比较，孩子也没有再把她和别人妈妈比较过。她感叹道："真的，我们一变，孩子就变了。"现在孩子的状况好了很多，下楼会主动提垃圾，晚上睡觉也比较自觉。而她其实没有多做什么，只是减少了指责，让孩子有空间去施展他自己。他们上周末还讨论了家庭成员的家务分工，孩子逐渐从"你们要为我做什么"的思维定式里转变成"我可以为别人做点什么"。

接纳自己，享受育儿的乐趣

格格妈刚怀孕那会儿很纠结，因为她恰好被调到一个新的部门当小领导，她也很喜欢这个职位。但她听说孩子小时候一定要亲自陪伴，加上家里不缺银子，她只好忍痛辞了职。真正当上全职妈妈后她发现一切可没那么轻松，上班时候的成就感、价值感瞬间变成了和屎尿作战的一地鸡毛。她每天都身心俱疲，又想凡事都亲力亲为。渐渐地，她发现出镜率不高的爸爸居然是孩子的最爱。她困惑地问："我如此陪伴孩子，孩子还不满足吗？到底怎么做才是好妈妈啊？"我说："先放下取悦孩子当好妈妈的念头吧，我们先活成开心的自己，然后再给孩子高质量的陪伴！""现在哪还顾得上自己开不开心啊，把娃带好就不错了。"她边叹气边吐槽。"可是你不开心，娃也好不到哪里去啊！问你几个问题，你可以感受一下：你和孩子玩的时候是什么心情？孩子从你身上感受到了什么？带孩子这件事情对你意味着什么？"格格妈认真地沉默了一下说："还真没想过这些问题，陪孩子玩就是陪，我当然不感兴趣了。孩子从我这里感受到了焦虑、烦躁和委屈吧。带孩子这件事让我觉得自己是牺牲品，我不甘心，但又不得不。没错，他爸爸好像就挺享受和他玩的时光，有时候我听到他们俩笑得特别开心都会嫉妒。"

小练习："我应该"和"我希望"

我让格格妈列举了以"我应该或我的孩子应该"打头的句子。格格妈拿过纸笔，洋洋洒洒就写了一篇，"我应该多陪孩子！""我应该再瘦一点！""我应该早上起早一点！""我应该做事再快一点！""格格应该长得再高一点，应该胆子再大一点，应该再懂事一点，应该吃得再多一点……""能解释一下为什么吗？"格格妈显然没有想过要去思考原因，她吁了一口气，一副理应如此的表情："人不就是要变得完美吗？高要求严标准总没错，我妈一直说我太懒了，我也的确胖嘛，格格这孩子毛病也不少！"我注意到她的语速很快，说完这一长串的话，似乎眉头皱得更紧了。"现在试试看，把刚才的句子换成'我真心希望我可以'，然后再说一遍。"格格妈的眼睛里闪过一丝光，说完后，她有一种如释重负的感觉，"心情轻松了不少，其实我发现那里面有些事情我并不想做，我只是习惯了符合别人的标准而已。这么一换似乎我自己也没有那么不堪，然后教养孩子的压力也小了些。"

我们的头脑中都充斥了许许多多的"应该"，这些"应该"代表着对现状的不接纳，这份自责的抵抗只会让我们不希望发生的事情越来越多，而抛弃"应该"，拥抱能真正带给我们力量的当下，会让我们的内心重燃力量。下面，让我们继续对自己说："我愿意改变，改变对我来说很容易。"

注：我很喜欢这个练习，它最初来自路易丝·海的《生命的重建》。

英国著名的儿科医生温尼科特曾经说："愿意被抛弃，才是足够好的妈妈。"从这个角度看，我们身边的妈妈恐怕都不够好。他还说："孩子的健康成长，并不需要最好的母亲，只要足够好的母亲就可以了。"也就是说，许多妈妈又过于好了。

到底怎样是足够好的母亲呢？《父母—婴儿关系的理论》著作中有这样的注解："足够好的母亲……起初几乎完全能适应婴儿的需要，但随着时间的推移，她逐渐难以适应，婴儿的能力不断增长，她开始面对自己的失败。"

孩子不需要一个永远戴着完美妈妈面具高高在上的女神，不需要渴了水杯立马递上，饿了佳肴立马端上的妈妈。他们需要一个活生生的、有温度的、有爱的妈妈。这个妈妈可以犯错、可以偷懒、可以偶尔惯着孩子，也可以发脾气；这个妈妈不会因背负了"无私的母爱""伟大的奉献者"的头衔而不时自责；这个妈妈也许没读过多少育儿书也没听过几节大师课，但她并不因此而紧张；这个妈妈没学太多搞定孩子的方法和技巧，但她愿意倾听、放手或退位，也有勇气承认和面对自己的挫败和有限。这就是六十分妈妈，看到并接纳自己的不完美，也许只有这样，才有能力接纳孩子的不完美。

第四节　做自己吧，你帮不上别人

越成长，越敬畏；越回归，越智慧

有时候我们觉得很沮丧，当我们把自认为的"好东西"分享给家人、朋友，他们似乎并不领情。同样一本书，同样一堂课，学习它的人不同，心境不同，出发点不同，产生的效果可能是截然相反的，这也是我为什么越来越坚定这样一个信念：助人自助就是要启发每个人内在的智慧和开启他们的自我觉察。

许多人会觉得疑惑，为什么《窗边的小豆豆》中的妈妈用爱与温柔面对淘气到屡次被劝退的小豆豆会培养出正能量满满的女儿，而我们用类似方式教导出来的恐怕是不思悔改的熊孩子？为什么校长用笑眯眯的接纳应对不午睡的、好奇刨粪坑的小豆豆得来的是感激与成长，而我们这样做很可能就纵容了一个得寸进尺的小霸王？其实，核心在于你那一刻的初心是爱还是恐惧，你是不是足够真诚、笃定、自然，你的内心有没有足够的力量。小豆豆的妈妈和小林校长都是发自内心做这一切的，他们的言行出发于爱，而不是担心，他们自己是内心温暖且有力量的人。所以说，你的"成长"比教育孩子重要 1000 倍。如果你自己的内在伤痛没有疗愈，而仅仅在育儿术中钻研，那么你可能会被各路观点搞得晕头转向。本来刚刚拍案叫绝的建议会瞬间被观点相反又看似有道理的忠告冲击。于是你忙着站队、否定、维护、坚持，接着是颠覆、迷茫和又一个循环。

起初，育儿大咖妈妈们看到别人带娃中的"问题"，会忍不住"好言相告"，我们否定和我们观点相悖的论调，而其实你愿意相信什么、维护什么也是受自身经历和认知局限所影响，慢慢地我们迷茫了。值得庆幸的是，我们收获了一些副产品，那就是一份成长和敬畏。

红红妈通过学习，即将成长为一名亲子教育者，她讲述了一段自己有点后悔的经历。红红妈在课堂上很注重引导家长培养孩子的独立性和责任感，她很看不惯家长过于溺爱孩子。有一次在小区里，看到一位妈妈特别紧张自己的孩子，生怕孩子磕了碰了。小朋友之间想一起玩，这位妈妈也很犹豫是否要孩子参加。红红妈看到这一幕，不免想起自己的婆婆溺爱自己的儿子的场景，但自己又不好说婆婆，这份压抑在这一刻被激活了。她忍不住传授起了育儿道理，不分时机地对她关心的邻居展开了教育。收效自然不好，这位妈妈苦笑了几下，转身带着孩子离开了。后来从其他邻居那里了解到，这位妈妈因为各种原因，痛失过三个腹中的孩子，年近四十才平安生下这第一个宝贝，不想，孩子又在一岁多时生了场大病，差点没保住性命，这位妈妈已经无法再承受任何失去的风险了，因此才格外地关注自己的孩子。

这件事给了红红妈很大的启发，她意识到了自己的草率。从此便不再轻易地对别人指手画脚。因为你不了解别人的家庭关系模式、别人当下的处境、别人的成长步调，更重要的是你也不了解你自己，你甚至都没有看到，你对某些育儿行为的不满其实不过是自己伤痛的投影，同时你也无法通过指责，在未被邀请的情况下帮到任何人。也许是因为她还未开启自我成长和改变的大门，也许是她根本就不认同你，也许是你的干预本身已经激起了她强烈的防御甚至愤怒，她感觉到要被改变和控制。这种感到要失去的恐惧和被人否定的慌乱与愤怒让她集中那一刻所有的力量来保护自己和反抗你，根本无暇顾及思考你的所言。即使她当时认同你，她也未必做得到。这么听起来好像很无力，我们似乎什么也做不了，但事实上，我们能做很多。当我们发现自己对别人有不满和强烈情绪的时候，就是我们反观自己、颠覆自己内在认知并获得成长的机遇。

爱是深深的理解和接纳，收回控制的小爪子

很多时候，我们把控制当成了爱，以为用我们的方式对别人好，就是爱他。而事实上，爱是深深的理解和接纳。只有全然放下对家人的期待和试图改变他们的想法，我们的沟通才能真正进行下去。我们可以觉察一下，在我们沟通的时候我们背后有没有指责埋怨，有没有不满，有没有在期待他能够改变成另外一番模样，如果有，那么对方一定能够感觉得到。当对方感受到你言语背后的潜台词，他会不舒服，他的回应便是本能地保护自己。因为任何一个人都不希望被别人所改变和指责，任何人都希望别人能够尊重自己如其所是的样子。

通常情况下，对方也有他要完成的功课。如果你的"控制"踩到了他的情绪开关，那场面就会更加一发不可收拾了。所以我们要收回控制和干涉他人的小爪子，不启动他人的小我，全然地接纳和允许对方。在无条件的爱中，对方会被你这束光照亮，自然地回到和平的轨道上。可以说，"控制"有时是沟通过程中伤人害己的大忌。因为别人要么逃离、要么抵抗，你得到的便会是挫败。

一次家长课堂上，有一位学理工搞科研的爸爸密密麻麻记了好几页。课程快要结束的时候，他终于停了笔，合上厚厚的笔记本，有些羞涩又有些兴奋地分享了他的收获。他说："徐老师，谢谢你，我现在知道该怎么做了。我家的几个问题都出在他妈妈身上，回去我要跟她好好说说。"我感觉有点不妙，鼓励他把话说完，他说："您刚才说，凡是我们抵抗的都将变得更大。孩子玩闹起来总咯吱他妈妈，他妈妈很不爽，但是她越反应激烈，孩子越要继续呀。"我说："等等，你不会是要让妈妈忍着痒吧？""不然呢？"理工爸爸突然失去了标准答案，有点慌，我说："如果是我的话，我可能会握住孩子的手，看着孩子的眼睛，温和而坚定地说：'不，妈妈不喜欢这样，这样我不舒服，请停止。'"这位爸爸转了转眼睛，若有所思地歪了歪头，他也许

在想，老师的话是否矛盾呢？我继续说："我们首先要尊重自己的感受和界限，诚实地做自己和表达自己，你才有可能尊重孩子的感受，不然反而会传达给孩子错误的信息，那就是妈妈很享受我这样和她逗着玩儿，也许妈妈还在期待我下次接着这样呢！你的牺牲和隐忍，恐怕对孩子来说是一种欺骗和误导！"理工爸爸恍然大悟地"哦"了一声。这给了我们一个很好的警示，你有没有曾把本该放在自己身上的觉察变成要求他人的准则和紧箍咒呢？

第五节　"焦虑"是给孩子最坏的礼物

放下担心和焦虑

为什么学了那么多知识，仍然带不好孩子？这一切都源于我们的焦虑。同样的语言、同样的行为，父母身上携带的能量不同、初心不同，孩子的状态也不同。父母是怎样的生命状态比他们做了什么事更重要。父母平和喜悦的情绪是孩子最好的滋养品，而"焦虑"则是我们给孩子最坏的礼物了。

我们不怕自己的不知道，但怕我们不知道自己的不知道！倘若我们没有觉知到自己的焦虑，却一味地与问题过招，就仿佛永远在学知识却未能生成智慧一般。知识和智慧是不同的，倘若我们要认知一座山，知识仿佛是描述山的等高线，而智慧才是那座真正的山，知识如同一缸死水，不同的人往里面添加不同的佐料，而智慧是活水，源源不断、与时俱进。我们学海无涯苦作舟多年，学习了许多像山而不是山的前人经验，又生成了多少如细水长流般的智慧呢？当我们的问题视角和知识头脑转化为智慧与觉察，就会收获别

样的领悟。

例如，我们需要鼓励孩子从小自立，通常孩子1岁左右就有自己吃饭的能力，能充分地信任他、尊重他并给他机会当然再好不过，但是不是孩子被老人喂了几顿饭，我们就该担心他可能失去自理能力和独立人格。至少，那喂进去的饭是带着爱，而看似正确无比的教导实则是出于恐惧。当然，前提是你承担起了主要的养育责任。再有，我们都知道逼迫孩子分享是不尊重孩子的行为，但是不是某天随口建议孩子分享玩具就破坏了孩子对物权的掌控呢？至少，让孩子分享玩具的妈妈真诚而自然，而坚守着"正确"的妈妈活得小心翼翼，时常自责而紧绷，用她那颗脆弱的心担忧孩子会因为自己说错的话、做错的事而成为一份不完美的"作品"。还有，坚持母乳喂养也是人们大力倡导的，从安全感到全面的营养，从抨击奶粉到强调母乳喂养的重要性，母乳的好处难以道尽。理想状态是用母乳喂到孩子至少2岁，并实现自然离乳，但是不是因故早断或晚断奶几天，妈妈们就要因此去忍受心里的内疚与煎熬。至少，孩子会被一个快乐的"奶瓶妈妈"的爱滋养，而无须在妈妈不安的怀抱中吮吸着煎熬与牺牲。

孩子的成长有规律可循，目送孩子渐行渐远的背影是必然的趋势，也是父母必做的心理准备。是不是晚分床几年，孩子就不独立、内心就软弱了呢？其实，育儿的关键在于我们有没有足够笃定从容的强大心理，在每一个当下看见自己、看见孩子，这关乎内在的智慧与流动的爱，而不是那些源于恐惧的教条。

首先我们需要觉察的是妈妈的"担心"和"焦虑"，而不是孩子身上所谓的"问题"。因为父母的不淡定可能才是对孩子最大的伤害，父母的纠结与不满中传达着这样的讯息：你的"不够好"触发了我的恐惧和旧伤，但我不愿去处理我的忧虑，而是要盯住你、改变你，让关乎你的正确与完美来撑起我的生命价值。所以，担心不是真正的爱，它不过是件暗藏控制与诅咒的漂亮外衣。

其实，焦虑本身对孩子的杀伤力早已经高出了你所担心的问题本身。如果孩子能在我们身上领略一份从容淡定、处事不惊的人生态度，想必是受用一生的，只可惜我们常常本末倒置。如果你选择焦虑，任何孩子都逃不过成为你忧虑重重的理由，孩子吃得多了焦虑，吃得少了也焦虑；孩子长得快了焦虑，长得慢了更焦虑；对孩子严苛了焦虑，对孩子温柔了也焦虑，而你谨小慎微的言行也不会呵护孩子的心灵。育儿中，大家持续地争论着各路流派的孰是孰非，就在人们饱含深情地讲着"允许和尊重"的时候，也有人说："我不怕幼儿园里没有爱和自由，就怕你们的老师对孩子太好了，他将来去到了主流教育的小学里会不适应吧！"

很多中国妈妈担心"爱与自由"的教育终将在残酷的现实面前被击得粉碎，比如说幼升小后的适应问题。当我们对自己、对孩子、对这个世界有一份笃定从容的信任，相信孩子本身与生俱来的生命力和在现实夹缝中发展出适应环境的能力，不会抱怨现实的不堪一击，也不会怀疑自己曾经的坚持和努力。

暂且抛开哀叹和不满，看看我们能做点什么（接纳现实和信任孩子）、幸好做了什么（在孩子童年给他爱与自由的心灵滋养）、原来我也做了什么（在试图用焦虑和担心给孩子最"好"的教育和爱）。心智成熟有爱的孩子即使进入一个充满挑战的、不以我的成长为中心的所谓的"逆境"中，依然能够发挥自己最大的能动性，与环境互动，成为内心中那个最好的自己。

与其担心环境，不如专注自己

家庭教育永远是教育的核心，占孩子成长的70%。不刻意、不担心、不焦虑的爱在我们这样一个如此"重视"孩子教育又难免关注过度走极端的社会中是难能可贵的。家长对于孩子能力的信任和笃定从容的育儿态度，才是教育的最高境界。童年时期的良性人际互动、情绪管理，性格塑造、习惯培养，以及基本人生观、价值观的建立，融入孩子的血液和细胞中，这些珍贵的情感体验是有记忆的，日后不会轻易被环境摧毁。而家庭在这一阶段起着不可替代的作用，孩子在这一过程中潜移默化地模仿家长对待周遭环境和这个社会的态度。例如，飞机晚点的时候，父母是想办法带领孩子活在当下寻找乐趣，还是怨声载道？新闻和媒体传递社会乱象的时候，父母是惊恐地告诉孩子不要和陌生人说话，还是智慧地引导孩子拥有保护自己的能力？其实，这些焦虑和暗示看似是一种保护，却反而降低了孩子自身对环境的敏感度，加剧了孩子遇到危险的概率。

我们还需要检视，父母是不是将自身对社会的不信任投射给了孩子，例如过于关注饮食、教育和安全？过于担心孩子接触了他们不认可的人和环境会变坏？过于相信错过了孩子的某些敏感期就培养不出自己心目中完美的孩子？过于担心自己的一个不耐心和失误就伤及了孩子幼小的心灵？过于迷信所谓教育专家的说辞？我们承认这个世界有太多的不完美：食品安全、交通安全、人心叵测等。尽所能地给孩子我们认为最好的是无可厚非的，但孩子不是活在一个真空的世外桃源里，如果我们不先处理自己内心中的完美主义情结和焦虑的心态，那我们永远也不可能用真正的接纳和爱，从容地养育孩子。

我在心理学实践中感受到，身边其实不缺乏关注孩子教育的"好"父母。但如果你所追求的"好"将你固着在特定的标准里，就并非"足够好"。从许多向我咨询育儿问题的家长口中听到，他们常常在寻找标准答案，他们的话题似乎是围绕着"一切为了孩子"，他们阐述问题时的神情是紧皱眉头的。往往这个时候，我会先抛开问题本身，帮助家长意识到这份焦虑已经使他不自觉地将自身内心的困惑、缺憾和不安全感投射给了孩子。因此，孩子的问题其实不是最大的问题，而家长面对问题的态度才是最棘手的大问题！或者说，很多时候，孩子本没有问题，是我们的关注点创造了这些问题，并且还不断地赋予它能量，喂养和扩大了问题。

关于延迟满足，你不得不看的新视角

赫赫妈妈很喜欢在微信朋友圈转发各种育儿文章，时而收到赞誉，时而遭遇质疑，有一次，她问我："我最近看到一篇关于延迟满足的文章，看起来分析得很专业，里面提到了那个著名的棉花糖实验：文章建议家长为了提高孩子的自控力，遏制住自己立即满足孩子的冲动，不要轻易满足孩子的需求，先等一等、看一看，训练孩子的延迟满足能力将对其一生的幸福与成功有着深远意义。我真的这么做了，可是不但我自己的内心有纠结，我和娃的冲突也升级了。突然觉得我在为难孩子，也在为难自己，到底该不该训练他的延迟满足能力啊？"

"我们先不去评判实验的有效性，但就实验条件，咱恐怕都没满足呢！""哦？莫非很多衍生的结论有断章取义之嫌？"我提醒她："实验中的孩子是主动思考、权衡利弊后，做出了等待的决定，他们用各种策略帮助自己转移注意力，参与到自己的抉择中。而我们如果刻意拖延，制造孩子的挫折体验，不过是在激发孩子的愤怒和反抗。并且这份不自然、不真实的刻意，源自于成人的恐惧、控制和自大，这份莫名其妙的惩罚，孩子能感受得到，亲子关系自然被破坏。"赫赫妈妈接着说："'哇'，听你这么一说还真是，我妈看到我给孩子拿个纸巾都磨磨唧唧的，也抱怨我是不是最近又学啥新育儿技术了，神神道道的！""当然了，棉花糖实验背后还有很多问题值得我们去思索，例如，孩子的年龄也是一个因素。我们只有站在不同的角度分析与建议，时刻觉察自己，保持头脑的清醒，才不会轻易被各方言论带跑。比如研究对象的家庭环境就是一个强有力的干扰因素。2013年的新版棉花糖实验结论就启发人们看到：孩子还是同样的孩子，大人信守承诺的情况变了，孩子的行为便千差万别。""说到底还是咱们做家长的言传身教起作用啦！"她继续问我："我还有个问题蛮困惑的，最近我发现，很多观点几乎是相反的论调，貌似也有理有据的，怎么鉴别呀？"我告诉她：育儿理论有时候难以评价它的好坏对错，只要从中收获我们能感悟到的那部分智慧就好，无须评判。读到使用大量绝对化词语的文章时，我们一定要注意，比如孩子"必须"要怎样，或父母如果不怎样，孩子就完蛋了，看它是在煽动你的焦虑、搅动你的欲念，还是给你的内在注入了力量，静下心来，你能感受到这些文字呈现的是出于恐惧还是爱。担心和恐惧让我们的行为里充斥着抓取和控制，而爱则是不露痕迹的、真诚的、自然的。

曾经听到一句话，"担心"是给孩子最坏的礼物。如果说，"担心"中还渗透着让人怜悯的爱意而显得情有可原的话，那么，我愿说，"焦虑"是给孩子最坏的礼物。抛开世间的是与非、好与坏，一种真正对孩子的大爱，就是让他们看到，在这样一个暂时无力改变的世界，我们不是怨天尤人、抱怨

世事的不公和怜惜自我的卑微，而是从容地面对一切不可知。

棉花糖实验

20世纪60年代，斯坦福大学的心理学家沃尔特·米歇尔（Walter Mischel）在斯坦福附属幼儿园开展棉花糖实验。4~6岁的孩子被一一带进一个小房间，分别给他们1块棉花糖，并被告知：如果等大人15分钟后回来再吃，就能得到2块。有的孩子想尽办法分散自己的注意力延迟对欲望的满足，有的则迫不及待地将棉花糖吃掉。实验发现，坚持等待的孩子成年后无论是在学业、能力、生活习惯等方方面面都优于当年自控力弱吃掉棉花糖的孩子。

新版棉花糖实验：2013年罗切斯特大学理查德·安思林（Richard Aslin）继续了米歇尔的实验，但引入了全新的操作。对一半的孩子，研究者没有遵守承诺，15分钟后研究者回来了，但耐心等待的孩子没有拿到2块棉花糖，经过一次欺骗的孩子在后续实验中再次等待的概率不及另一半孩子的四分之一。

信任和祝福孩子，而不是去担心他们

对孩子任何形式、任何时候的担心，都是让我们去看到孩子、觉察自己的机会。因为担心不等于关心，担心孩子时，是家长内在世界经由孩子的呈现和投射，已与眼前的孩子关系不大了。而不得不阐述一个重要的事实是，担心和焦虑的情绪对孩子来说是一股诅咒的能量，这意味着我们已经在能量层面看到了糟糕结果的发生。因此，不管是孩子生病了还是任何他的行为不符合我们的期待，倘若我们送去的是担心而不是对他充满信任的祝福，就需要去看看自己的内心发生了什么，而不是急着去帮助孩子。孩子是不需要被帮助的，他只需要被我们爱，被我们全然地、无条件地去接纳。

其实做到这些真的不容易，尤其是对自己身边的亲人。因为我们可能不在乎陌生人对我们的评价，但是我们却特别在乎身边我们爱的人对我们的评价。当我们真正对身边的人也放下了期待，给他们无条件的爱和接纳的时候，我们的每一种关系都会真正顺滑和圆融了。

有条件的爱是：我爱你，所以你要开心；我爱你，所以你要更好。真正的无条件的爱是：我爱你，你可以去做任何你想去做的事情；我爱你，你可以就是你自己。就算你会评判你自己，我也不会评判你。爱你如你所是，而非如我所愿。

而这一切的源头在于我们能否真正地接纳自己和爱自己。爱满自溢，当我们自己内心足够富足喜悦的时候，我们会放下对自己的评判，我们尊重和喜欢自己，就不需要别人的顺应来肯定自己了。如果我们真正放下了对自己的评判，那么我们投射出去的便只有感恩而非评判了。

放下担心焦虑和混乱，让小我乖乖地跟着你

担心往往源自于假我或者说是小我，它是一种基于恐惧的分裂思想，总是指向问题，假我或小我一直都希望借助外在的力量去控制局面，以为通过拆东墙补西墙的努力就能把问题的影响程度控制到最小，就能让自己的日子过得踏实一些。而事实上情况可能会越来越糟，问题也可能越来越多。我欣赏人们的独立思考、保持好奇、虚心求教。但我们必须意识到，问题时常是一种控制和依赖，真正帮助别人不是让他感觉到自己越来越弱小，而是启发对方找到自己的力量。在笃定的和平里，我们不急着去帮助别人过得所谓的更好，不急着去安抚我们觉得不容易的人，我们也不急着期待别人能够脾气更小一点，不强求别人说话更礼貌和尊重一点，我们也不急着去担心孩子的种种，因为那个时候我们真正放下了控制，真正相信了一切都是最好的安排，这种由内而外的力量散发出来，周围的人、事、物反而越来越顺。

无数父母没有学习、考核就上了岗，自以为顺其自然育儿的他们不过是无意识地用自己从小被对待的方式回馈自己的孩子罢了。学习和成长是阻断这一不良循环的开始。然而，如果父母不是在自我觉察中生成了智慧，那育儿的技巧反而会变成父母们做自己的绊脚石，离那个真实的、偶尔犯犯错误的、可爱的自己渐行渐远。而"真实"和"放松"的状态对孩子来说，更重要。我们是不是知道了很多，反而失去了过去那种更放松的带娃状态？现在是不是非常容易发现"问题"？说话做事都小心翼翼？对娃的教育要么就很"上心"，要么陷入自责。

语言是有能量的，你说什么，传递给孩子不同的信息和频率，尤其是语言背后的态度、语气、期待与情感。然而，语言也是有限的，说得再正确都不如你的行动带给孩子的影响力大；而做得再漂亮，都不如你是怎样一个人对孩子的教育意义重大。所谓言传身教的意义就在于此。当我们在追逐科学育儿理论和争做优秀父母的路上拼搏的时候，我们需要记得，我们最重要的身份是我们自己。当我们的生命本身快乐、积极，孩子自然会被滋养。

第六节　争抢玩具中的教育良机，你抓住了吗

与其说孩子们争抢玩具的时候蕴含着教育的契机，不如说孩子们给我们的人生又出了一道有趣的应用题，破解题目的智慧在成人心中。尽管大多数成年人都希望孩子们之间能够和睦相处、笑脸相迎，但事实上，无论是在幼儿园里还是在小朋友平时的生活中，争抢玩具都是一个常见的场景。其实，这一幕的上演是一个绝好地帮助孩子们识别情绪、管理情绪，引导他们用最恰当的方式表达需求的机会。所以，可别小看了"争抢"这一宝贵的教育契机。如果我们只把自己定位成一个解决纠纷的断案者，试图快速平息"战争"，那么我们就很难抓住这样一个难得的引导机遇。

总的来说，我们尽量不要干预这个过程，鼓励孩子们自己去解决冲突，过多的干预妨碍了孩子自然获取人际交往、沟通合作的智慧。当然，我们还是需要有一定的预判，当有真正危险的时候，温柔而坚定地将孩子隔离开来也是必要的。

保护孩子的物权，不替孩子做决定

豆豆从小茜的柜子里拿了一个巧虎，乐呵呵地跑来问我："徐老师，我可以玩这个吗？""这是小茜带来的东西，你需要去问小茜哦。而且，在你问小茜之前，咱们先把它放回柜子里吧！"

成人温柔而坚定的态度是引导孩子的基础

当孩子们争抢东西的时候，我们可以做些什么呢？首先，我们确保自己是温和的。当我们能不带评判地说出孩子正在经历的一切，帮助他们识别情绪和表达内心真正的需求时，孩子会感受到被接纳。因为他们被看到、理解到，于是会自然生成有效的应对方案。让我们来看幼儿园里发生的几个小片段吧！

幼儿园里，瑞瑞焦急地望着我，大声求助："徐老师，小彬抢我的玩具！"只见两个小朋友奋力争夺着一个木头火车轨道，互不相让。我望向瑞瑞："老师看到你很想保护你正玩着的东西，不过小彬似乎也特别想玩儿，怎么办呢？"瑞瑞灵机一动，特别温柔认真地对小彬一字一顿地说："这个东西是我先拿到的，我先玩一会儿，等我不玩儿了，再给你玩好吗？"话音未落，小彬就干脆地点着头说"行"，边说边爽快地松了手。

这个互动中，我没有像判官似的询问玩具是谁先拿的，或者建议谁应该给谁，也没有自作聪明地再找一个玩具来息事宁人、结束争夺。我只是客观地描述出我看到的事情经过和两个小朋友的内心需求。大家不要小看这一陈述，如果我们总能不带个人情绪地把事实描述清晰，同时把孩子的需求呈现在他们面前，问题就已经解决一半了。因为孩子们往往执着于自己的行为，没有机会看清楚彼此行为背后的动机。另外，由于我没有轻易评判和偏袒任何一个孩子，孩子之间能够很快友好地达成一致，而我的不干预和提问又给了孩子们自行磋商的机会，使他们增加了人际交往的智慧。

把解决问题的主动权交还给孩子

幼儿园购置了篮球架，安好之后，小朋友们就迫不及待、跃跃欲试了。在一片兴奋和欢声笑语中，听到迪迪大声喊着："东东抢我的球！东东抢我的球！"那委屈的表情看上去似乎快要急哭了。只见东东不屈不挠地坚持把一个皮球从迪迪手里抱走。看到我走过来，东东松开了，我蹲下来，对一脸委屈的迪迪说："老师看到你正在玩皮球，东东想把它拿走，这个玩具是你先拿到的，你不希望这样，对吗？"孩子所经历的一切和他现在的需要被我看到了，他立马平复下来，认真地点点头。我接着问："东东想把球从你手里拿走，你很着急，还有点委屈，是吗？""嗯，是！""那你可以把你的想法和感受告诉东东！""东东，我不喜欢你拿我的球，我有点生气了。"

这时候我转向东东，他似乎以为我会责怪他，有点怯怯地对我说："我没有抢迪迪的球！"我微笑着说："东东也想玩球，是吧？"低着头的东东没有受到指责而是直接听到我说出了他的心里话，眼睛亮了一下，放松了对我的警惕。我接着说"但是这里只有一个球，那我们怎么办呢？"正在投篮的笑笑和桐桐这时候停了下来，笑笑蹦跳着，兴奋地说："我有办法了，我去帮东东找一个！"说完她就冲到律动教室，找来一个新的皮球欢快地递给东东。习惯了直接从别人手里拿东西的东东这下子有点诧异，他迟疑着接过笑笑给他的球。我及时肯定这一过程："笑笑想出了好办法，我们一起谢谢她吧！"

这一过程给东东增加了新的体验，他刚入园不久，在以往的经历中，也许觉得直接从别人手中把玩具夺过来是最有效地满足自己需求的方式，同时为了避免被批评，他也不愿意承认自己的所为。这一次，我们没有说教、没有惩罚，却让东东发现，原来没有争夺也是会得到帮助的，而且小朋友还是善解人意的。接下来，我们会鼓励东东主动表达自己的需求，用更加温和而有效的方式获取想要的东西。对于迪迪来说，老师及时看到了他的"遭遇"，同时帮助他识别了情绪，他于是更加清楚自己的心路历程，能够不卑不亢地表达出自己的情绪。下一次，我想他也许不再仅仅是用大声求助的方式来解决问题了。当他带着内在温暖而强大的力量告诉别人他的感受、需求和界限时，我想他已经有能力去捍卫自己的权益，从容地处理人际关系了。

对于笑笑和其他小朋友来说，这样的引导给予他们一个替他人着想，积极解决问题的机会。有的时候，我们需要多一点耐心、多一点好奇，去了解孩子们内心深处的需求和愿望。只有不仅仅执着于他们外显的行为，我们才能做到不急着"干预""评判"抑或是"着急"了。孩子的世界就是这样，在争夺中成长，积累宝贵的人生体验，生成智慧、构建健康的人格。

第七节
孩子最不可爱的时候，是他最缺爱的时候

孩子不乖时，是走进他们内心的好时机

当孩子不乖时，其实是我们走进他们内心的好时机。透过孩子抢玩具、打闹、哭叫等不配合的行为，我们有机会看到其背后深层次的内在需求和情绪状态，这有利于我们引导孩子与自己的情绪相处，与他们建立信任合作的关系。

在爱可园里，我总是告诉老师：孩子的情绪越激烈、越不可理喻，我们的态度就要越平静越温和。因为往往这个时候，孩子的行为背后一定是有强烈的情绪和未被满足的需求。

如果我们对孩子足够好奇，我们就会想，孩子的内在有多少孤独无奈和受伤的感受才需要用这样一种极端的方式来表达自己啊！或者说，孩子们宁愿牺牲自己好孩子的形象，变成大人眼里的不听话的坏孩子，都不能放弃这

样不受欢迎的行为，他们没有被满足的需求和恐惧该有多么强烈啊！每个孩子都会本能地喜欢被夸赞和被欣赏，只有处于内在煎熬和挣扎中才不得已用破坏性的行为诠释自己内心的伤痛或者想引起关注。

往往表面上越具有攻击性、越不讨人喜欢的孩子，其内心越脆弱越容易受伤，而成人也是一样。如果有一个翻译机，随时帮我们把指责攻击的行为和语言置换成心底的呼喊，我们对他人的怒火便容易消散了。"我讨厌你，你走开"的背后在诉说，"我感到受伤，我不知道如何表达我的失望和愤怒，我需要一个自己处理情绪的空间。"固执己见的孩子急切地渴望掌控感带给他的踏实。那些不停地尖叫、打断大人说话和看似故意捣乱的孩子是那么期待被看到和被温柔对待，但是他们没法冷静地告诉我们："我感到孤单！我期待你的认可和赞美！"遗憾的是，他们呼求爱的方式反而为他们招来了更多的责骂，而这些责骂不但无法帮助他们学会如何表达需求，还关闭了他们与人正向链接的渴望。

更遗憾的是，有的时候，即使我们看到了这些需求我们也不愿意去满足孩子，因为我们从来都是这么打压和屏蔽自己的。我常常听到家长抱怨："别理他，他就是想用哭来控制我们。""你看，他是争宠呢，别管他就是了。""他不是真的需要我帮他穿鞋，他早会了，他就是故意求关注呢！"抱有这样想法的人不在少数，在他们看来，内在的需要不是真实的需求，是可以被忽略的。

其实，当我们对生命真正有敬畏感的时候，会逐渐变得平静。因为我们会了解，即使暂时猜不出孩子激烈情绪和怪异行为背后的原因，我们也会平和地告诉自己，孩子的任何行为背后都有其原因，只是我们暂时没有读懂他们，或许孩子自己也并不清楚为什么要用这样的方式去诠释自己的内心。我们不需要责备自己或责备孩子，只需要去用心感受每一个当下我们语言和行为欲传达的本意，我们便会更了解彼此。

大哭是孩子修复自己的好方式

有妈妈曾充满担心地问："接纳孩子的情绪，可不那么容易啊，如果允许孩子哭，他就一直哭个不停，怎么办啊？！"首先，有这样担心的家长，不妨扪心自问，我们是不是对孩子缺乏一种发自心底的信任？我们是否隐约感觉，没有我们的干涉，孩子就没有办法从自己的悲伤情绪中走出来？

事实上，孩子不会因为我们不让他哭他就不哭（除非因恐惧而生压下情绪），相反，成人的干涉会让孩子更难以从悲伤中走出来。因为孩子需要用更大的能量、更多的力气来证明自己的情绪和需求是值得被看到的，他是渴望被理解的。

如果这个时候，成人只是一味地想办法把孩子从情绪中带出来，孩子的内心就更无助，更需要用激烈的情绪和行为来挑战大人。由此产生恶性循环，哭得停不下来。

有的老人说，这孩子一哭嘴唇就发紫，千万不能让孩子哭，容易背过气去。可是孩子一哭成人就紧张、失去原则、讨好迎合，孩子就可能把哭变成了要挟大人的武器而因此习惯了这种表达方式，如此一来，哭背过去的概率反而更大了。

当然，对于长久情绪得不到接纳的孩子，一旦给予机会允许他哭，他很可能要好好释放一下，尽情地哭个够。但是不用担心，孩子的内在充满智慧，一旦他觉得放松了、安全了，积压的能量都释放掉了，便会迅速地回到当下的平和与喜悦中。这也是为什么有人说，大哭是孩子修复自己的好方式。

成人也是一样。如果有一个人，在你难过崩溃的时候，既不评判你，也不急着纠正你，只是允许真实的你将情绪和盘托出，你从心底一定感激涕零。虽然你的头脑可能还想听到他帮你一起骂那个惹你伤心的人，但你的心知道，那样的安慰或许解了一时之恨而升快意，却可能让你更痛苦。因为那个为你两肋插刀安慰你的义气朋友不知不觉地削弱了你的力量，把你置于受害者的位置，他催眠你相信你是无能为力的，而错全在他人；他影响了你觉察成长的智慧生成。而对于那些想方设法哄你开心，给你讲道理、试图说服你的人，也让你觉得哪里不对劲又说不出来，好像别人在千方百计帮我们，但我们就是难以破涕为笑。这时，你会感受到一份"罪恶感"，而事实上，这哄劝传达出的信息是：你刚才的状态是不对的，我在帮你回到"对"的轨道上来。

现在你也透过孩子，了解了如何当一个"好闺蜜"了：倾听他、陪伴他、允许他是现在的他，也相信他在你这里得到的无条件接纳的力量会赋予他更多自我修复的能量。

受不了孩子的"哭"，我们在怕什么

1. 你所不了解的"情绪"

首先，我们一起来认识一下情绪。情绪是没有对错和好坏之分的，它是一种客观的存在。人的原始情绪有"喜怒哀恐惊"，2岁之后便开始有了更多的社会情绪，如内疚、嫉妒等。这些情绪对我们很重要。情绪的阻塞和压抑会在我们的童年埋下爆发于未来的情绪炸弹。

人对情绪的觉察力基本上在学龄前就完成了。也就是说，当一部分成年人抱怨自己脾气不好时，我们只能遗憾地说，他只不过在童年错过了难得的一课——对自己情绪的认知和管理。因为在早年的成长中，没有人有能力去引导他识别自己的情绪、更好地认识自己。情绪是一股能量，不会因为我们厌恶，它就自行消失。相反，我们越不承认它、越排斥它，它就越强烈、越失控。

接纳和管理自己的情绪能帮助我们和自己的内在建立良好的关系，学会管理情绪是6岁前儿童非常重要的发展任务。婴儿的情绪感知能力非常强，随着年龄的增长，再加上人为的不恰当干预，这一能力会慢慢减弱。

2. 所有情绪都是有意义的

所有的情绪都是有其功能性的。喜悦是一种成长与分享的生命能量；愤怒是保护我们不被侵犯的生物本能，是守护的能量。恐惧是保命的情绪，及时避开危险以免受到伤害，从古至今，恐惧帮助人们远离危险。动物见到比自己生猛的野兽会自然产生恐惧，肌肉变得紧绷，做好快速逃跑或反击的准备。而如果这个动物和自己实力相当，踏入了自己的领地吃草或者在自己的伴侣和孩子身边逗留，那这种威胁就变成了愤怒。愤怒是一种强有力的能量，诉说着内在有某种强烈的需求未被满足，同时在告诉对方你越界了。悲伤是结束和再出发的能量。如果我们不释放悲伤的能量，没有利用哀伤的情绪终结某件事，那么这个人或事会在以后一直抓着我们，随时被触发，比如说面对死亡。我们要让孩子了解，情绪不是坏东西，如果能够善待它们，很好地监管它们，我们将不会再变成情绪的奴隶。

果果家养了一只小白兔，不幸死了。果果问爸爸小兔子是否还回来的时候，妈妈却已经哭得伤心欲绝了。爸爸故作轻松地安慰果果妈："你才是我们家的小孩子吧，别哭了，想要的话就再买两只。"没想到妈妈哭得更伤心了。原来妈妈小时候养过一只小兔子，家人瞒着她送给了后院的邻居，她却以为是自己弄丢了，一直内疚自责。后来邻居做成了兔子肉送回来给她家吃，被她知道了特别难过。但那份悲伤被家人不屑的"安慰"生生压了下来。她以为自己早忘记了童年的往事，但眼前的场景却把当年的体验全部还原。果果陪着妈妈经历了这一悲伤，好在爸爸没有继续批评妈妈大惊小怪，妈妈痛痛快快地哭了个够，逐渐和小时候受伤的自己和解了。或许是得益于童年的阴影，果果妈妈在面对孩子与小动物告别时有了更多的智慧。她带着孩子给死去的小兔举行了一个温馨的小葬礼，她和孩子哭着给小兔写了一封祝福信。这是一次宝贵的生命教育机遇，果果了解到每一个生命都有一天会离开这个世界，我们要珍惜活着的每一天。现在果果仍然思念她的小兔子，但她已经接受了小兔子离她而去的事实。

3. 不让孩子哭，我们到底怕什么

有些父母学习完育儿知识后通常感触很深，但是真正遇到孩子闹情绪的时候，却又很难把持自己，往往是自己的情绪比孩子的情绪还要激烈。父母们似乎想用权威或者自己更强烈的情绪把孩子的情绪压下去或吓跑，这样做自然很难有好的结果，更难以真正帮助孩子。

在我们的文化里，人们常常强调含蓄、内敛和自省，普遍对情绪是回避和压抑的。我以前在英国做心理辅导的时候，曾经在课堂上邀请学员写出30个表达情绪的词汇，大家在很短的时间里都写出了不少。但是回国后，同

样的练习，效果有些不同，学员们经常只能写出不到 10 个词汇，像是很难找出描绘情绪的词汇似的。如果我们自己童年时，情绪识别这一课就已经缺失，则很难细分出自身各种复杂的情绪，更无法真正地帮助孩子。因此，情绪管理需要从家长自身做起。

有的父母知道发脾气不好，因此会在发过脾气之后自责，埋怨自己又没有控制好情绪，而这同样是对情绪的不接纳。因此，我们不但要尽量接纳孩子的情绪，还要接纳自己的情绪，因为对孩子情绪不接纳的根源是对自己情绪的不接纳。

老一辈父母的童年大多是在情绪被否定的环境中长大的，那样的成长过程让曾经的孩子内化了这样一些信念："哭泣、愤怒、恐惧"等是不好的情绪，我们必须想方设法把它们赶走，只有随时压抑愤怒等情绪，表现得开心和快乐才能被爱！因为爸爸妈妈只喜欢开心的我！于是，我们变得越来越不愿意看到自己的真实感受。最终当我们做了父母，也时常不自觉地想把孩子从他们的感受层面引开。因为我们自己都没有勇气去面对内心深处那些被我们隐藏得很深的各种情绪，我们怕一旦流露出这些情绪，我们就会失去爱、失去价值、不再被接纳。当我们把这种自我否定投射给孩子的时候，就会对孩子变得挑剔。

如此这般长大的我们在面对孩子情绪的时候，会不自觉地想压制孩子的情绪。有人要么威胁孩子不许哭，或因为孩子的愤怒而更加愤怒；要么一副无可奈何的样子去"哄"孩子："宝贝，你要啥都给你，只要你别哭了就好！"这么做背后的潜台词实际上在说："孩子啊，你的哭引起了我内心深处的焦虑，我现在哄你不过是想制止你哭，只有这样我内心的焦虑才会缓解，变得好受，而我并不关心你内心深处的真实感受！"因此，哄孩子看似是安慰孩子，其本质依然是在否定孩子的情绪。这也是为什么那些溺爱孩子的人往往最不接纳孩子。

所以，家长在自我情绪没有管理好的时候，请不要自责，因为，评判之心会阻断你和自己内在的链接，而对自己的不接纳，也将成为对孩子不接纳的根源。

快乐太难，我做不到

是的，几乎所有的父母都希望孩子快乐，而允许孩子悲伤或恐惧，其实更重要也更难。

我曾经在做危机干预的时候，有个品学兼优的孩子自杀未遂被救下。她悲痛欲绝的母亲不解地说："我们根本就对她没有任何要求，从不给她压力，只是希望她快快乐乐的，怎么就想不开呢！？"而女儿告诉我："妈妈只希望我快乐我都做不到，我连这么简单的要求都达不到，觉得自己好无能！"我的心突然为之一震，她那种无言的痛苦是一种无法拿出来分享的无助。

我们的社会价值观只接受那些看上去阳光的笑脸和所谓积极正向的情绪，而无形中对"消极情绪"的否定却是一种深深的压抑，终于积累成一种隐蔽而又强烈的愤怒，而这极端的自我毁灭便是这愤怒最彻底的出口！在内心深处，她在呐喊："妈妈我爱你，我一直努力变得开心来得到你的爱，但是这爱来得太沉重，沉重到我没有理由拒绝，却似乎又得不到，这样的绝望成为我对你永远无法表达的恨，因此更恨我自己，所以我要杀死你的女儿！"

这个事件里的悲凉和无奈并不是所有人都能理解的，我们也可以说它只是个特例，但至少，我们看到，允许孩子悲伤是比欣赏孩子笑更需要爱和勇气的，而这种爱是一种无条件的大爱，是一种看见和允许。这种勇气也是一种对孩子的信任：我愿爱你如你所是，我的孩子！

当孩子遇到挫折，处于情绪的泥潭时，我们能做点什么呢？首先，我们通常说"管理"情绪，而不是"控制"情绪。因为"控制"这两个字预示着情绪好似脱缰的野马，需要我们花额外的力气去压制。当情绪来了，有的人不是压抑就是爆发，而压抑是伤害自己，爆发则伤害别人，都不是最佳的情绪管理方式。我们需要为自己找到疏导情绪的最佳方式，才有可能帮助孩子。

当你处于愤怒中时，你其实有很多选择。比如，离开触发你愤怒的场景，找一个安全的、安静的空间，或大声喊叫，或砸枕头。如果没有条件离开，那么就挪动一下身体，想象着那些愤怒还待在原地，而你则可以跳出来观察那份强烈的情绪。你还可以深呼吸，找到自己感兴趣的事情去做，也许是打球、听音乐、去草地散步等。

其次，帮孩子在6岁前跟自己的内在建立稳固和强大的链接。

情绪对我们来说如此重要，我们错过了最佳的学习情绪管理的时机，但我们是孩子的原生家庭，引导孩子的过程即是帮助孩子和自己的情绪做朋友的过程，也是我们从孩子身上重新照见自己的喜怒哀乐的机遇。人在生命的头6年里边，发展出一份自己和自己圆融的关系将是一生的宝贵财富。

当孩子们的内在变得稳定而坚强同时又温暖的时候，他们便有了强有力的资源和能力去探索外在纷繁复杂的世界，并与之建立链接。

而如果我们把认知的排序优先于情绪引导，过早唤醒的智力和头脑可能会阻碍情绪的发展。

补充知识点

教育部下达的文件里一直在强调杜绝幼儿园小学化，但还是有不少的老师家长跃跃欲试，过早给小龄的孩子教知识。提前学，削弱了孩子在小学课堂上的好奇心？提前学，剥夺了孩子们自由玩耍的时间？在很多成人看来，这些理由都不足以削弱他们在培养孩子小写小算中的乐此不疲。而我要是说，过早的认知影响孩子打开眼耳鼻舌身意全方面探索这个丰富的世界，大家也许很愿意坐下来听一听。这仿佛一个苹果，当孩子头脑中没有"苹果"二字的文字输入时，他看到苹果会自然地感受它的质地，品尝它的味道，看看它的色泽，闻闻它的清香，这是他认知苹果这个事物时调动的身体感官。而当人为发明符号系统过早地介入之后，他看到苹果后的第一反应便是"苹果"那两个枯燥的字了。是的，大脑很聪明，会自动选择更简单的方式去认知。就像我们大都不去区分狗狗的真实叫声，因为我们的文字发明早已经帮我们总结好了，它们统称为"汪汪！"孩子们需要游戏，需要真实的体验、参与、动手，调动全身心的感官去探索，才能真正获得知识、生成智慧。孩子的童年有那么多亟待我们发掘的大自然的美好，如果把时间用在事倍功半的刻意练习、枯燥无味的机械记忆、你强我弱的横向比较上，孩子们会需要不断消耗自己额外的心智去应对外界的标准，他们的灵气和智慧都在被消散。也许一时间孩子成了牛娃，但他付出的代价是需要一生去衡量的，可谓是儿时不竞争，长大才能胜出呀！

百分百接纳情绪，把"不许哭"从头脑字典里去掉

1. 情绪来了我们该怎么办

我们经常听到"不许哭、不要哭、发脾气不是好孩子"的教导，却没有人告诉我们，情绪来了我们该怎么办！情绪常因为我们的排斥而藏得更深，以更有破坏力的形式摧毁我们的生活，使得我们远离内心的平和、幸福。对于各种情绪，唯有"接纳"才是驾驭它的基础。因此，"不能哭、不要哭"是我们成人可以从头脑里抠掉的字眼。

有位妈妈不解地问："如果孩子是真的需要发泄情绪，我会让他哭，允许他发泄。可是有的时候孩子的情绪明明是在要挟大人，如何能够区分呢？比如说，那天我家孩子又在无理取闹，哭闹是他的撒手锏，要挟我给他买零食。我很自然地脱口而出：'你不要哭，哭也不给你买！'说完我隐约感觉'不要哭'这3个字貌似在否定孩子的情绪啊。难道这种时候也不可以说吗？"

我说："不是不可以，而是为何说？"我从没想过目的，可能是听到他哭很烦吧，隐约觉得，这么说了孩子就知道哭没用，就不哭了吧！""效果怎么样？""好像孩子该哭还是哭，就算被我威胁着不敢哭了，心里的难受劲儿一点儿都没少。唉，感觉像是我自己的心里设置了固定程序，到了这个情形觉得就该这么说！"看来，这个逻辑只是大人的一厢情愿罢了。"哦，我想

起来了，我小时候一哭，我爸妈就是这么对我的！"这位很有悟性的妈妈在觉察中自己发现了不少秘密，不过她的眉头再次紧锁了，"唉，那到底该怎么说啊！"我说："具体说什么并不重要，重要的是你传达给孩子一种怎样的感觉。""那如果是你，会怎么做？"妈妈继续问。"如果是我，我会先让孩子和自己的情绪相处一会儿，等他能听到我讲话时，我再温和地对他说：'孩子，妈妈不能给你买这个冰激凌，你很失望，甚至有些愤怒，得不到自己想要的东西时常让人很懊恼的，如果想哭就哭吧，但是这个东西，我们还是不能买。'"

一个人的情绪需要百分之百被接纳和允许，但不代表我们要赞同他所有的行为。我们可以同时温和又坚定地对待孩子，这并不矛盾。但坚定不是强硬，温和也不意味着失去原则。

也就是说，首先，我们需要调节自己的情绪。当我们的内在稳定，情绪平和，才有可能真正地接纳孩子的情绪，进而帮助孩子引导和管理情绪。

我们还可以把情绪想象成一条大狗，激烈的情绪就仿佛变成一条失控的猛兽。当被这猛兽所控制的时候，孩子是那么恐惧、慌乱和无助。

其实，我们面对孩子哭闹、恐惧等情绪的时候，就仿佛是在孩子被大狗叼着、拽着，最痛苦、最需要帮助的时候告诉他："你不应该被大狗抓住，你被它拖着甩来甩去是不对的，不是好孩子。"更有甚者不但给不了孩子战胜大狗的力量，还放出来成人愤怒的大狗和孩子的情绪大狗撕咬在一起，使得场面更加混乱。

这时候，我们要做的和可以做的就是和孩子站在一起，给他力量和支持，让他知道，他并不等于那条大野狗，我们会和他在同一个战壕里共同面对失控的猛兽。我们不可能消灭它，但可以收回我们的掌控权，把它驯服，让它像小宠物一样乖乖地陪伴我们。有时候，我们帮孩子教训那条大狗，可是大狗却咬得更紧了，由于孩子和狗纠缠在一起，我们其实是连孩子一起打，这样做得不偿失。而不妨让孩子明白，即使被野狗牵住拖住，他依然是好孩子，爸爸妈妈依然爱他，而我们则不离不弃，不拉不助。智慧的你会在这时候给孩子空间和勇气自己处理与大狗的关系，相信他有能力自己战胜大狗。

事实上，不仅仅是孩子，我们每个人都随时带着自己的情绪狗，究竟是用小我不停地喂养它，使之变成随时主宰我们的猛兽，还是用温柔的看见与觉察与之和平共处，这就要看我们的智慧了。驯服它的缰绳在我们自己手中，而与自己的情绪和解，是我们每个人毕生的功课和修行，感谢孩子让我们有机会看到自己内心的丰富情感，并与之共舞。

2. 共情是与孩子建立关系的重要方法

如果我们自己的情绪暂时没有平静，也可以真诚地用语言告诉孩子，如："妈妈现在有些担心"，"有时候妈妈遇到这样的事也会难过。"这样的情绪表达方式对孩子来说也是一种良好的示范。

我们尝试不带评判地描述孩子正在经历的困境，同时可以说出孩子可能当下正在经历的情绪。比如"妈妈没有给你买玩具，你有些失望？""搭上去的积木总掉下来，看起来你有些气馁和着急！"

当孩子遇到一些麻烦需要我们介入，我们尽量以共情开始。如果不处理情绪，只是对事件本身进行回应，甚至对孩子说教，便很难进入孩子的内心世界。孩子这时的感受是：你只关心你的道理，或者我的行为有没有符合你的期待，但是你根本不关心我内在真实的感受是什么！久而久之，孩子也会逐渐忽略自己内心的感受，封闭自己，内心不愿再敞开，这也是为什么有些父母和孩子密而不亲的原因。

在孩子情绪激烈或者是哭闹的时候，听觉几乎是关闭的，听不到来自他人的讯息，因此，这个时候我们不要过多地打扰。允许孩子和自己的情绪，尤其是自己的悲伤相处是成人能给到孩子最好的尊重。允许孩子哭，使得生命早期的情绪能够自然流动，对孩子一生感受和创造幸福的能力都至关重要。家长们都希望自己的孩子快乐，但是允许孩子悲伤和允许孩子哭泣，则是更高的境界。

当孩子情绪平复下来，我们就可以引导他自己开动脑筋、寻找资源，面对困难和解决问题。这时候要做的就是尽量不代劳、少提建议、多鼓励和启发。

让我们来看一个发生在爱可园的实例。

在爱可园的一个角落，小明正在玩儿一个心爱的玩具，小刚忽然冲过来，一把抢走了。小明"哇哇"大哭起来，老师闻声赶来，蹲下身子，把小明轻轻地拥在怀里拍了拍背。孩子大哭的时候听不见大人的询问和劝导，因此这时候老师只是静静地陪伴，用一些简单的、温暖的肢体语言来安抚，并不急着询问事情的来龙去脉。

孩子哭声渐弱的时候，老师问："小明，老师看到小刚抢了你正在玩的玩具！"我们不要小看这样一句简单的事实陈述，当我们不带评判地把孩子正在经历的一切和我们所观察到的事情说出来的时候，孩子们就会感觉踏实，因为他经历的挫折是被看到的。当我们帮孩子理清了事情的过程，便可以帮他识别情绪了。如"你哭得这么伤心，会觉得很委屈还是很生气？还是有点害怕呢？"猜测孩子正在经历的情绪是帮他识别的过程。这时候也许孩子并不回应我们，但它的内在正在一点一点地明晰，原来刚才自己的大哭，是因为正在经历这个情绪啊！大一点的孩子，老师就会直接问他的感受。识别情绪就像是告诉孩子这是苹果那是橘子一样，我们可以引导孩子给情绪命名。这个过程帮助孩子更加了解自己，为表达情绪做好准备。

经常被这样引导的孩子逐渐开始了解自己，孩子有时会说："老师我很生气，这个玩具是我先拿到的。"这时候老师就可以鼓励小明去勇敢地表达自己了，老师说："你可以把你的感受和想法告诉小刚。"于是小明内心中便带着力量，走上前去对小刚说："你把我正在玩的玩具抢走我很生气，我希望你能还给我，并且向我道歉！"一个内在有力量的孩子会接纳自己的情绪，懂得自己的边界，有能力保护自己。孩子有能力也有权利不卑不亢地表达自己的需求和感受，这是孩子心智发展的里程碑。即使小刚不道歉，小明也会依然保持内心的强大，不让自己受伤，因为他的价值感来自于自己的内心深处，而不是外在的认可和评判！

如何做到真正的温和而坚定

很多妈妈都说，道理是知道的，要做到真是太难了。温和意味着与自己和解，无论遇到孩子怎样的状况都气定神闲，修的是我们上文中管理情绪的能力。坚定是内在的力量感，它是一个人由内而散发出的强大气场与威严，一种对生命的笃定与了悟，既不盛气凌人也不逃避讨好。这两点同时做到当然不简单，它并不局限在育儿技巧里，而在于父母自身的修为与智慧。

我曾经见到一些妈妈，自认为足够温和坚定了，可孩子似乎还是不买账，到底什么地方出错了呢？有些家长把坚定当成了不知变通的一味坚持，常常不知不觉地把自己与孩子置于对立的模式中，既破坏了亲子关系又无法说服孩子。

3岁的小明和父母一起到邻居小亮家串门，时间已经很晚了，小明还是不想回家，找借口拖延。妈妈蹲下来看着小明的眼睛温柔地说："妈妈知道你还是很想玩，但是很晚了，不可以！"比起许多父母引导方式的威逼利诱加催促责骂，小明妈妈既温柔又坚定的引导方式堪称教科书级别的，连邻居小亮妈妈都忍不住和自己老公分享："你看看人家，多淡定，你对咱小亮太急了。"可是令人尴尬的是，小明一点也不买账，"我不要我不要，我还要再玩一会儿。""太晚了，不可以！""就要玩就要玩！""不可以，太晚了！"妈妈的引导不顺利，僵持了好一会儿，妈妈已经开始故作淡定了。这时候爸爸穿好了外套，兴冲冲地对小明说，"你想坐火箭还是坐消防车去地库啊？火箭是这样的！"说罢扛起儿子假装成待发的火箭，"我们要发射啦，和叔叔、阿姨、小亮再见吧！地球见。"小明起初还有点小小的不情愿，随后就听见走廊里他爽朗的大笑声，爸爸模拟火箭抖动着，嘴里还发出"轰隆隆"的声响，沉浸在这欢乐中的小明瞬间就忘记了刚才的执拗，妈妈赶紧拿起包追了出去。一个小小的游戏就化解了与孩子对抗中的尴尬。

看来要想真正做到坚定，还需修出智慧，坚定不是强硬，更不是一味坚持或拒绝孩子。在对抗状态中，我们很难与孩子建立尊重、信任的关系，在表达完自己态度的那个当下，更重要的是我们要真正地看到孩子，看到他们的情绪状态、内心感受和需求，然后和孩子并肩在一起，共同寻找让彼此都感觉合适的解决办法。

当然，爸爸的做法也远远不完美，面对对抗的孩子，转移注意力并不是我们的首选，只有当我们足够真诚，无论是积极倾听还是机智地用玩笑和幽默来灵活应对；无论是不由分说地执行约定还是给孩子一个鼓励的击掌，都是你和孩子那一时刻的最佳选择。因为影响力是长期建立起来的高质量亲子关系和你由内而发的气场决定的，它不是非此即彼，非对即错的线性关系。

你的放松与喜悦会转化为对孩子的好奇，会把孩子的淘气与发怒积极诠释成旺盛的生命力和饱满的情绪。如果我们自己内在的控制力和抓取感一直很强烈，则温和又坚定的状态很难达到。一心想着怎样对付孩子，让孩子服从或达到你期待的标准，孩子一定会感受到这份纠结与掌控欲，那么他会誓死抵抗。即使你再温柔、再坚定，也难以让孩子乖乖刷牙、认真学习、按时睡觉……如果我们把力量放在如何让自我更稳定、更平和、更有力量上，内在填满的我们便不再需要通过孩子和我们的一致来确认自己的存在感和价值感，这种放松而笃定的感觉到位了，孩子也就没有和我们对抗的动力了。

我很喜欢这首《触摸自己》：

你靠什么谋生，我不感兴趣，
我只想知道，你渴望什么，
你是否有勇气追逐心中的渴望。

你面临怎样的挑战、困难，我不感兴趣，
我只想知道，你是怨声载道，
还是视它为一次学习和成长的机会！
你的年龄，我不感兴趣；
我只想知道，你是否愿意冒险，
哪怕看起来像傻瓜的危险，

为了爱，为了梦想，为了生命的奇遇。

什么星球跟你的月亮平行，我不感兴趣，
我只想知道，你是否看到你忧伤的核心，
生命的背叛，是敞开了你的心，
还是令你变得枯萎、害怕更多的伤痛。

你跟我说得是否真诚，我不感兴趣，
我只想知道，你是否能对自己真诚，
哪怕这样会让别人失望。

你跟谁在一起，我不感兴趣，
我只想知道，你是否能跟自己在一起，
你是否真的喜欢做自己的伴侣，
在任意空虚的时刻里。

你有怎样的过去，我不感兴趣，
我只想知道，你是怎样活在每一个当下。

你有什么成就、地位、家庭背景，我不感兴趣，
我只想知道，当所有的一切都消逝时，
是什么在你的内心，支撑着你。

愿我看到真实的你，
愿你触摸到真实的自己……

这首诗触碰到了很多人的心灵。我想说，你有怎样的孩子，我不感兴趣，我只想知道，你心里是否还住着一个孩子，清楚地了悟自己来到地球的使命：永远活在当下，那么好奇、自在和通透，释放你内在的潜能。

除了是孩儿他妈，你更是你自己

那天刘宁去办事，对方呼喊她的大名，她忽然愣住了。自从生了孩子以后，她就自称为轩轩妈。在邻里之间，在各种妈妈群，在孩子的幼儿园，她已经好久没有听到有人叫她的名字了。一时间听到自己的名字居然有些恍惚，她默默地站在那里，身旁正好有一个玻璃门，她从玻璃中依稀照见自己的模样，竟然有些慌乱和陌生。她长舒了一口气，有些伤感，做自己仿佛是几个世纪之前的事情了，她好像把自己弄丢了。

是啊，我们除了是"××孩子的妈妈"，我们更是我们自己！有了孩子，我们依然是自己，是更强大更从容的自己，是更绽放更优秀的自己，是更圆满更精彩的自己！

当我们羡慕别人家孩子的时候，孩子也在羡慕别人家的妈妈。透过孩子，绽放自己的天赋才华，活成最美的自己，活成孩子心中的傲娇，才不枉生命从我们指尖划过。

第八节
保护好孩子的求知本能，静待种子开花

很多父母给孩子精心制订了培养计划，从钢琴舞蹈到绘画围棋，省吃俭用、风雨无阻地奔赴各个培训班，威逼利诱加好言相劝地督促孩子精耕细作。有的孩子是逆来顺受，加上天资聪慧，多少取得些值得炫耀的成绩；有的则是全力反抗，直接威胁到亲子关系。即使孩子真的遇到喜欢的领域，"不得不"的心情在父母殷切的期待下也常常悄然变了味。如果孩子再遇到

带不来兴趣的兴趣班，兴趣更是荡然无存。于是，学了一门技术恨了一门艺术的人比比皆是。

我们那么想让孩子出类拔萃，很多时候不过是无意识投射自己曾经失去的机会和爱好，但孩子是他们自己，没有义务完成我们的梦想。如果你很想让孩子学点啥，就要觉察一下这是否仅仅是你的爱好，如果是，你就亲自去完成吧。如果你仅仅是打着"为孩子好"的旗号，本着为他服务的宗旨在做事，那你可以回想一下自己是孩子的时候，有几个爱好是在"不得不"的心情下保留下来的呢？如果你仅仅是跟风，想象着孩子的优秀、博才和成功能荣耀你的生命，填补你缺失的存在感与价值感，那么这条路不会一帆风顺，因为你的自由与力量早已拱手相让。我们在生命的历程中，集中精力活出自己都不容易，更何况把希望寄托在别人的努力之上。

孩子的出现，帮助你了解这一真相，把目光从孩子身上收回来，看一看你都有哪些天赋才华曾经磨灭在摇篮中，它本身是你的热情，是你发自肺腑享受的激情，却因为环境的桎梏而熄灭了，那微弱的火焰的种子，被你深深地埋藏在了心底，等待你去点燃。

真正开始做自己喜欢的事，带给我们一份心动的感觉，是任凭别人怎么说，都难以动摇的热爱，是一份享受与专注。于是，我们的学习之旅便不再是鞭策、教导和坚持这些主旋律下的学有所成了。

当我们为自己找回自己探索世界的热情，回归到求知的本质上来的时候，我们便不会在孩子的教育上急功近利、纠结迷茫了。如此一来，孩子收回了他本能对抗成人与环境压迫的力量，便能集中精力发展自己、成就自己了。可以说，不破坏孩子的求知欲，你就已经是世上最好的父母之一了。

学习与快乐是鱼和熊掌吗

1. 我们的求知本能哪里去了

它消失在父母殷切的目光中，我们忘了是自己想学还是父母想学，于是我们在似乎要失去自由的威胁感中放弃了探索的动力；它消失在喋喋不休的说教和催促声中，这些声音使我们很难静心品味探索世界的乐趣；它消失在

攀比和竞争的洪流中，功利的目标使我们迷失了探索的方向。

实际上，求知欲是和吃饭睡觉一样，是我们与生俱来的能力，是对这个世界无穷无尽的好奇，这股内驱的创造力促使我们不断探索未知、乐在其中，正如小婴儿第一次努力把小拳头塞进嘴里，第一次憋足了劲成功地翻了个身，第一次学会跌跌撞撞地行走，那份喜悦与成就感恐怕不亚于他成年后费力考取的资格证书，或是成交一单令人艳羡的大生意。

这种内在的渴望与需要，如果不受到外界的干预，会伴随我们一生。遗憾的是，很多孩子出生后，他们的求知欲常在父母的殷切"期待"和"帮助"下磨灭了。

我曾经问一群小学生，你们为什么要学习？我并不期待他们能有鲁迅当年"为中华之崛起而读书"的豪迈气概，只求他们能够真正去了解自己、了解求知的意义，能够珍惜和享受这个过程并且知道自己真正要什么！孩子们七嘴八舌地说："学知识就能把别人比下去呀，很酷哦！""学习好我妈妈高兴，我希望妈妈快乐！""好好学习，老师会表扬我，同学会羡慕我！""我爸爸说这次考得好了暑假能出国玩！"他们叙说着心中的大实话，那么真诚、那么善良，但很少会有人说，他们是发自内心地享受探索求知的过程带给自己身心的愉悦感。

事实上，我们许多成人也没有弄清这个问题，我们考大学不是因为那是"大学之道，在明明德！"而是因为大家好像都要学；我们读研究生不是因为有更多的知识需要学习，而是觉得研究生仿佛更高级些，或许更好找工作；我们攻读博士学位不一定是因为对生命的意义、宇宙的奥秘感兴趣，可能是因为高学历看上去很牛很有学问。

曾经有位家长为难地向我咨询："徐老师，我好喜欢爱和自由的理念，也希望孩子能在轻松有爱的环境中快乐地成长，但让他傻玩三年，我们输不起啊！"我问她："在你心里，快乐和学习是一件对立的事情吗？不逼孩子学，孩子是不是就真的没有学到东西呢？"她显然没有思考过这个问题，陷入了沉思。"你是说因为我自己的偏见，预先为孩子设定了学习和快乐不可兼得的假设吗？不过我常告诉孩子，玩的时候就好好玩，学的时候就好好学，不要学的时候想着玩，玩的时候又惦记着学，应该没错吧。"我说："专注在每一个当下没错，关键是这份动力哪里来？如果我们能保护和调动起孩子的求知欲，帮孩子在心里输入'学习是一份积极的体验'这样一个信念，他便开启了生生不息的探索模式，这才是真的赢在了起跑线上。"

2. 谁扼杀了孩子的学习能力和探索精神

在大部分人眼中学习都是苦的，我们习惯了在耳提面命和督促监督中求学，习惯了依靠外界的奖励和刺激来激发自己的学习动力，习惯了用"有用无用"的功利心评判我们的选择。当这些外力都撤销的时候，我们瞬间茫然失措了，不知道自己几十年来寒窗苦读为了什么。我们发现，学业的精湛、事业的光环、别人的艳羡都无法掩盖内心的失落和恐慌。

心理咨询师的身份使得我有机会进入名牌高校处理危机干预，见证那些成绩顶尖却压抑到错乱，甚至最终痛恨学习的孩子。也许你会说，这些人是少数吧，真是身在福中不知福。当整个社会都偏离了学习与求知的本质，几个逝去的生命当然不足以让世人醒悟。

百年前有为中华之崛起而读书，今有为名、为利、为别人而学习的孩子。父母和老师们为何要干这样吃力不讨好的事情呢？如果我说是成人亲手扼杀了孩子的学习能力和探索精神，你一定会喊冤。这是因为我们本身就是那个被磨灭了与生俱来探索欲的人。所以我们觉得学习与玩儿是一个本质上对立的事情。

高压的成长中，有些孩子在暗示的环境中逐渐变成了看似主动的学习模式，但不过是内化了他人的标准与期望，习惯了强迫自己做不喜欢或超出负荷的事情而不自知，一旦顺应自己身体和心里的真实感受，他们便感到恐慌、自责和空虚。逐渐积累起来的压力所带来的症状会在成年后逐一显现，如慢性头痛、肠胃问题、高血压等。

可以说，正是关于学习的有限认知阻碍了我们体验求知的快乐。之后，我们又把这种痛苦和压迫的学习感受投射给了我们的后代。在陪伴孩子成长

的过程中和自我认知的启发下，我们是时候阻断这一链接了！

　　母亲说我小时候身体不好，当然现在的我看到，这是一种强大的暗示，使得我内心曾深深地认同自己身体柔弱的特质。当我觉察到这一点，我开始相信自己体内巨大的潜力，开始相信自己是健康的，体质是优良的，我的身体于是一天比一天好。但是作为歪打正着的意外收获是，那时的父母不大关心我的学业，他们觉得只要我身体好就谢天谢地了，至于学习自然是居于次位。有时候该睡觉了，父母便不允许我学习，他们觉得，成绩可以不好，但不好好吃饭睡觉是绝对不行的。记得小学二三年级的时候，我的数学成绩很糟糕，字也写得歪七扭八，经常被请家长。可是令我意外的是，父母从来没有因此和我红过脸。不知不觉中，这造就了我学习知识必须完全为自己负责的心态。有一次，我学着同桌的样子模仿自己父母的笔迹，试图在70分的试卷旁边签名，后来把考卷都弄花了，我只好如实告诉了父母。他们不但没有批评我，反而爽快地在成绩旁边签了字。从那以后，我考再差的成绩，也飞奔回家找父母签字。一方面，我的成绩不会受到父母的责备；另一方面，父母是爱读书学习的人，在家庭浓郁的学习氛围中，我的成绩越来越好，小升初的时候以几近双百的成绩进入初中，中考和高考的时候都以骄人的成绩成为一整届师生的骄傲。

如何轻轻松松培养一个双语宝贝

　　关于英语学习，坊间流传着几种观点：有人认为启蒙要趁早，再不学，就晚了，敏感期可不能错过！有人又说双语启蒙不宜过早，影响了母语习得就麻烦了，没准对日后形成深入思考的语言形成障碍。无论是敏感期不可错过论，还是莫给童年增压论，我们都需要先看到自己被勾起的焦虑和恐慌，这些感受才是容易让我们迷失的根源。如果我们足够平静，就能看清制造匮乏与恐慌论的理由，就知道没有什么事是必须或再不怎样就怎样的。这时候，我们就能从容不迫地选择自己和孩子都舒服的方式成长。

制造匮乏感往往是商家的重要营销之道，而一票否决过早启蒙的人，初心是不想给孩子增添负担，不过早唤醒和过度使用孩子的心智。但他们的心底常有一个既定的观念，认为语言是知识，要花大量精力来刻意习得。可如果换一个角度看，不让孩子早期接触第二外语，就相当于不让孩子说话、不让家里有第二种语言的人发声一般，显得很刻意了。因此，限制性的信念往往是使父母畏首畏尾的原因。

童年学业与兴趣爱好的成长经历，使我格外注重保护孩子们完好的求知欲，只有抱有对这个世界的新鲜感与好奇心，他才有源源不断发自内在的智慧与探索去学习。对于英语启蒙，我的总体原则是不干预、不刻意、不功利，培养兴趣，尽量不露痕迹地营造有准备的环境。让孩子们在游戏中，在绘本中，在自然而然的交流中形成语感，掌握另一门语言，多一种生命的选择。我和先生在国外的经历让我们深深地感到，即使能用英文写漂亮的论文、看专业期刊，也可能没有办法坐在剧院里听懂四座皆爆笑的段子。与外国朋友深入交流起来，母语文化的差异也让我们感到力不从心，所以英语启蒙自然成了我们的共识。或者说，我是个懒妈妈，我希望孩子早些形成对语言主动的、持久的兴趣和能力，以后在教养这条道路上我自己能轻松一些。但我的启蒙原则是大人孩子都要享受其中，以最自然的方式，让这门语言成为生活中的一部分，让他因为懂得了一门新的语言而可以更好地探索这个世界。

两个宝贝小的时候我便开始有意无意地把他们置于双语的环境中。他们听到各种英文儿歌也会手舞足蹈地比画和跟唱。但我很少刻意地教"Look, this is an apple. Repeat after me, apple."（看，这是苹果，跟我说：苹果。）对英语的不排斥和热爱很重要。曾经有人问佑佑，你的英语怎么学得这么好啊，他却一愣，不知如何作答。在他看来自己没做什么，他显然并没有意识到自己在学。英语只是像吃饭睡觉、说话走路一样，是他生活中的一部分，是他能了解好玩的绘本故事、听懂有趣的动画片和与人交流的一个工具而已。

有一次亲子聚会，我们在分享美食，有位妈妈不失时机地给孩子用英文介绍各种食物，我们都向她投去赞赏的目光，但妈妈突然转向我，焦急地问：

"给孩子有一搭没一搭讲英语半年了，可孩子还是不张口，咋回事啊？"我感受到了妈妈的挫败感，妈妈又随即对孩子说："宝宝，和阿姨用英文说这个你不吃了，谢谢，你会说的呀！忘了吗？快说。"孩子把头撇到一边了，完全不接妈妈的话茬，"你看，就这样子，明明会说就是不肯说。"妈妈抱怨道。我想，问题出在哪里大家都已经看出来了。每个人的心底都有一个声音，这是与生俱来的，那就是要自由地做自己。当我们感受到外来的干涉时，要么反抗或沉默，要么逆来顺受，而后者的代价是失去了兴趣和主动性，更谈不上责任心了。自由是每个人内在的向往和追求，没有人愿意被要求着做事。

佑佑的语言沉默期比较长，和佑佑说英文后的一年半里，他基本只用中文回应我，但我并不着急。于是水到渠成的那一天如约而至了。三岁多的一天开饭前，佑佑见到他最爱的意大利面，边冲向饭桌，边脱口而出："Ah, my favorite! I cann't help eating them all! That's wonderful!"（啊，我的最爱！我忍不住要全吃掉它们！太棒了！）我和先生都很惊讶他能如此流利准确地说出这么完整的一个句子。从此以后，他的兴趣就推动着他自发地在英语学习的这条道路上前行，而且一发不可收拾。而我需要做的就是创造一个有准备的环境。现在他每天至少会主动要求听半小时以上的英文原版音频。四岁多时，有一天晚上已经到了睡觉时间，佑佑发现了一沓字母卡片，他坚持要玩，爸爸说："该睡觉了。"后来，佑佑以泪洗面赢得了 10 分钟的读卡片时间。看着他破涕为笑，倍感珍惜地捧着卡片，一一对应着图，认真地读着每个字母下面的单词，我和先生不禁感叹，保护好孩子的求知欲和兴趣，不想让他学都很难啊！孩子把学习看成了一份奖励，是他自己心底那份对知识的渴望在推动着他探索这个新奇的、好玩的世界。

当然，每个家庭的具体情况不同，也许你会说："我又不会英语，没法和孩子说；我又没钱，没法报兴趣班；我又没时间，没法陪学……"其实每一条理由都充分成立，但又不成立。自己的英文不好？那么陪孩子一起学的过程将有更大的动力。报班？英文牛娃大都不是靠兴趣班打磨出来的，这也绝不是解决孩子英语启蒙的一劳永逸之策。没时间？这条理由竟难以反驳，但如果你愿意变得稍稍有时间，那么英文启蒙便能成为开启亲子时光的大门了。而我其实就是为了让自己更有时间，才着重培养孩子自发的学习兴趣的。当然，我们也完全可以选择不启蒙，没有什么事是必须和不得不的，它只是我们的一份选择而已。只是我们不妨在成就孩子的同时，更多地了解自己，清除内心的有限认知，放弃把自己置于弱者或受害者境地的习惯，我们便会逐渐收获一个更好的自己。

如何发掘和培养孩子的兴趣

首先，想培养孩子的兴趣，先了解一下自己，花一些时间也陪伴一下自己，没准，你花尽心思想让孩子学的乐器不过是你自己的心头之爱，也没准当你不再焦虑，孩子那即将放弃的兴趣就真的变成了兴趣。静下来去看一看，真正让你怦然心动的爱好是什么？也许只是手中的画笔勾勒出几个简单的形状，也许只是如匠人般专注地烹饪一屉糕点，把这些曾经似乎见不得光亮的、被家人和环境打到"不务正业"冷宫里的爱好小心翼翼地捧出来，轻轻擦拭，像面对一个珍宝盒一样，守护它、开启它！

最近，我的朋友为给孩子报兴趣班的事情焦头烂额，她很委屈地说："山山的兴趣班都是他自己选的，琴也买了，钱也交了，他又不学了，最关键的是，我们不能这么纵容他吧，以后他也轻言放弃、做事情没常性可怎么办呢？"其实，孩子小时候的兴趣不断转移是非常正常的现象，很多孩子至少要到8岁以后才能形成真正的兴趣，他们在不断尝试、体验、试错、放弃和选择中，逐渐地更了解自己，了解目标领域，最终找到自己的兴趣真爱。如果不是发自肺腑的极致热爱，专攻于一个领域对于孩子来说要消耗其大量的意志力，而由此无形中牺牲掉的亲子时光和尝试其他兴趣的时间自然也就打了折扣，这需要我们去权衡。

另外，孩子过早学习技巧类的兴趣违背了人类大脑的自然发育过程。除了书写、计算、作文等补课类的培训，乐器、棋艺、绘画技术也让幼小的孩子勉为其难，孩子的精细肌肉发育尚未成熟，枯燥的训练会破坏孩子的兴趣、压制孩子的创造力。孩子出生时大脑有几百亿个神经元，通过自身的成长机制和外界的刺激，神经元之间形成链接，孩子逐渐开发与其年龄相适应的反应、技巧、能力和记忆。跨越这些规律的揠苗助长对孩子来说有弊无利。在浮躁的教育环境中，家长自身的价值感、安全感都不足，只能通过对孩子的"上心"来弥补。如果对自己不够了解，极易把自己淹没在集体意识的焦虑和匮乏中。最后，就兴趣班本身的教学实施来看，人是关键因素，如果一个老师心中没有对教育深刻的理解和大爱，很容易拘泥于小技巧的培训和立竿见影的效果。

选择兴趣班的过程帮助我们了解孩子、了解自己，我们不是举着从应试教育走向素质教育的旗帜生产琴棋书画操作员，不是执着于在流水加工线上急功近利地习得技巧，而是真正看清我们和孩子想成为怎样的自己。

我自己的成长之路就经历过这个过程，如今，你们已看到了三十多年后的我，所以，我愿与你分享我的故事。

重遇儿时的自己——"琴童"与"小画家"的破茧成蝶

（1）"琴童"

描述成破茧成蝶并非要展示我的高超艺术造诣，相反，这是两段普普通通的关于放弃的故事，只是这些经历帮助我和小时候的自己和解，并更加笃定地成为我自己。

我自小是一个兴趣广泛的孩子，20世纪80年代，祖国边陲小城的兴趣班当然没有如今这么丰富，也几乎都是学校组织的，家长不用花太多精力和费用。

7岁那年，学校选拔了3个小朋友作为扬琴的培养选手，我是其中之一。起初我对叮叮咚咚敲响的扬琴深感好奇，当练琴变成"不得不"的时候，留在我记忆深处的是一个孤零零的小身影坐在硕大的扬琴面前极不情愿的情形。没错，我也曾是个琴童，我差点没有意识到。小学六年中我每天要比别的同学早到校半小时，晚离开一小时练琴，谈不上什么兴趣，浑浑噩噩地弹了6年。我曾在赛里木湖畔的草原上演奏，也曾在老师的带领下登上过各种舞台。它本应该是一件很浪漫很美好的事情，但我大概一直没搞清为何学琴，我并没有从中感到太多的快乐，反而有不小的负担。每个学期的汇报表演分量比文化课重。虽然它也许陶冶了我的情操，但记忆中却多是灰暗的天，尤其是四年级下学期时，班里转来了一个漂亮聪慧的扬琴小姑娘，我有了伴儿，但与我不同的是，她能自豪地说："她最大的兴趣爱好是玩扬琴。"她的技艺高超，哪怕是练习时也陶醉其中。我很羡慕她的热情，同时也深深地感到压力和自卑，常常担心被遗忘、被比较。而现实正如我所料，机会、重视、目光都从我身上移开了。我自责自己的不用功、自卑家里买不起琴，总得借学校的。随着成长，家里没有买琴的我便停止了练琴。扬琴带着我的童年一起消失在我的生活中，很长时间里我一边释然一边对自己荒废的爱好感到自责。

成年以后，有一天路过琴行，我看到久违的扬琴。我告诉孩子：妈妈会弹，孩子们兴奋地让我试试。当我再次弹响的时候，心里有了别样的感觉。我体验着儿时那个小小的我的恐惧与压力，也随之与自己深深地和解了，二十多年了，自己居然没忘。尽管手法稍微生疏了点，但是对音乐的理解和表达的感染力，好像比小时候更强了。我也头一次感受到了琴棋书画的真正意义：艺术，是让我们的心更静、更柔软、更丰富，是让我们走进自己灵魂深处的通道，是让我们在枯燥平淡的生活中，发现美、感受美，更加爱自己、爱别人、爱这个世界的方式。如今的我，感谢自己的付出，也感谢自己的放弃，感恩自己的所得，也感恩自己的所失，感动于一切带给自己丰富人生体验的人、事、物。

我也惊诧于那些在童年的情绪和身体里贮藏的能量能够如此完好的保存，是啊，童年的生活方式和身体的记忆默默地伴随着我们的一生。孩子在提醒我们找寻那些最初的记忆，那些曾经的梦想无须被加注在孩子身上，不要期待他们为我们完成使命，而是告诉自己：这是我的梦想，这是我的生命，我要亲自去实现它。

那个爱琴如命的扬琴姑娘后来考上了音乐学院的扬琴专业，现在的她已经是桃李满天下的扬琴演奏家了。一切都是最好的安排，不是吗？如果当年没有广泛的尝试和放弃，我也不会去发展种种其他爱好，比如书法、声乐，也不会有那么大的天地去实现更完整的自我。

（2）"小画家"

　　我与绘画的渊源也给了我对于孩子的艺术培养以很大的启发。母亲说，我只有几个月大的时候就显现出了过人的绘画天赋。我很惊讶于母亲对我细致入微的洞察力和肯定，我问她："您是怎么做到的？是不是每一位母亲眼里的孩子都是小神童啊！"她说："你一看到咱家挂在墙上的那张小兔子的画就笑得好开心啊！"就这样我的绘画启蒙不知不觉开始了。一岁多的时候，父母一忙就递给我纸和笔，据说当时有一块可以折叠的大白板，把它往沙发上一支我能涂鸦一个下午。然而好景不长，由于我"过人的天赋"，省吃俭用的父母把两岁半的我送进了绘画学校。我不知道我是幸运的还是不幸的，在那个年代的祖国边陲，主动培养孩子艺术天赋的父母是不多的，我也不负众望，三岁时的一幅"飞向太阳"寄到北京获了大奖。一个比我个头还高的布娃娃奖品如约寄到了我的幼儿园，从此一发不可收拾，各种绘画奖状贴满了我家中的墙壁。记得有一次在街上遇见了我的绘画老师，他骄傲地向自己的朋友介绍道："这是咱们这个城市画画最好的孩子。"从那以后，每当有人问起我长大后的志向时，我便斩钉截铁地说："我长大要当画家！"

　　六岁多时，一所重点小学开设了全市第一个艺术实验班，许多牛人挤破头想进却难以如愿。我家没有关系也没有钱，父亲领着我敲开了校长办公室。我展开笔墨宣纸，几只大虾跃然纸上。在校长惊异的眼神中，我当即被录取了。从此，我上学除了背书包还要背画夹子，整整六年，每个周三下午都是专业美术课时间，可就是我这样一个美术教育的"优质"产品，却在十岁以后很少画画了，连我自己都惊讶，我已经二十多年没有拿过画笔真正坐下来画一幅作品了。

　　也许你会说，我是一个极端的例子。但我却在现实生活中发现，哪怕是到了今天，被刻板美术教育扼杀的孩子仍然比比皆是。

　　孩子的到来再一次孕育了我，让我开始关注这个久违的领域。我自己也说不清为什么这么多年我和绘画没有一点儿交集，每每听到妈妈描述我小时候的傲人成就，我就像在听别人的故事。直到陪孩子们走进了画画的世界，我才再次感同身受儿时的自己。

打开耳朵来"听"画

由于心理咨询和教育行业的背景，我深知不能过早让孩子接受绘画技巧的学习，所以一直以来，我只是有一搭没一搭地给孩子们提供纸笔。

佑佑四岁半的时候，邻居西西妈妈告诉我附近的老旧小区中有个很棒的绘画班。据说这位老教师专门教儿童绘画，她的课要提前两个月排队等位，她家西西已经学了3个月，画得有模有样，已然成了妈妈朋友圈里的小明星。我在她的强烈推荐下联系了试听，然而让我震惊的是，三十多年过去了，绘画教育一点儿都没有变。整堂课基本还是老师画一笔，孩子画一笔，我教你学，我说你听，我纠正错误你改正。

我记得那天画的是狐狸，老师让孩子们自己选择背景颜色，但仅仅限于指定的3种。其间，有一个小女孩不在状态，一直被老师数落，"你今天怎么搞的？今天什么表现？上次画得多好！"小女孩低头不语，显然已有些不悦，她百无聊赖地在桌子上画了两笔，却引来了更多的责备，"说你还来劲儿了？你往哪儿画啊？一只手扶着纸，不会吗？"坐在一旁的妈妈也黑着脸，应和着老师教训孩子。"你，看什么看？画你自己的，别人脸上有画儿吗？"另一个孩子的妈妈不失时机地试图抓回自己孩子的注意力。老师点着一个小朋友的画指导他："尾巴呢？看我这儿，尾巴有那么大吗？"。我突然间好心疼那几个小孩，也许我只是在心疼自己吧。从他们身上我看到了小时候的自己，那个在硕大的铁皮教室里留下来哭着画完一幅画的小女孩。我至今还依稀地记着那个感受，那种无奈和酸涩，明明是自己喜欢的事情，却被好心的老师和殷切的家长剥夺了享受自己天赋的乐趣。那天我没有等课程结束，正好老师示意试听的佑佑不要随意取出没有用到的水彩，我便借机带着佑佑告辞了。后来我又和佑佑一起试听了几个打着快乐绘画旗号的课外班，但依然能看到用力的教授痕迹。我看不到孩子的笑容，更呼吸不到自由的空气，这不是我想要的。

我希望绘画是走进孩子内心的一扇大门，在与每种绘画材料的接触中，画画帮助他们放松和自由地表达自己，这个过程疗愈了他们无意识压抑的紧张焦虑。他们享受涂鸦的每一个当下，感知色彩和这个多元的世界。我不在乎他真正呈现出的作品是否博人眼球，更不希望他学了一门技术、恨了一门艺术，因为那是我走过的老路。尽管我对于美术的热情还没有"恨"那么极端，但也莫名地不那么爱了。这段给孩子美术启蒙的经历让我更加坚信，我能做得最好的事情不是教他什么，而是给他提供一个不被干扰的环境，自由地涂鸦。是的，当孩子帮我重遇了曾经的自己，我用爱和温暖抚慰了那个内心深处受伤的小小孩。作为成年人的我们有能力放下内在小孩的恐惧、担忧和回避，不妨趁着陪娃的机会，再陪一陪小时候那个爱画画的自己，重新开启自己的天赋才华，真正自由地作画。

在《走进孩子的涂鸦世界》这本书中鸟居昭美说："当孩子9岁左右开始采用成人式的观察方式，才是合适的时机教孩子系统的绘画技巧，这时候才有必要向写实的手法转变。"当然，这个年龄大家说法不一，也有人建议是7岁，但这至少给了我们周围疯狂的艺术培训一个提醒。

是的，孩子的画是用来"听"的，不是用来看的。

女儿咪咪刚两岁多，已经对画画产生了极大的兴趣，像极了小时候的我。我给她准备了蜡块，小小孩的肌肉还未发育很好，握住蜡块，她想怎么画就怎么画。有时候我也给她各种材质的笔，粗的细的软的硬的，让她体会那种抓握的触感和落在纸上不同质地的材质画出的线条。她和哥哥一起画湿水彩的时候极其专注。虽然她目前最喜欢的事情是把一整张纸填满，但能感受到她正在享受这个美妙的过程。因为较好的表达能力，她已经可以绘声绘色地向我展示她作品的内容了。昨天她指着自己的画："妈妈，看，这是咪咪的帽子，咪咪喜欢粉色的帽子！"如果她不讲，我完全看不出那是帽子，但当她为自己的画赋予意义时，我感觉那顶帽子好生动，"哦，那是咪咪的帽子！"通常我只是欣赏，并不评判、分析或质疑。佑佑对绘画的感觉来得晚一些，最近才突然开始喜欢涂鸦，也许只有几根线条，但已经快5岁的他会一本正经地拿着他的画儿给我讲故事了，"看，妈妈，这是一只恐龙，恐龙坐着太空船离开了地球。""哦，这是一只恐龙，它要坐飞船，要坐很久吗？它会不会晕船呀？"随着孩子们的思路，我只是和他们天马行空地想象，偶然提提问题，引发更多的思考与对话。我想这就是为什么听话不如"听画"的道理吧。

最近佑佑很喜欢把颜色涂到纸外，桌子上、地上到处都是颜料。我能感受到他强烈的突破设置和规则的冲动。当我引导他关注自己的绘画边界时，我能感受到现实生活中他也更遵守规则了。这是一种内化的规则，不是教的也不是被要求的，而是孩子自发做出的决定。其实自由涂鸦本身就能带给人们情绪的释放。没有经过太多技能方面雕琢的孩子最能够通过绘画展示真实的内心世界，这也是我们与他们沟通的纽带。

孩子如何搭配颜色，是用力地着色还是轻描淡写？是聚精会神还是百无聊赖？是专注在细节里，还是大胆挥笔、肆无忌惮地挥墨？他画的人物五官清晰还是草草掠过？他的构图把每一样东西摆在什么位置？他的画里面是否常出现自己？在画面的中心吗？这些点点滴滴都反映着孩子们丰富的内心世界，他的自我意识、他的人际互动、他的谨慎与胆识、他的脆弱与敏感都悄无声息地跃然纸上。但这里需要强调的是，我们无须刻意解读分析，不是每一个把妈妈的头发画成卷的孩子都认为妈妈脾气大，或许他妈妈就是那个发型；也不是运用了大量黑灰色就代表孩子内心充满了阴影，也许那正是他力量的彰显。孩子的画只是我们认识他的一个窗口，他在那里等待我们去发现，怀着好奇的心，倾听孩子、理解孩子，才能真正地懂孩子、懂自己。

如今，我给自己和孩子们布置了一个小小的画室，买回了许多专业材料。抚摸着那些熟悉而又陌生的水粉和画纸，我有一种说不出的宠爱自己的感动。感谢我的孩子们，陪我内心受伤的小孩一点点长大，让我再次鼓起勇气重拾儿时的梦想。这一次，我画画，只为自己，不为任何人，没有功利性、没有评判、没有干扰，只用手中五彩斑斓的画笔涂抹出内心多姿多彩的世界。

第三篇

透过孩子，爱上不完美的自己

第一节　女性力量的绽放，从孕育生命时启程

爱的联结始于孕育

这一章我们会从孕育生产聊起。你可能会奇怪，准妈妈还不是妈妈，是不是早了点？了解过心理学知识的人常常感叹，无论我们如何强调儿童早年的心理营养都不为过，因为那段经历对一生的影响不可估量。但究竟要多早？是早到3岁看大，还是7岁看老？是强调0～1岁建立母婴依恋的关键期还是近年来流行的胎教文化？谈到胎教，已经有越来越多的人开始意识到0岁计划的局限性，但这个趋势里，人们很少把关注点放在自身状态或者家庭关系上。事实上，一个焦虑着给孩子做胎教的妈妈与一个没有刻意做胎教，只是开心做自己、放松而平和的妈妈相比，后者的宝宝感受到的爱和支持更大。而一个在手忙脚乱的嘈杂声、哭喊声中闯入这个世界的宝宝和一个通过母子共同努力，在温柔中降生的宝宝，他们那份原始记忆与体验也不尽相同：前者体验着恐惧与担心，后者感受到爱和祝福。看来，出场方式的区别早已犹如一份见面礼，悄无声息地为这个生命注入了不同的养分。

孕育生命给母亲的身心和家庭结构都带来不小的冲击，是我们生命觉醒的机遇，因此，孕育中的身心准备弥足珍贵。孩子出生后，大部分妈妈的世界呈现出全新的打开模式，有人感到措手不及、力不从心；有人悔恨未能早点学习育儿知识，遗憾于错过了孩子的各种敏感期。如果妈妈们从孕育生命之初就开始了解自己、了解孩子，建立温暖的家庭关系，抛开那些禁锢我们

追寻生命意义的枷锁，那么，当孩子出生的时候，妈妈们会带着孕育中悟道的智慧和母性的力量与孩子共同成长，开启自己全新版本的生命，发掘自己内在蕴藏的深邃的爱、美好与勇气。在这个过程中，我们越来越爱自己，越来越相信自己，越来越尊重自己。我们的有限认知和平日不易察觉的恐惧都在这个过程中一一化解了。

小玲的故事

小玲曾经参加过我的孕期分娩学习，现在是一位自由职业的妈妈。在怀孕前她是叱咤职场的白领，有着不菲的收入和热闹的圈子。现在的她卸下了华丽的光环，有着温和的目光、真诚的笑容和让自己心动的小事业，从她的一颦一笑中都能感受到她对生活的满足与热爱。如今她的女儿已经上了幼儿园，她回到准妈妈班里，和大家分享这几年的心路历程。

"我至今仍然很庆幸自己这一路的选择，虽然有很多人不理解，也不是所有辞职陪孩子的妈妈都享受这个过程，但我抓住了这个机会，真的很喜欢现在的自己。我很感谢孩子帮我按下的这个人生中的暂停键。以前在职场很拼，当然了，努力没什么不好，但埋头苦拼的时候会迷失自己，到后来都不知道自己到底要什么了，变得越来越麻木和恐慌。那时候出入写字楼，外表看起来光鲜亮丽，但是心里总是有好多的纠结和担心。我得靠业绩和人际关系不断证明自己的价值感和存在感，其实心里很脆弱，活得很累。当然了，生娃养娃也很累。"说到这儿，她笑起来，明亮的眸子闪着光。"但这是不同的累法，你真的在和孩子一起成长！"

"现在流行说要对自己下手狠一点，人们都喜欢自己拼搏的样子，你不喜欢吗？"悠悠妈问，"以前对自己很苛刻，可能就是你说的这种情形吧，但那时候是没有明白，对自己狠可能只是不接纳自己罢了，那种拼源于一份匮乏，不断在打击自己的自信和削弱自己的力量，看似出成绩，但不过是把自己掏空了。我对自己好的同时也可以很拼，那种拼是一种享受，知道自己要什么，享受那个专注的过程。"

"有人觉得生孩子耽误了职场的发展，可能会觉得这个暂停键按得其实很无奈呢，你怎么看？""这是一把双刃剑吧！我当时也有些不舍，生活最初像是把你抛在这个位置上，你一开始看不清，觉得一切都乱套了还赌气，慢慢地你把丑陋的包装揭开来，才发现这是那么大一份礼物。我家没有老人帮忙，孕期我又反应很大还出了些小状况，然后就突然从繁忙的职位下来了。一开始也有些找不到方向，因为你习惯了迎合外界的反馈去证明自己，一时间你不得不让自己静下来、慢下来，看到真实的自己。我很庆幸自己怀孕的时候就读了许多书，孕期的、育儿的、心理成长的，然后开始向内看，慢慢地爱上了这个不完美的自己。然后才发现其实我的心里早就有我所苦苦追求的一切，智慧、力量、喜悦和平和。经历了这个过程，你就能关注自己的内在，越来越快乐和从容了。其实以我现在的心态回到职场，会比当年更享受那份工作。人的状态变了，一切都不一样了。不过我现在有了自己更喜欢做的事情，所以这个暂停键也是确认键，对于我来说是多了选择和人生的可能性。过去是在生存，现在是在生活，能感受到花开的美好，享受每一分钟属于自己的时光。当然我现在能这么知足也是与自己的成长分不开的。"

一位刚刚来学习的准妈妈问："好羡慕你的状态呀，我整天发愁，想着赶紧生出来完成任务得了，太难熬。但听说生孩子本身给了你很多启发？""是啊！你要珍惜这段时光，过去了就回不去了。孕育孩子的过程好神奇，我从来没想到自己这个小身板能这么有力量。我的宝贝也很给力。我当时都能感觉到他在旋转、翻身、努力地往外爬。他出来的那一刻我感觉自己太幸福了，突然间就是有一股喜悦和爱涌动出来，好感恩自己的身体，感恩这个小生命的顽强，感恩这个小生命引领我回归到生命最初始的意义，那就是带着爱与觉察体验生命中的每一个当下。所以在育儿的过程中，我一直很相信自己的直觉和判断，生孩子的过程让我感觉我的体内蕴含着我所不了解的智慧，我觉得我的心越来越强大了！好的坏的、甜的苦的，我不再那么容易受外界的干扰而摇摆不定或者纠结烦恼，因为我相信自己和孩子！"

生育究竟是一场与恐惧和疼痛对抗的战斗，还是唤醒身体、疗愈自我的旅程？是一次孤军奋战、满地鸡毛的家庭闹剧，还是一次家庭成员间爱的深度链接？是一种充满担心、无奈与焦虑的背负，还是一次充满期待与喜悦的、庆祝新生命诞生的盛宴？这些选择在我们自己的手中，只是很少有人能把它当成机遇去探索和享受罢了。但是那些随生儿育女觉察和启动自身力量的人会由衷地感谢孕育生命的经历，包括我自己，孕育生命的过程帮助我们在今后育儿道路上不会手忙脚乱、迷失自我，那份笃定、温暖、放松与喜悦是我们和孩子一生相伴前行中最宝贵的东西。

孕期和生产的经历本身对孩子的身心健康甚至给整个家族都带来深远的影响。比如说，有些爸爸觉得难以和孩子建立关系，这和他们孕产期的缺失不无关系。因为在孕育分娩时，爸爸和宝贝的情感联结和育儿参与已经正式开始了！是的，爱的联结不仅仅始于那第一声啼哭，一个美好的孕育期和温柔的分娩早已悄无声息地滋养着新的生命，凝聚着家族中的爱，那才是生命的源头，是为孩子身心健康种下的第一颗种子。接下来，我用自己的分娩故事和大家分享如何既舒适又安全地生产，给予自己和孩子一个喜悦的见面会！

告别分娩的惊悚记忆

在接触催眠分娩的概念之前，我听得最多的就是妈妈生我时痛到晕过去的故事。据说我出生时候小脸都憋紫了，医生七手八脚地吸掉我鼻腔口腔的分泌物，拎着小脚倒过来，吧唧吧唧打屁股，才终于听到我"哇哇"的哭声。虽然这哭声被描述成皆大欢喜的结局，可我却脑补出一幅不那么舒适的画面。多年前，表姐也曾以过来人的口吻告诉我，她的闺蜜生产时疼到死去活来，最后还是顺转剖了。好在她"吸取教训"，自己分娩时毫不犹豫地选择了直接剖，才不至于受"二茬罪"。望着表姐承载着一段伤痛的疤痕和庆幸的表情，我不免开始心生质疑，真的只能这样吗？

可是，为什么所有的哺乳动物几乎都能自然地分娩，只有人类分娩时痛不欲生、如临大敌？为什么千百年来人们几乎全是经由顺产来到世间，而今天的孩子却不得不借由人工催产素、麻药、各种仪器，甚至医生的手术刀成为高科技医疗的产物？为什么人类不可以优雅地、从容地、自然来到爱他的和他爱的世间，享受第一时间亲密的肌肤相亲、家庭的温暖、母乳的甘甜？

据统计，世界卫生组织建议的剖宫产率应控制在 15% 以下，大创伤、巨痛苦的剖宫产对母婴的伤害很多，它本应是为极少数母婴救命而设置的！国内这一数字曾一度超过 50%，近年来随着对自然分娩的宣传，这一情况有所好转。而在 20 世纪 70 年代，美国剖宫产率也居高不下时，美国田纳西农场的生产中心却保持了 1.7% 的剖宫产率，数据背后值得我们深思。是不是分娩遇到困难了我们只能选择剖，遇到痛了就只能选择麻药了呢？当然不是！女性天生都有能力享受美妙的分娩体验，而身体本身甚至自带天然麻药！在医用麻药发明之前的千百年里，催眠就被运用在医疗领域和生活的方方面面。其实，人类超乎想象的"痛"恐怕要"感谢"近百年来发达的科技和舆论传播渠道，也要归功于人类大脑这个超级编辑！所有听来的、看到的关于分娩的惊悚记忆和想象带给我们的恐惧不知不觉地屏蔽了我们与生俱来的本能、放大了生产的疼痛和风险。

医疗技术的飞速发展，在分娩中的贡献功不可没，但过度的医疗干预有时却会把生产变得复杂，反而给母婴造成不必要的风险。例如，频繁的内检可能带来感染，再比如，当妈妈缺乏对自身与生产的正确认识，过度紧张、肌肉收缩造成子宫内胎儿缺氧或难产，最后可能就变成了不得不剖。

和催眠分娩的第一次亲密接触

怀佑佑那年，国内还找不到任何与催眠分娩相关的资料和培训。庆幸的是，我早在当姑娘的时候就成为一名催眠师，跃跃欲试地想用它帮助自己日后的分娩。后来我和先生啃完了海淘回来的原版催眠分娩教材，我的御用催眠分娩师（我先生）坚持从我怀孕 6 个月起开始陪我做催眠，每天一小时，准备着、期待着……

几个月后我这个向来对疼痛超级敏感的妈咪，终于有机会以亲身经历褪去了所有弥散在世间的分娩迷雾。在北京一所支持温柔分娩的医院，我家佑佑伴着催眠放松的音乐和先生在耳边的低语，以枕后位的姿势顺利地出生了。没有侧切、没有恐惧，也没有传说中的第一声啼哭（出生时不啼哭不代表不健康。事实证明，温柔来到世间的宝贝也可以很平静、顺畅地呼吸）。

喜悦之余，我不免为身边的妈妈们感到遗憾，人生中如此重要的时刻，有多少妈妈因为不了解，不得不伴着恐惧、疼痛甚至挣扎带孩子来到人间。

生二宝，漂洋过海的温柔约定

其实在短短半个世纪前，我们的祖辈常常在家中生产。但现在国内，医院通常是生产的指定场所。后来生咪咪的时候，我已经正式成为国内第一批认证催眠分娩指导师。这一次，我更加从容了，决定漂洋过海，赴美体验自然分娩。最终，胎儿难产位的我实现了无侧切、无麻药、无内检、无人为催产素、晚断脐、早接触、早吸吮、早开奶、全程无人为干预的温柔分娩，并在第一时间享受了亲密的家庭时光，整个经历堪称完美。

其实，在拥有世界顶尖级的医疗技术和以广泛使用无痛分娩著称的美国也存在过度医疗的现象。好在催眠分娩在其发源地美国已经有近30年的实践了。一些提倡温柔分娩的助产士用家庭分娩和生产中心的分娩方式致力于让生产回归本能，尽管这相对于主流医院来说，颇有争议，因为它没有医生（只有认证助产师）、没有医疗器械（即使有也将其遮盖，因为产妇不是病人，不需带给她们压力），但它可以依照每个家庭的意愿实施自然的分娩。而对于一个学习过催眠分娩、向往美妙分娩体验的健康孕妇来说，它是一个好的选择。

孕期的每一次产检都像是奔赴一场心灵的约会。走进那个普通的低矮平房，我就感觉格外的踏实和放松，伴着助产师温柔而专业的话语，我们会仔细地探讨宝宝的健康状况。产妇需要充足的营养、休息和锻炼，以良好的、轻松的心态面对生命赋予的每一个安排。她们更需要一个暖心的声音，温和而坚定地传递着这样的态度："这段时光，有我们陪伴着你，你可以安心！"她们需要那个抱持的环境，踏实的、舒适的、安全的、熟悉的，让人愿意蜷缩在里面，把身心交付出来，"那一天，我们会在这里等着你"。

美妙的催眠分娩体验

我的导乐也是一位催眠分娩的导师，孕期她定期来家访，用催眠帮助我消除恐惧、减少压力、调整胎位，加上我的自我催眠和先生的辅助，孕晚期的我信心更足了。预产期已经超过几日了，估计是咪咪还没有准备好，孩子有她的节奏和步伐，我们只是和宝宝温柔地交流、耐心地等待。2016年3月11日早上8点多，我感到肚子有点微微的发紧，随之而来的是小兴奋，莫非今天就可以和宝宝见面了？我没有急着告诉家人，也没有急着去生产中心，而是平静地又睡了一会儿。这回作为二胎妈妈，产程或许会更快，但这镇定劲儿依然像极了生老大那次。

上午10点半我才告诉家人肚子发紧的感觉很规律，而且间隔越来越短。我先躺进浴缸里泡起了温水澡，听着舒缓的音乐，开始运用催眠分娩中的放松和呼吸方法。11点左右，先生给导乐和生产中心分别去了电话。按照惯例，生产中心建议我们先在家密切观察，每半小时和他们通一下电话，先生正要挂电话，我听到助产师在电话里说："等等，你们现在就过来吧！"大概是她从电话里听到了我低沉的呻吟很像是在使劲，半小时的车程，我敞开身心，自然地迎接各种感觉，把身体交给自己和宝宝，感受呼吸在有节奏地配合着越来越密集的波浪（宫缩）。

催眠分娩中建议避免提到"痛""宫缩"这样的负面暗示或冷冰冰的医学术语，取而代之的是，我们只说发紧或波浪。这一波又一波和谐又强烈的涌动引领我像花瓣一般展开，我能感觉到宝宝的努力，每一波力量都仿佛在预示着我们的相遇更近了。当时唯一的小担心是莫非已经开全了！我会不会把宝宝生在车上呢？12点半，到达生产中心，几位助产士和导乐已经在门口等候，我坐上备好的轮椅，直接进入熟悉的产房。舒缓的音乐、薰衣草的香薰，没有人大声说话，每个人都是那么平静而柔和。入水的前一秒钟，我破水了，踏入温暖舒适的浴缸，整个人顿时就放松下来。没有内检、没有侧切，没有凌乱的脚步声，没有催促和叮咛声，不需要任何人指导我该如何用力或者呼吸，我只需要相信自己与生俱来的直觉和本能，听从身体内部智慧的引领，配合宝宝顺利地降生。

对于一个妈妈来说，身边每一个人的从容镇定、温柔的目光和鼓励的微笑对产妇都是莫大的支持。先生一个轻柔的吻也足以让身体产生更多的内啡肽。我们别小看精神的力量，支持的氛围帮助产妇调动与生俱来的本能，促进自身荷尔蒙和催产素的分泌。这些元素是身体自带的麻药，它帮助产妇减少疼痛，保证产程的顺利进行。1 点 21 分，一个重 7.3 斤的小公主已经通过她的努力和我的配合由枕后位扭转到最佳胎位，顺利地滑入水中。在一片欢呼和祝福声中，我小心翼翼地把柔软的她捧到胸前，等待脐带自行停止跳动。几分钟后，宝爸亲手剪断了脐带，实现了晚断脐。宝宝全身红扑扑的，享受了充足的脐带回流血的滋润。温柔分娩的宝宝没有用划破长空的一声哭喊来宣告自己的诞生，而是微笑着、眨着眼睛带着爱和祝福平静地来到世间。

谁说孩子的生日是母亲的受难日？这一天我感受到的更多的是感动、兴奋、喜悦和爱。如此难忘的一天，让我每每想起，嘴角便不自觉地上扬。此外，我个人觉得催眠分娩也利于妈妈迅速恢复体力。生产当天下午五点半，我已经坐上汽车在雨夜中回家了。一周后，我就可以自如地去幼儿园接哥哥并且带俩宝去图书馆参加各种亲子活动了。小宝刚满月的时候，全家还一起去了迪士尼和海边，这是在从前都不敢想象的事情。

你也可以享受生产的美好、见证生命的奇迹

我的个例无须复制，它建立在我对自己充分的了解和信任之上，它需要耐心的身心准备、孕期学习和练习，将放松和自信融入身体的记忆里。我并不是鼓励大家一定要采取某种特定的生产方式，如水中或去国外找特定的分娩机构，抑或是坚守非顺产不可的执念，事实上，当我们足够自信与敞开身心，我们会允许分娩以它的方式展现给我们。

通过孕育生产，找回属于你的力量

我通过自己的孕育生产，找到了自己的力量，越发地爱着自己，而你也可以！生命的诞生是如此美妙的一个过程，而大自然的一切又是那么的美好和神秘。其实，大部分做好身心准备的产妇都可以轻松愉快地生娃。生产本身不是医疗行为，而是哺乳动物的本能，是每个家庭成员联结、传递爱和凝聚力的庆典时刻。作为催眠分娩导师，我如今已陪伴了不少妈妈享受这一过程，希望更多夫妻能一同探索自己的身心，共同经历难忘而美好的孕育过程，分享分娩时刻的喜悦，带着爱迎接新的家庭成员，开启一段新的生命之旅。

颠覆有限认知，欣赏属于你自己的柔美

对于月子造成的威力有时候也是一个假想敌。中国人有坐月子的传统，各种禁忌如雷贯耳地环绕着我们，不能洗头、不能洗澡、不能吹风、不能出门、不能哭……我的母亲每天都在我耳边告诫我遵循规则的重要性，当年她就是月子没坐好，落得一身病。

中国人特有的坐月子自有它的道理，月子赋予产妇一段理所当然的安静时光修养身体，小婴儿也能在刚刚离开妈妈子宫的这段时间安全地成长，加上过去卫生条件和温控条件差，感染了、冻着了都使得产妇的生命安全受到威胁。中国月子长久以来保护着母婴，功不可没。然而今天，我们不是要去排斥传统，但却有机会清醒地反思是否每一条旧有信念系统都依然适用，集体意识洗脑的力量是强大的。

我和我的美国导乐聊起了月子，她说："我们美国也有月子呀，还是42天呢！""哦？不错呀，你们怎么坐月子？""我们吃冰块，冰块能降温促进子宫收缩……""你确定吗？"我有些震惊了。看到这里，你可能也会忍不住评价几句。我们暂且不从医学和生理角度去分析两种月子的真假和好坏，只是去体会一下，这个世界上有多少信念系统在支持着人们活在自己的世界中，它恐

怕没有绝对的好坏对错，但却无形中限制了我们认清自己和世界的全貌。

这让我想起了粗脖子村的故事。在秦蜀的山谷之中，南歧村的人祖祖代代都是大脖子，他们与世隔绝，偶遇路过此地的几位脖子正常的外族登山旅人，男女老少都会涌去围观并嘲笑外地人的脖子干枯细瘦、丑陋无比，甚至有人好心建议医治这些和他们脖子不一样的怪人。

我们每一个人的信念系统、审美标准、是非评断都不过是在历史的变迁里、在环境的局限里人为设定的条条框框，有些人一生都跳不出这些无形枷锁的束缚而孤独终老。比如那些追求时尚纤瘦的少女不惜变成厌食症的俘虏毁坏身体，为挽救这些盲目模仿的女性，各国为此都对模特的体重做了硬性规定。那些在男权社会中被深度洗脑的女性始终相信她们的才华甚至存在的意义都逊色于男性，带着骨子里的卑微和压抑，她们已然给自己设定了一个不去活出自己的借口和一个无法绽放自己的人生脚本。

是的，每个生命都是生来自由和平等的，但信念系统是无孔不入的。觉知力不够的时候，一部分所谓女权主义者也成了自我怜悯的牺牲者，她们看似高举平等的旗帜厉声斥责男性，但正是因为她们骨子里依然感到受伤和不平，才只能把愤怒释放在攻击异性上，因为他们难以接受自己女性独有的特征，而真正的强大是接纳和承认所有属于自己的部分，不同的身体、不同的优势，欣赏自己独特的魅力，哪怕是柔弱的美，但我们不评判它的好坏。当我们内心足够强大和自由，我们就不再声嘶力竭地对抗。因为我们知道，把力量浪费在外在事物上，我们的心就失去了自由。当我们为女性要承担生育的痛苦而不平的时候，当我们抱怨男性机会更多的时候，当我们为身为女性而遗憾的时候，我们就把自己放在了受害者的位置上，任凭自己的力量被别人控制。

我接待过一位来访者，她说她并不重男轻女，但生了女儿的她还是希望自己生的是个儿子。因为这意味着女儿长大也将承受月经之烦、生育之痛。如果生个男孩，就能在这样一个不公平的社会里活得好一些。她对孩子的怜悯之情溢于言表，而这只不过是她对自己的怜悯罢了。她看不到女性的美好，自然心生遗憾。如果她爱自己、欣赏自己，相信她眼中的孩子也会独特和美好。

第二节　爱自己才能真正地爱孩子

　　究竟该如何爱孩子才能让他成为更好的自己？爱孩子是一门学问，所有的父母都宣称爱孩子，但是，真正懂得如何爱孩子、又有能力爱的父母却是少之又少。也许你会说，我怎么会不爱自己的孩子呢？我真的是把他含在嘴里都怕化了，我自己省吃俭用都要给孩子最好的。而真正的爱不是包办代替和掌控，不是无私奉献和牺牲，更不是恨铁不成钢的逼迫。什么是真正的"爱"？爱是一种宽容、尊重和理解。它不来自我们的焦虑恐惧或者是想法，它来自我们对于生命无限可能性的信任和尊重。道德经中说，"失道而后德，失德而后仁，失仁而后义"。可以说，仁爱是我们在大千世界感受到的来自于宇宙中至高的无限光芒。爱更是孩子健康成长的土壤。在孩子眼中，担心不是爱，指责更不是。爱不是骄纵，更不是严惩。"打是亲，骂是爱么"恐怕也不是。太阳给予我们这个世间的温暖是爱，它不会因为人们的地位、年龄甚至人品好坏就多给或者少给谁一点爱，它永远是无条件地、无私地给予每个人以支持。然而，用放大镜把阳光聚焦在纸上的一点，不一会儿，纸就被烧焦了。因此，有条件的爱和狭隘的爱对人可能都是伤害。孩子的到来是给父母一个机会去表达无条件的爱和付出，这是我们的使命和天性，这是大自然独特的设计与馈赠。爱在我们与孩子互动中的微笑、眼神、话语和动作中；爱在我们对孩子的每一份信任、鼓励和尊重里。真正的爱不会让人感到窒息，它像空气般自由自在、无处不在，不刻意、不功利、不耀眼。

　　爱自己的人才拥有爱别人、照亮他人的无穷无尽的热情与能量，这是一

种众神归位的大爱，是没有目的、没有评判、不求回报的付出。

曾经看过一篇文章《家长的境界》，里面是这样描述的。

第一个境界，家长舍得给孩子花钱，以为钱就是全部爱的表达。

第二个境界，家长舍得给孩子花时间，陪在孩子的身边，见证孩子的成长。

第三个境界，家长开始思考教育的目标问题——我究竟想要一个什么样的孩子？一旦目标能够清晰地确定，家长就不容易被人裹挟着，热衷于跟风，盲目地培养孩子。

第四个境界，家长为了教育孩子去学习，他们不再停留在"没有办法"或者"管不了"，而是关注孩子的问题症状及其原因，积极进行干预和矫正。

第五个境界，家长为了教育孩子而提升和完善自己，因为他们明白，"你是谁"比要求孩子"成为谁"更重要。一切家庭教育，其实都是言传身教的结果。家长意识到每个人都是独一无二的，父母尽己所能支持鼓励孩子成为最好的自己。

达到最高境界的父母莫过于把与孩子的相伴当作自我提升的助缘，收回自身的力量，将关注点转移到自己身上，随时觉察，让自己成为一个通透的、真实的、喜悦的、有爱的人，用这份光芒照耀孩子和他人。

想要成为"足够好"的父母的确不容易。其实，要想真正地爱孩子，首先要学会爱自己，我把"爱自己"也分成了五个境界。

第一个境界，舍得给自己花钱，让自己吃好穿好，照顾好自己的身体，以为这样就是对自己好。

第二个境界，舍得花时间给自己，做自己想做的事情，懂得拒绝，不轻易讨好和委曲求全，也不自私自利、飞扬跋扈。

第三个境界，开始思考和分析自己是如何成为今天的自己，以后想成为一个怎样的人，提升与自己相处的能力，尊重自己的内在感受和需求。

第四个境界，真正开启了自我探索和疗愈的内在空间，看到自己内心的匮乏却不急着批判或修正自己，而是试着接纳，接纳自己的不完美，常常感恩和嘉许自己，关爱并疗愈过去那个不曾被真正看到的受伤的内在小孩。

第五个境界，看到和欣赏自己是这个宇宙中独一无二的个体，活在当下，集喜悦和爱于一身，成为他人的一面镜子，映射着身边的人，感召他们成为更好的自己，这时候，你就是爱本身，是纯然的正能量，是管道，宇宙的智慧经由你，流向他人。

其实，孩子就是父母的一面镜子。有人说，生养孩子是成年人疗愈自己的最好的机会。通过孩子，我们看到了自己的过往，看到了那些被我们封尘和看似已经掩盖住的忧伤、孤独和恐惧，于是我们终于有机会、有勇气去面对这些一直以来从未消失，但却时时刻刻影响着我们的早年印记。孩子将我们内心中最本真的爱、纯善与希望统统唤起，让我们看到，生活本来是可以这样简单和美好。很多时候，我们批评孩子不够勇敢、不够努力、不够细心，其实是我们内心中无法面对和接纳自己的这些特质，这些我们自身拥有却不断排斥的部分。因此，我们不接纳孩子的根源是不接纳自己，只有我们真正懂得如何爱自己才有可能真正地接纳并爱孩子。

爱自己就是要好好陪伴和照顾自己

长大以后，我们陪伴家人、陪伴客户、陪伴孩子成长，唯独没有真正地陪自己好好在一起，而其实一直陪伴你的，是那个了不起的自己。很多时候，我们以为得到才是爱，渐渐地才发现，付出才让我们有了爱的感觉。

今年30岁的阿奇是我曾经的来访者，她从小就衣食无忧，回忆起成长的时光，她说："我不需要为自己操一点儿心，几乎没有自理能力。因为我有一位非常勤劳能干的妈，她把我照顾得无微不至，我能做的不能做的她都做完了。"就是这样一个成绩优秀、一路顺风顺水的女孩却在20岁出头得了抑郁症。那段时间她非常憎恶自己，在家里躺了半年多，直到她决定自己出去闯闯。虽然感觉自己还没准备好，但她还是踏出了这一步。她开始不得不照顾自己，从收拾屋子到做饭洗衣服。一开始她感觉非常麻烦，但也渐渐享

受起了这个过程。她为自己挑选衣服，打扮自己，给自己安排各种活动，后来她有了自己的家庭，在没日没夜地照顾自己的孩子的过程中，她更深刻地体会到了对一个生命的爱。

她说："说实话，第一眼见到我儿子的时候真没什么感觉，皱巴巴的、那么一丁点儿，我甚至都不敢相信我和他有什么联系，更别提做妈妈的感觉了。但是看着他那么柔弱，身子轻微地蠕动着，那么需要我的照顾和保护，心里慢慢就有了一种别样的感觉。真正让我感受到做一个妈妈的心动是在他逐渐长大的过程中，无数个彻夜无眠的照料，和屎尿屁作战的日日夜夜，喂奶、看病、讲故事，累并快乐着的相伴。也许是我付出了许多，陪伴了许久，才会真正体会到我对他那么深的爱吧。"

我看到她眼底的那种满足和喜悦，笑着点头道："是啊，就像你陪伴自己一样，真正开始面对自己，一点一滴地照顾自己，花时间和自己相处，和自己好好谈谈恋爱，才能真正地爱上自己呢！"她顿时眼睛一亮，我能感受到她眼底泛出的光芒，她仿佛恍然大悟一般，"过去的我什么都挺好，但就是不快乐，原来是我没有把自己这个大宝宝照料好啊！"她"咯咯咯"地笑着，像个孩子一样，"难怪大家常说，孩子是带着带着就有感情了，真的，付出才是真正的爱。"所以，付出的人不吃亏，因为那是在体验爱。

第三节　放下脑，敞开心，开启身体的智慧

爱是深沉的感恩和欣赏，爱自己要认识到我们头脑中念头的虚妄和身体的真实。小时候，我们的头脑很小，心却很大，身体是真正属于我们的，它很敏感。小时候的我们也像眼前我们的孩子一样，不过多地依赖头脑，却总

能准确地用身体感知一切。孩子帮我们忆起了曾经的自己，原来我也曾那么灵动、那么健康、那么真实，长大以后，我们都快忘了自己当孩子时候的感觉。文明时代的我们总是把"谢谢"挂在嘴边，其实最该感谢的那个人是这个一直陪伴你的自己。摸摸自己的皮肤，无论是粗糙的还是光滑的，是黝黑的还是白皙的，我们都要对它真诚地说一句："谢谢！我接纳你本来的样子！谢谢你无怨无悔地陪伴我走过了那么多春秋，我曾无视你，甚至虐待你，对不起！"我们有多久没有听听自己身体的感受了呢？

李女士最近常带6岁的女儿去自己的单位，每次女儿见到妈妈的领导都把头撇过去，老领导一逗她，她就跑开了，逗急了她甚至直接说："爷爷，我不喜欢你！"这让李女士非常尴尬。"她对每个人都是这样吗？""那倒不是，这孩子太有主意了，以后不带她去单位了！"

小孩子很真实，也很敏感，他们对自己的感觉会自然做出反应。我们会看到有的孩子表情夸张地、热情洋溢地和自己喜欢的人拥抱。他们不是靠头脑思考机械地判断，而是诚实地依靠身体给予的指引。当他们身体的感觉说"No"的时候，也不会装出"Yes"的样子。因此他们遇到陌生人的反应也常和我们的期待不一样。所以如果你遇到一个人，你的身体感觉不舒服，但头脑让你接近他，你就需要聆听一下身体的智慧了，因为身体的反应往往更真实！

小练习

镜子练习可以帮助你踏出爱自己的第一步。早上起床，找一面镜子，不带评判地凝视自己的双眼，对自己说："××，我爱你！"很多人一开始觉得这样做很难，也很别扭。因为我们从来没有给过自己无条件的爱，我们的思想仍然停留在对自己的各种评判和旧有负面的信息里。伴随着对自己爱的表达，你可能会流眼泪。你可以问自己："我今天可以为你做些什么能让你感觉好？"你可以告诉自己："我能驾驭我自己，我会友善地对待自己的每一部分，学习无条件地接受我所有的一切，包括我的原生家庭、成长环境与外在条件、我的思想、我的期待、我的软弱与我的勇气，我不再批判自己，我愿肯定自己曾经付出的努力，从经验中学习对我有用的功课。我是有价值的、值得被爱的，我会为我的生活负责任，我爱自己的不完美，我接受别人的赞美与肯定，我欣赏与尊重每个人的不同。"镜子有神奇的威力帮你面对和接受真实的自己。你还可以从各个层面创造属于你自己的积极暗示语，试试看吧，如果能坚持，你将有惊喜的发现。

疾病是身体发来的情书

世界心理卫生组织指出，70% 以上的人会以攻击自己身体器官的方式消化已有的情绪，我们常提到的高血压、心脏病、妇科病、皮肤病或者消化系统的问题等都是典型的心身疾病。我们身体绝大部分的疾病是由我们的负面思想和情绪积累产生的，而不同的身体位置储存不同的情绪，我国中医的古老智慧曾说，肾主恐惧，肝储愤怒，肺藏哀伤……那些带给我们恐惧或痛苦的经验如果未能很好地化解与释放也会累积在体内形成疾病。

孩子的问题最容易在身体层面表达出来，因为孩子没有复杂的社会关系去寄托情感，表达力有限不善于用语言倾诉。他们通常通过尖叫、打人、不配合来表达愤怒和紧张。有的时候他们表现得顽劣不堪或桀骜不驯可能正是因为他们很害怕。如果他释放压力和渴求爱的呐喊方式没有被读懂，甚至被忽略或打压，那么他最强有力的呈现方式就是生病。前面提到的小东就是从一次偶然的身体不适中获益，发展成真正的生病。病痛带给他心理上的满足感让他欲罢不能，他宁愿身体受委屈也不要体验那种被忽略的心痛。因此孩子生病了，我们不但要关注他的身体状况，更要看到病痛后面深远的意义，看一看孩子的心是不是受伤了，那份痛那份痒想说些什么。成人也是一样的，身体知道很多答案，我们要学会向身体寻求智慧。《病是教养出来的》一书中提到，健康的教育环境造就身心健全的孩子。扭曲的教养模式，会让孩子一辈子身心受苦。

身体的不适和病症是我们内心呼喊爱与关注的求救信号，是为我们的不当使用敲响了警钟，认清和理解这些讯号，帮助我们将注意力收回到自身。

例如，感冒有时是身体告诉我们它太疲惫了需要休息，而如果我们忽略了它给予的线索，用各种药物打压它，强迫身体继续工作，那身体就会以更严重的病痛回击我们。如果我们头痛医头、脚痛医脚，逃避给自己压力和紧张的根源，被卡住的能量聚集在身体里，便会制造各种麻烦以引起我们的重视。例如，皮肤上的红疹、眼部的不适，都在试图传递它的愤怒，祈求你驻足聆听。当我们不抗拒、不压抑任何负面情绪，而去聆听我们身体会如何带领我们释放这些情绪，我们就能够自然地将之排解。

身体是我们最忠诚的朋友

头脑中的知识或许会忘记，但身体的智慧却长久贮存。高考时候我拿了全校文科第一，但老实说，现在我几乎已经快忘光了当年的所学。8岁时候学过的扬琴，10岁学过的自行车，12岁打过的一套军体拳，即使多年未碰也可以随时信手拈来。

身体是我们此生朝夕与共的亲密伴侣，我所拥有的，就是今生最适合我的身体。如果我们没能拥有世俗标准下的美貌、身材，却在世俗价值观的束缚下，违背自然规律用医学手段刻意追求集体意识所喜爱的标准，我们也需要为此付出相应的代价。一个接纳自己本来样子的人会欣赏自己的外貌和每一寸肌肤。身体如一个小宇宙般蕴含着先祖的遗传信息，经过亿万年的进化成为一个由细胞、体液和组织构成的精巧又灵动的复杂系统。它是我们体验人生之旅的珍贵载体，只有用心倾听它、爱护它，才能与之和谐共处、长久陪伴。

爱自己的身体有许多方式，你可以坚持健身、吃健康食品、规律作息、冥想放松、多接触大自然等；你还可以用两个简单易行又有效的方式：感恩和抚摸。

例如，对婴儿的抚触和被动操除了能帮助孩子锻炼四肢外，其重大的意义在于给孩子传递爱。离开妈妈温暖的子宫对孩子来说是一件痛苦又不安全的事情，触摸孩子的肌肤激活了孩子的触觉，也提供了妈妈子宫般的舒适与放松，让她感受到被接纳、被关爱。我们提倡让新生儿实现出生后第一时间和母亲肌肤接触也是出于这样的考虑。所以说，母乳喂养不仅限于营养意义，它还有深远的心理意义，那就是依偎在妈妈怀里吃奶得到的肌肤相亲和心灵滋养。

20 世纪 50 年代，著名的恒河猴实验证实了早期关爱对人类和灵长类动物的重要性。新出生的小猴面对包裹着毛巾和灯泡的木质代理母猴和有奶瓶的铁丝代理母猴，它们毫不犹豫地选择了依恋柔软温暖的木母猴，只在不得不吃奶时才去铁丝猴那里，温暖、舒适的皮肤安抚带给小猴安全感和满足感。很多人都知晓这个故事，也知道多抱抱婴儿他们才不会生病。有些孤儿院里的婴儿由于长期缺乏抚摸与拥抱，很容易生病甚至夭折。其实抚摸对于大孩子和大人也同样重要。

随着孩子长大，我们对他的教育逐渐从身体层面过渡到各个层面。我们开始关心他的习惯、行为和成绩，更多的用语言管教孩子，却常常疏忽了和孩子的身体接触，而抚摸孩子常常会出现你意想不到的效果。因为身体更真实、更敏锐。在孩子跌倒哭泣时，在孩子痛苦迷茫时，我们拥抱着他，甚至无须说什么，只是抚摸他的后背就能让他迅速放松和平静下来。因为他感受到了安慰和关爱。孩子没有遇到挫折的时候，我们也可以有意无意地抚摸他。

有一段时间，佑佑的情绪起伏很大，吃饭、睡觉都不怎么配合，我常常摸他的背和胳膊还有头，他在被抚摸的那一刻很顺从，也很安静。一两周后，我明显地感受到他和我越来越亲密，情绪也平和了许多。其实，我们和爱人、父母之间都需要抚摸，我们的身体需要连接与爱，它胜过言语的穿透力，直达每个人的心底。

而我们最需要拥抱和抚摸的其实是我们自己。身体对我们那么忠实，我们却一次又一次地忽略它甚至虐待它。尝试着和你的身体，你的亿万个细胞对话，感谢它们的付出，请它们原谅你的疏忽，从今天起深深地拥抱你的身体，对它们说声"谢谢"吧！你的身体是如此奇妙和伟大，千千万万的细胞感受到你的觉醒与注视，它们会欣喜若狂、蓄势待发，准备着更好地为你服务。

小练习

用一只手捧起另一只手，轻轻地抚摸它，像是第一次见到它一般地注视它、珍爱它。看看手上的皱纹，看看血管的突起，看看自己手掌的形态，感受它的温度。事实上，这可能是你第一次如此用心地欣赏它。想一想你的这只手曾经为你做过多少事，它为你洗脸、穿衣、拿东西……感谢它这么多年的帮助，让你顺利实现各种愿望；对它表达歉意，感谢它始终不离不弃地、默默地陪伴着你，感受你内心涌起的所有感受，允许它们在心间来去。

延伸练习

我们可以把手换成脚、胳膊或其他身体部位，并和组成这些部位的细胞充分对话。尤其是那些带有病痛的部位，静下心来，聆听它的语言。如果疼痛会说话，询问它想表达些什么？

我的肩颈和头部常常疼痛，除了物理性的保养和治疗，我会让自己先放松下来，对自己的头痛说："对不起，没有照顾好你，又让你受苦了，我知道你是来提醒我的，我不抵抗这份不适，我会好好聆听你、照顾你。"这样交流过几次，我会感受到身体内有情绪涌动，也许是愤怒，也许是愧疚和害怕，无论是什么，我允许自己充分地体验和观察这股情绪能量，我的头痛也常常经由这样的过程而好转。

第四节
爱自己就是要尊重自己的内在感受和需求

爱自己不是只期待光明，而是接纳黑暗，允许这所有真实的情感流动起来。我们一路学习了许多知识，也给自己设定了许多标准，于是我们把所有的情绪、贪念、嗔念、痴念都压抑到了潜意识深处，却没有全然地体验它。一生很长也很短，搞定自己都不容易，何况控制别人。爱自己的人不会为难自己去掌控他人，因为他们不会把自己宝贵的时间和精力浪费在自己无法改变的事情上。爱自己的人把自己内心的平和看得比什么都重要，舍不得让自己陷入与他人的情绪纠葛之中。

人生是一个自我探索的旅程，爱自己是我们能给到自己的最好的礼物。卓别林曾在他 70 岁生日时写下这段文字：

当我开始真正爱自己，

我才认识到，所有的痛苦和情感的折磨，

都只是提醒我：活着，不要违背自己的本心。

扫码浏览全诗

今天我明白了，这叫做"真实"。

……

我最好的朋友是我自己

佑佑逐渐长大，有天我问他，"你在幼儿园里都有哪些好朋友啊，"他扳着指头数起来："有毛毛、安安……"最后，他抬起头认真地和我说："妈妈，我最好的朋友还是我自己！"奶奶笑了，说："傻孩子，自己怎么能算呢？""当然算了，我就是最喜欢我自己嘛，我最喜欢的人是佑佑！"佑佑很认真地强调着，我却有种莫名的感动。

是啊，随着成长，我们便越来越"忘我"了，我们期待闺蜜给我们安慰，期待伴侣给我们陪伴，期待同事的认可，期待父母总有一天能补偿给我们梦寐以求的无条件的爱。求着求着我们觉得自己像一个乞丐，但我们忘了，真正该好好欣赏、温柔以待的人是我们自己，真正该感谢的人也是我们自己，真正能给我们幸福感的还是我们自己，我们自己是我们一生最忠实、亲密的好朋友。所谓觉醒，就是对自己感到自在、舒服，接受自己如其如是的样子，不想也不需要在别人面前有任何的掩饰。从这个角度来说，孩子已经做到了，他们总是忠于自己内心的真实感受，为自己的好感觉做着各种有趣的尝试。遗憾的是，我们花了大量时间和力气教育他们挑剔自己、成为别人。我们要求自己学会倾听孩子，但是我们忘了，我们最应该倾听的人，是我们自己。

爱自己就是要对自己足够耐心，慢下来，观察和欣赏孩子

孩子的世界很简单，有时候，放下评判或教育他们的功利心，我们会发现他们的"顽皮"不过是在探索这个新奇的世界。对自己足够耐心的人才有能力对孩子耐心。通过孩子，你会逐渐发现一个大大的世界，这个世界的一切都那么的耐人寻味。

足够爱自己的话，幼儿教师会把自己的工作当成宝贵的成长契机，让自己的内心更柔软、更喜悦。他们把自己的角色定位成观察者，跟在孩子背后，不控制、不放弃、不越位。只有对自己足够耐心的老师才有能力对孩子耐心。

爱可园老师在一篇《走进孩子的内心世界》中记录："这个世界对于两岁多的迪迪无比奇妙，我看着他稚嫩而纯真的面孔总是洋溢着那么多欢笑。他认真地坐在小凳子上吃着老师削好的水果。他看着我，然后用脚在桌子下面欢快地踩踏着，听鞋底震动木头的声音。我笑眯眯地注视着他，他也冲着我笑。吃完水果，他把盘子扣起来，然后一伸胳膊，把盘子推到了地上，撞出清脆的金属声。他很开心，回头看我一下，我吃惊的样子可能使他受到了鼓励。他站起来，一抬脚，把盘子踢了出去。他更得意了，看着我。虽然很不忍心阻断他的那份快乐和得意，但我还是指着盘子坚定地摇了摇头，试图告诉他：在教室踢盘子是不恰当的。我感觉到他是想体验对自己身体的掌控力，探究他的行为与环境之间的联系。于是我找来一块积木做替代物，我们一起把盘子捡起来收好。

"迪迪的内心常常涌动着操纵物体和环境交流的渴望。他站在滑梯上，手里拿了我给他的木块。一松手掉下来，他'咯咯'地笑，十分欢快。我捡起来给他，这一次，他夹在脖子里一松，木块儿又掉了下来，我用手一抓，接住了，然后还给他。但是这次迪迪转身到了滑梯的后侧，从那儿把积木扔了下去。他喜欢看到木块儿自由落地，'啪'的一声，又滚到远处的样子。他要在这个过程中感受物体运动的速度和方向，形成对空间的感知。他不喜欢我在中途用手接住，因为这是对他探索行为的阻碍。于是我做好保护

工作，饶有兴致地看他痴迷地享受一个小木块带给他的神奇。整个过程中迪迪都好开心，每次看到木块掉下来，他就笑个不停。"

陪伴孩子的时光常常让我们不忍打扰他的探索，很多时候真的不是我们要教孩子什么，而是有太多的东西需要我们向他们学习。我们需要做的只是一个陪伴者、倾听者和协助者，甚至都不一定是引领者。因为，更多的时候，孩子们更加接近未来和真相。他们是那么容易满足，那么容易发现生活中的快乐。我们可以随着他们的脚步去探索、去发现、去体会生活！也会逐渐慢下来，开始真正观察和欣赏自己，对自己越来越有耐心，越来越有爱。

第五节　从孩子堆成山的玩具窥探你的心

几个妈妈在一起吐槽。依依妈妈最近很焦虑，带孩子学舞蹈时，发现三层楼的大厦，里面却有着大大小小几十家培训机构，从武术、芭蕾到绘画、钢琴，从围棋乐高到情境英语。这里每天都涌动着匆匆忙忙的身影，各种的兴趣班琳琅满目，从钱包到精力到选择都让依依妈感到焦虑。她和闺蜜抱怨："我发现自己有选择困难症了，被各种机构一说感觉哪个兴趣都至关重要，都不可以忽略，要是不趁孩子小学这些，简直像是耽误了孩子，但是哪有那么多钱和时间啊！"笑笑妈说："哎，告诉你一个省钱的方式，像英语启蒙啥的就在家里做了，网上有好多免费的资源呢！"童童妈妈说："别提那些资源了，一开始我觉得有个啥免费领取的音频是好事情，赶紧下载，但是我的手机已经扩充了三次内存了，还是装不下。电脑也满了，现在是资源泛滥了，而且我已经不限于获取免费资源了，见到好的付费音频视频或者课程啥的，也忍不住囤起来，都不知道给孩子用哪个，每天都感觉时间不够用啊。而且我见到好书就想剁手，家里快成书店了！""你还好吧，至少买的都是学习资源，难怪童童一看就是个知识丰富的娃！我最头疼的是我家人都喜欢给娃买玩具，加上别人送的，快能开玩具店了，但好些玩具孩子都不怎么玩啊！最近不是流行断舍离吗？想处理掉又下不了决心。我妈妈说，孩子小时候，家里乱点是难免的，玩具多总是比少要好吧。所以我也就这么凑合着，但总感觉家里像个杂货铺。"

看到上面的对话，想必很多妈妈都不陌生，从反观资源的泛滥和选择困难到窥探每个人内心深处的匮乏感与占有欲，从思考孩子过多的玩具，到思索孩子真正需要的是什么，再到看清父母自己要什么，我们都走在一条逐渐回归生活本质的路上，简化它、充实它，把更多的时间和精力留给爱的人而不是留给物。开始过一种足够好、足够少的生活吧。

越少的玩具越快乐，资源泛滥需反思

真正的快乐，无须建立在他人关注的身外事物上，它是一种内心自然生发的满足。当我们还在母亲腹中时，不曾拥有什么的我们感到无比温暖、惬意、放松与自由。当我们长大后被灌输了有限的信念认知，体会了有条件的爱与要求，便开始误以为自己的价值需要依附外在的一切，于是我们不断地通过做些什么和拥有点什么来感受自己的存在，来确保自己在世上立足的资格。我们要求自己有房、有车、有事业，有家、有钱、有地位。我们幻想"忙碌"带来的成就和"拥有"带来的富足能让我们安心，我们以为孩子也和我们一样。遗憾的是，当这些"以为"变成错觉，你终其一生的拼搏不过是想找回在母亲子宫里时的那种踏实的、被无条件的爱包裹着的感觉。在那里，你存在的本身就是世间独一无二的美。

孩子真的需要那么多玩具吗？玩具多真的好吗？玩具多反映了父母怎样的心理？

玩具帮助孩子们感知自身和世界，它承载了传递信息和沟通的任务，而给孩子提供多少玩具则反映出我们内在的清明与智慧。有些父母没有足够的时间陪孩子，就经常买玩具弥补，父母可能感到些许的心安，但孩子可能并不感恩，甚至也不感兴趣。有的父母自己省吃俭用，但给孩子买玩具时绝不手软，各种昂贵的、高大上的智能玩具都不在话下。他们以为这就是对孩子好。殊不知，这不但影响了孩子的想象力和创造力，还花了不少冤枉钱。还有的孩子家中充斥了各种低劣的塑料玩具，玩具不但使孩子长期暴露在声光电的过度刺激中，还侵占了家里有限的空间，以至于家人不得不生活在杂乱无章的环境当中。如果我说，玩具越少孩子越快乐，你是不是有种解放了钱包和心理负担的快感呢？正如雷·威尔伯曾说的"任何一个孩子的潜在可能性，都是所有创造中最吸引人、最刺激的。"是的，家中的人和空间才是最主要的，不要让玩具喧宾夺主，侵蚀了我们的身心，让我们来看看玩具少的益处吧！

为什么要给玩具"减肥"

答：太多玩具会阻碍孩子们充分开发想象力。

两位德国公共卫生工作者曾做过一个实验。他们说服一个幼儿园的班级在3个月之内移走所有的玩具。尽管在实验初期孩子们感到有些无聊，但他们很快便开始用自己周遭最基本的物品来发明游戏，并且在玩乐中充分展示了他们的想象力。

这一点我和佑佑深有体会。爱可园里的玩具会定期更换，因此摆出来的玩具是有限的。整个教室没有琳琅满目的烦琐和杂乱，而是简洁美观，让身在其中的人都觉得心安。玩具们各得其所，如同有生命的家庭成员。老师不会因为专注于创设最吸引眼球的环境布置而忽略了孩子，这里的玩具多以有生命的材料如原木质的为主，或者是老师带着孩子亲手缝制的玩偶以及生活用品。孩子们很珍惜玩具，同时因为没有过多玩具的打扰，每个孩子都很会玩。他们会善于发现生活中的点滴与细节，把手边有限的材料充分利用起来，更机智地解决问题。

玩耍是一种重要的能力，是创新力、是理解力、是表达力的自由呈现，这些是单凭玩具无法带给孩子的。

假期和几个家庭一起结伴出游，几家的孩子年龄相仿，朋友的孩子丁丁平时出门习惯了行李里装上各种玩具，这回出门忘了带，丁丁沮丧地担心着："好无聊啊，玩什么啊？"佑佑和小伙伴似乎未受影响。他们因地制宜，随时随地利用手边的无论是木棍还是空瓶子当道具，一会儿把树桩当小火车，一会儿用小脸盆当头盔，把麻绳想象成蛇。他带着弟弟妹妹，发明出各种各样的游戏来，玩得不亦乐乎。丁丁妈妈若有所思地感叹道："这俩孩子可真会玩啊！"

玩的能力也得益于简洁的环境设置。例如，爱可园的小操场上起初也和无数个传统园所一样，立着"例行公事"的滑梯、小自行车等。但随着孩子们逐渐玩腻，这些大家伙反而显得有些碍事儿了，将之通通撤掉后，孩子们却越来越会玩儿，并不断有新的发现。他们专注在彼此的互动上，几根跳绳和一只足球、几个改造的旧轮胎和一个沙包就带动孩子们全然地融入玩乐中。没有了过多物品的牵绊，他们聚精会神地倾听彼此、愉悦地交谈，做那个空间里真正的主人。

过多的东西会令孩子觉得受之无愧

过多的东西无形中给他们带来困扰和压力，我们帮助孩子过滤成人世界的信息超载也是一个简化自己生活、净化身心的过程。过多的选择会破坏孩子童年自发形成的专注力，帮助孩子做玩具数量和复杂度的简化，孩子便会更有兴趣、更专注、更自信地去做他们真正感兴趣的事。

小夏的妈妈很困惑："我就是不想让他从小有匮乏感才尽量满足他对玩具的需要呀，这样怎么也错了呢？"其实，孩子对玩具疯狂的欲望只是表象，他们只是通过玩具满足自己的掌控欲、安全感和被爱被接纳的心。看到这一层，我们便会了解到，玩具只是一个幌子，是我们对物质的执着心误把玩具当做了孩子的终极追求。

父母总想给孩子最好的，可以说，我们慷慨的购物冲动不是为了孩子，这是我们内心欲望的一种延伸，而"欲"这座"亏欠"的山谷，永远也难

以填满。我们误以为塞给孩子一堆物品是弥补亲子关系和填补内心空虚的完美方案，再加上广告商们利用家长们的内心需求和孩子们的心理让我们相信孩子的各种能力必须靠这些商业化产品的刺激来实现。其实，孩子们的创造力、想象力和求知欲是他们成长中与生俱来的，不需要靠外来的物品获得。当我们清楚了这一点就不会被玩具市场的混乱和广告声的喧嚣所影响，也不会为没买玩具可能耽误孩子潜能的开发而感到愧疚和压力了。

当孩子要什么就有什么的时候，他很难体会到物品的珍贵，也难以建立起与物品之间健康的互动。悠悠妈妈回忆说："记得我小时候，最喜欢和小伙伴玩跳盒子的游戏，等妈妈用完的擦脸油盒子被我装上沙子，拿在手里跟宝贝似的。沙包是我收集的布头，趁弟弟睡了，妈妈在昏暗的灯光下，把它们一针一线地缝接起来，我兴奋地想着第二天就有新沙包了，激动得不睡觉，陪妈妈一起缝。年龄再大点就是自己缝了，每天把心爱的沙包用手绢包好了放书包里面，那珍贵的感觉现在还记得。"小果爸爸也说："我小时候看中了一个变形金刚，攒了两个月的冰棍儿钱，终于买回来了，我特别爱惜，玩了很长时间。我儿子玩具很多，他可能很难体会到那种和玩具间很深的链接和喜悦，想想也挺遗憾的，更多的玩具好像没给他带来更多的快乐。"珊珊妈妈说："太多玩具的话，孩子很容易就会放弃，玩具少点帮孩子学会专注和毅力。我小时候玩魔方钻研了好久，后来能很快对上6个面。但是如果当时有太多好玩的，估计就被别的东西吸引了吧。反正我儿子是这样的，一个玩具不会玩，很快就会换个简单的来玩。有更少玩具的孩子能更有毅力、耐心和决心。"

真正的快乐和满足很难单纯地在物质中获得。我们和孩子都被舆论和物质世界的繁华潜移默化地影响，在比较、恐慌和匮乏中迷失，我们认为陪伴孩子成长的过程需要用金钱获取的玩具、最全面新颖的学习资源、最高大上的娱乐设施、最令人羡慕的国际旅行、最昂贵的兴趣班来填满。当我们真正允许自己看到快要被物欲淹没的彼此，你会看到那些告诉你不够多、不够好的声音全都是你内心的焦虑和匮乏的幻象，它们不是真的。你想用物质来填充自己内心深处的那个黑洞，但却发现自己永远也无法填满。你的家里少了玩具的杂乱，多出来的却是宽敞整洁的空间和新鲜流动的空气，是更多大自然中的体验与欣赏，是更健康的身心，是放松的心情和更多的可能性。

总之，玩具越少孩子越懂得珍惜，也越专注、越博学、越深刻、越健康。而当我们把关注点从物质转到体验上时，我们就会发现有更多的时间和空间等待着孩子去探索，有太多的方式让孩子的内心充盈着喜悦和满足。比如多接触大自然，陪他们在草地上撒欢，一起阅读、一起做手工，认真听他们讲话，让他们参与人与人之间的互动，感受艺术的熏陶等。这些爱好帮助他们感受美与爱，能帮助他们与世界更好地交流。

当然，有限的、有趣的玩具也能给我们带来不错的体验，可我们却不一定要占有它。我们可以租借高品质的玩具，和别人交换或者去提供玩乐设备的场所玩。我们可以让孩子感受到，体验不一定要占有，占有不一定快乐，快乐不一定需要玩具。是的，孩子们并不需要很多刺激和玩具去充实，他们需要的是自由的、不被干涉的玩耍和体验生命。在他们需要我们的时候，我们微笑着点头，告诉他们我们在这里，我们爱他们。在他们没有邀请我们参与的时候，我们站在不远处静静地投去祝福的目光，足矣。

当不觉知的购物欲和囤积欲变成一种习惯时，我们的家就成了重灾区——被玩具占领了。而玩具只是背离孩子们真实需求的东西中比较有代表性的一种。像上文提到的过量的学习资源和抓人眼球、夸大自己重要性的兴趣班，填得满满的日程表，生怕错过了什么的心态，对外在信息的囤积和抓取等，都是父母焦虑和匮乏的外在呈现。

精简孩子的玩具从何处下手

妈妈们一讨论到家里的"惨状"，又有了说不完的话题。其实，许多父母都已经意识到了这个问题，但却因为各种原因而迟迟没有行动，甚至感到无从下手。依依妈妈说："依依总是不收玩具，家里乱死了。""减呀！那么多玩具他也没法收拾，太多选择等于没有选择。"在断舍离上颇有心得经验的宽宽妈妈说，"哎，不肯丢呀，我那娃连一个破了的塑料瓶都不让扔！"依依妈觉得很无奈。"这个一定要在孩子不在的时候进行，你放心，我试过好几次，他根本没发现东西少了！""男孩子和女孩子不一样吧，我家依依肯定会找的！""那你可以把一些玩具先收到箱子里，等一段时间再处理，那时候她早忘记了，至少是大部分都忘了！""这个呃，那岂不是违背了尊重孩子的原则？""你不过是纵容孩子的小我罢了，你允许孩子生活在杂乱里，明知道他会本能地反对还要当他的面扔，陷入这样的对抗才是真正的不尊重吧，你清晰自己想要什么、孩子需要什么吗，恐怕是你舍不得扔吧？"尝到了整理玩具清理家甜头的宽宽妈不依不饶，却一针见血地指出了问题的本质。依依妈被说到了心坎儿里，终于承认："没错，我确实下不了决心呢，毕竟都是钱换来的，要么就是别人送的，觉得哪个都不舍得丢，怎么判断哪些玩具不适合了呢？"

孩子玩具的品质和多寡是家长生活理念的延伸，透过了解什么样的玩具适合留给孩子，可以检视我们自身的生活品质。首先，建议丢掉那些太精细、太成品，不需要孩子花心思琢磨、移动变换的概念固定的玩具。这些玩具无法给孩子带来情绪上的参与或动手能力的提高，僵化的概念还会破坏孩子的想象力和创造力，例如来自于电视节目中的角色玩偶等。

丢掉那些坏了的、高刺激性的玩具，例如拥有声光电高速立体效果刺激的玩具。这些玩具刺激孩子的肾上腺素，使孩子产生压力和紧张感，影响他们的生长发育。当然还有那些品质低劣、声音嘈杂，看上去有攻击性、外形无美感、材质粗糙的玩具。自然材质做出的玩具是有生命力的，它们能够激发孩子的探索欲，培养孩子对美的感受力和自然的链接。

扔掉那些在孩子纠缠之下买的玩具，这些玩具常常很快被埋没或遗忘，它们在提醒我们是侵略性玩具市场商业化的牺牲品。我们的妥协会让孩子进入一种盲目的攀比的瘾头中，时间久了会腐化孩子的世界观与价值观，让他们迷失在物欲的执着中，不知道什么是生命中更重要的东西。扔掉这类玩具也是给自己一个提醒，让我们下次可以平和而有力地对孩子的纠缠说："我知道你有些失望，甚至是愤怒，你可以要，但是我们不能买。"

"温和而坚定"的态度是父母育儿中一个几乎万用的法宝，那个"既不温和又不坚定"的典型莫过于：一边骂孩子乱要玩具，一边又愤怒地掏钱把玩具买下。这时候，孩子会感到受挫，因为他的情绪没有被接纳，他要玩具的想法也被否定了。同时他总结出一个规律，那就是只要我哭闹，总能实现要求，只是下一次可能需要再歇斯底里些，于是一个恶性循环就开始了。而一个心智成熟的父母会全然接纳孩子的情绪，也允许孩子有自己的想法和要求，同时温和地表达自己的想法并坚守住自己的底线。

还有一类玩具，不是只考虑玩具的价格，而是看一看孩子是否对此心动。我们从孩子的角度感受一下，孩子玩它的时候是百无聊赖还是眼睛放光。如果这只是一个你认为好但孩子并不感兴趣的玩具，那么我们也可以考虑放弃。如果这个玩具在世俗眼里不起眼，但孩子非常珍爱，那我们也要尽量留下或和孩子商量。另外，我们做决断的一个重要依据是此时此地。如果这个玩具太大不适合放家里，或者孩子要等好几年才能玩，我们也该允许物品去它最适合的家。

处理玩具的方式很多，比如我们可以直接装箱放楼下，相信物品有自己的命运去它最适合的地方；或者送给需要它的人；卖二手；哪怕暂时收起、交替取出玩也可以。总之，我们要意识到，把不用的东西强行留在身边是最大的浪费，因为它的价值发挥不出来，被冷落的物品散发的哀怨气息会不知不觉地弥漫到我们的周围。

透过玩具，简化生活，活出自己

其实精简玩具和整理房间不是最终目的，我们是通过审视自己和物品之间的关系，开始打扫我们的头脑房间，这是父母觉察自己的入口。感谢孩子给了我们这样一个机会去觉察、去成长。

宽宽妈妈说："说来你可能不信，我清理完家里堆成山的玩具和杂物后，长舒了一口气，整个人都清爽了，神奇的是两个月里面体重掉了10斤，身上的各种小毛病也自愈了。"别的妈妈很好奇地问："那宽宽呢？习惯吗？无聊吗？而且孩子不玩玩具玩什么呀？""我并不是把玩具都清走了，留下的玩

具都是宽宽最喜欢的，他现在很珍惜自己的宝贝们，给它们固定了位置，还起了名字，整理起这些玩具来会很快！玩具少了，宽宽一开始有点不习惯，但是孩子适应力比大人快多了，现在他特别喜欢回家，我老公也爱回家了，我们三个现在最喜欢一起窝在地板上聊天、看书、做游戏了，之前我老公说感觉他的地盘都被我俩瓜分了。虽然绘本也被我清理掉不少，有些是暂时放起来了，但我们一起布置了读书角，比起过去缺页少角成堆的图书，我很喜欢这种简单温馨的感觉，过去书太多，被宽宽扔过来、踩过去，没好好看几本。现在能静下来坐很久，有时候我读，有时候他自己看。我们还喜欢一家子一起做游戏，地方大了，家成了我们最快乐、最放松的地方。"

当然，我们精简玩具绝不是要抵制玩具，不可否认的是，玩具在孩子的成长中贡献不少，也要感恩玩具带给我们的孩子一个丰富多彩的童年。

我们不必在对抗中纠结如何偷摸着扔玩具或者说服孩子扔玩具。当孩子的内心被高质量的亲子陪伴和爱填满时，他们便自然会放下对物的过分执着，而是享受每一个当下，享受生活的乐趣。重要的是我们已经开始通过玩具思考什么是空间里、生活中最重要的部分，是人还是物？是简单轻松欢笑的氛围还是杂乱冰冷豪华的住所？是流动的空气和洒进窗子的阳光还是填充在宝贵空间里的家具和物件？

觉察、挑战并告别那个快被物质淹没到渺小的自己，把目光真正收回来，清晰地看到自己真正想要的生活，开始审视生活的方方面面，从孩子的玩具到衣物，从厨房到客厅，在家里的每一件物品上，我们都可以看到自己的贪念、执着，甚至是"我不够好"的信念。不妨给物品打打分，如果从1分到10分代表不喜欢到特别喜欢，我们可以审视一下自己能给留在身边的物品打几分。

依依妈妈后来成了我的学员，在这个"留下生命中百分百"的练习中，她有一个惊人的发现：一开始她抱怨依依不愿舍弃玩具，后来她发现自己才是真正的囤积狂。她舍不得每一样东西，过时的包包，早都穿不进去的连衣裙，塞得满满的明信片纸盒，仿佛待在过去的记忆中，或者守着这些实实在在的物件才能让她感觉踏实。她平时购物会习惯性地挑选便宜的，而实际上她的经济状况完全负担得起买更好的。一直以来，她以节俭的美德安慰自己和教育依依，可是当她发现家里80%的物品只能打5分甚至更低分时，她有些哽咽了，她意识到她从来没有好好爱过自己。

在生活中，她也是不自觉地坚守在不如意的工作中，保留着没什么共同语言的朋友，待在一段岌岌可危的婚姻中自怜自哀却一直回避问题。她的内在有一个喋喋不休的声音一直在暗示自己："我不够好，配不上我最喜欢的物品，不值得拥有最好的。如果错过眼前的人、事、物，我就什么都没有了。我要拼命地抓取和控制，因为我没有能力和魅力遇到更好的。"她在泪水中深深地拥抱了自己。是啊，对外在的盲目追逐和抓取让她伤痕累累却要假装看不见，是时候请这些来自内心深处的童年的声音退去了，允许这些信念系统离开自己吧，它们不是真实的，每个人都是宇宙中独一无二的存在，都值得拥有生命的百分之百！

在清理的过程中，她的行动力很强，从第一轮的把心动指数40%的物品拿掉后，就开始进军60%的物品了。从衣物到鞋帽，从书籍到家具，从依依的玩具到手机里的应用程序和微信群，只留下最重要的、最适合自己的、最心动的。依依也在妈妈的影响下学会了叠衣服、整理玩具。

童童妈妈说："自从听了'断舍离'的理念，我真觉得焕然一新，但我发现我每天都在想着处理点啥，盯着孩子的玩具、老公穿旧的衣服，可是发现永远也整理不完啊！时间久了，心气磨没了，家里还是一团乱。孩子也很浮躁，生怕我又把他的什么宝贝扔了。我自己也被埋没在自责里，都有点反感'断舍离'这个词了。"我说："清理和简化的过程中有两个重要的原则：一个是先从自己做起，尊重别人的习惯和界限；另一个是我们关注的重点不该是扔扔扔或者是扔什么，而是留什么、要什么。如此一来，我们的行动会带着家人的支持和协助，你也会在这个过程中锻炼决断力，越来越能活在当下，清晰自己想养育怎样的孩子、创造怎样的家庭环境和实现怎样的人生愿景。"

疗愈孩子的秘密武器——游戏知道答案

玩具少了，那么孩子们玩什么呢？别担心，能体验的可能更多了，比如说我们可以给孩子讲故事、一起做游戏，这些活动不但给孩子带来欢乐，还能成为疗愈孩子的秘密武器。

如同故事一样，游戏总是知道答案，它帮我们和孩子调整到同一个频道，接通信号、建立关系，成人自然就有了影响力。比起讲道理和各种威逼利诱，通过故事和游戏，我们从孩子的角度出发，试图理解孩子，以润物细无声的方式引导孩子。无论是过家家中的角色扮演还是看似无聊的砸枕头大战，游戏帮助孩子表达情绪、建立关系、内化规则。游戏中蕴藏着不断涌动的情绪暗流，自然而然地帮助孩子与内在创伤和解，从挫折中恢复，建立自信。

佑佑3岁的时候经历了一场大病，在检查、输液、救护车、住院和手术的奔波中，孩子如待宰的小羊羔，经历了各种身心的煎熬。在康复的日子里他也常常情绪失控，一点小事就能让他躺在地上号啕大哭一阵子。我了解，他没有办法如成人一样告诉我们："这段时间我太无助、太痛苦了，我需要你们的接纳，你们是我最亲的人，希望你们理解我无端的情绪！"

这时候，游戏是通往他内心的渠道。我们最爱玩的游戏是医生和病人的看病游戏，百玩不厌。这些游戏里，佑佑总是扮演那个威严的医生，他指导我躺下，用长方形的抱枕给我做B超检查，一脸严肃地告诉我术后的注意事项。刚刚满3岁的佑佑一旦转换了角色，俨然一个小大人。除了惊讶于他因生病歪打正着了解到的一些医疗知识，我也看到他可以完成许多有难度、有担当的挑战。佑佑学着医生的样子俯身对着躺在地垫上假装羸弱的我问："今天感觉怎么样啊？"我边说"好多啦"边想起身。佑佑连连制止："不不不，你还不能乱动，你要喝水呀，我来给你倒。记得多休息，按时吃药哦！"他真的给我取了一杯水，看着我喝完，"现在你该打针了，妈妈！"佑佑拿来一瓶矿泉水当吊瓶，一个耳机当吊针，"啊，我不要打针，好怕怕呀！"我故作痛苦状。"不行哦，不打针病怎么能好呢？你要勇敢一点。""疼吗？我怕疼。"我继续示弱地问。"有一点点疼，但是你很坚强，你没问题的！太疼了你可以哭呀！"在这个游戏中，佑佑的很多言语都是我们对他说过的话，那些当时他以小孩子的心态所不愿接受的讯息逐渐内化成了他自己的观点，在有机会表达的那一刻得到了强化。佑佑体验的强势角色让他看到大人也有弱小无力、害怕和绝望的时候，在游戏中，再次经历求医的过程，重写的剧本虽然是假装的，却也能帮助他感受自己的强大，从悲伤里逐渐振作起来。

其实，大人也一样需要游戏重拾那份活力、自信与幽默。爱可园定期会举办家长课堂，一次，我先生在操场带领大家做了一场波特曼空间体育沙龙。期初还拘谨严肃的家长很快便舒展了眉头，表情和身体都放松下来，越来越敞开。他们在享受运动和游戏带去乐趣的同时，增进了彼此的感情。这一次课堂教学的效果出乎意料的好，每位家长都争先恐后地发言，他们分享了很多深层次的感悟，彼此间的默契越来越足。游戏帮人们放松了脑、敞开了心，透过孩子，活出了自己。

当然，无论是讲故事还是做游戏，我们都需要放下功利心，孩子才能真正地享受其中。佑佑不爱刷牙，但他酷爱绘本《牙齿大街的新鲜事》。我们约定每天都要看看哈克迪克的牙齿改造工程进行得怎么样了，绘本故事变成了互动游戏，他便饶有兴致地参与到"搜查"工作中来。佑佑挑食，《肚子里的火车站》又帮了大忙。肚子里的小精灵到底想吃点什么颜色的食物呢？最近，佑佑喜欢玩"沙漠游戏"。这是我家自创的结合了多种绘本加自编自导的游戏。我们把地垫拿来搭建房子，把纸箱当做运输工具，每天的游戏版本都不一样。在欢笑中，孩子学到了自然和地理知识，增强了亲子关系，乐在其中。除此以外，利用艺术元素，如绘画、舞蹈、音乐、戏剧等都可以更迅速、更有效地走进孩子的内心世界，引领孩子从对玩具和外在物件的执着中投入到自身潜能的发掘中去。

第四篇

透过孩子，收获圆融的家庭关系

人们常说孩子是爱情的结晶，是婚姻的润滑剂。可真正生了孩子的人懂得个中滋味，孩子是机缘也是挑战，他们的出现是来检验夫妻感情和婚姻质量的。对于那些还没来得及弄清楚自己，也没顾得上理顺情感就生了孩子的人，孩子常常以迅雷不及掩耳之势极具破坏性地摧毁婚姻。特别是那满地鸡毛的头三年，似乎不闹个冷战热战、妻离夫散就是万幸了吧？再来一场育儿分歧、婆媳争斗，这场面就更热闹了。当然，这个说法可能太夸张，但不得不承认的是，孩子真的是一面镜子，感情中那些缺乏信任、理解和尊重的小瑕疵会被突然放大，原本轻松简单的夫妻二人世界也常常由孩子聚拢成关系错综复杂的大家庭。对孩子的教育态度凝聚了一个人深层次的价值观和生活模式，在孩子呱呱落地的那一刻都赤裸裸地呈现出来。孩子这面珍贵迷人的小镜子，是照妖镜还是照明灯？它是照出我们的原型，让幸福幻灭；还是照出我们内在的光芒，让爱情、亲情滋养更好的你，就看我们如何让挑战成为机遇，使烦恼化为菩提了。有觉察的父母，通过孩子，能修通自己的亲密关系，收获更圆融的幸福家庭。

第一节　在亲密关系中成长

古往今来，爱情永远是人们津津乐道的话题，也成了人们弹奏幸福舞曲的主旋律。因为爱，生命得以延续。父母间美好的爱情是孩子健康茁壮成长的沃土。然而，当我们时而被爱情的美妙抛向云间，时而被读不懂的爱恨撞得头破血流时，我们是不是该揭开爱情神秘的面纱，探究一下爱的真谛？从本质上探究爱情，少了些许浪漫和迷离，却会多出豁然开朗的顿悟。

我们在亲密关系方面将花较多的笔墨来讨论，因为我们是孩子的原生家庭，而孩子终将组成他的孩子的原生家庭。这一看似不相干的主题却是将爱传递下去的根，幸福的婚姻是孩子成长的温馨港湾。我们的探讨不局限在父母的恩爱，即使这是给孩子最好的礼物，但一对彼此充满感恩与祝福却因各种原因而分开的夫妻，同样能给孩子好的陪伴与爱。感受过这种温暖的孩子会说："他们只不过不是夫妻了，但他们还是我的父母。"无论如何，这都需要我们了解自己，透过亲密关系收获成长，真正拥有爱的能力。

收下亲密关系这份厚礼

很多伴侣在爱情之帆起航后不久就开始迷失。他们在抱怨和痛苦笼罩的漩涡中无助地挣扎，没有机会享受携手航行的乐趣，也错过了沿途的美好风景。然而，悲欢离合的苦痛背后不是没有爱的扬帆，也不是缺乏共达彼岸的誓言，而是在起航前就不曾知道如何与浪花共舞。不了解自己，就会不断地把对过去生命中的情感体验与互动模式转移到孩子或伴侣身上，那些曾想从父母身上获得却未能如愿的渴望，期待着从伴侣或孩子那里获得，可是非但未能如愿却被伤得更深。于是，人们恼羞成怒，上演了人世间无数痛苦挣扎的悲苦剧情。而这些爱恨离愁背后不过是一颗颗渴望被爱的、受伤的心。

可以说，亲密关系和亲子关系一样，是一个绝佳的机会帮助我们认清自己、完善自我，同时携手我们的另一半在人生的航线里乘风破浪，去感受幸福的浪花和甜蜜的涟漪。

爱的乞丐给不出自己没有的东西

一个人无法给出他所没有的东西，两个讨爱的乞丐彼此争吵、彼此伤害，逼迫对方先交出点爱来，却无力给出爱。他们习惯用愤怒和指责控诉对方，因为把责任和过错推到别人身上比面对自己的痛要简单得多。这些夫妻要么因为孩子、因为生活、因为舆论而勉强维持着婚姻，要么落荒而逃。而进入新的关系后却总是发现自己运气不佳，虽然这个人和那个人不同，但还是难以获得持久的、甜蜜的爱情。于是，人们开始痛斥爱情，抱怨命运不公，或者干脆用厚厚的盔甲把自己封闭起来，再也不愿意相信爱情了。但事实上，每一个来到我们生命中的缘分都是一道专属应用题，帮我们疗伤和成长。因为相爱，你们有机会透过彼此火树银花的外表打开内心幽闭的大门，那个让你哭、让你笑、让你不知所措、欣喜若狂甚至绝望无助的伴侣将你掩盖得很好的伤口血淋淋地暴露在阳光之下，让你痛得撕心裂肺，他映照出了你的匮乏、恐惧和挫败。因为我们在足够亲密的人面前逐渐褪去那层自我防御的硬壳和努力掩盖自己脆弱阴暗面的保护膜，但我们也因此而伤得最深。

无论两个人最后分道扬镳还是长相厮守，亲密关系总有这样一种魔力，帮你成为那个真正的自己，但前提是你必须参与发酵的过程，哪怕它看似是一场灾难和令人绝望的。爱恋究竟是机遇还是陷阱取决于我们是否把目光向内看，读懂这道题，然后去面对它、穿越它。待真正觉醒之后，我们的内在则拥有了满满的爱。爱满自溢，不抓取、不控制，接纳对方成为他自己，也自在地做自己，像两棵树一样，既彼此相系，又各自独立，这样的关系会变

成美好的沃土，滋润着彼此健康地成长。爱你如你所是，不经意间，你就成了甜蜜爱情的主角。

穿越过感情之痛最终找回自己的李女士曾经满怀感激地说："是的，尽管分手时对他恨之入骨，但如今我真心要感谢我曾经的男朋友，他对我的冷漠和伤害其实一直在提醒我去好好爱我自己、爱我的生活。我自己都不重视自己谁能重视我呢？"爱情关系和其他关系一样，到最后需要面对的还是我们自己，它不过是反映了我们爱自己的能力和对生活的态度。

爱情，帮你成为更完整的自己

人们发现夫妻之间相处得越久，他们的男女性格特征越不明显了。原本粗犷伟岸的汉子变得更体贴、细腻、善解人意；原本娇柔、内敛胆怯的女子有了更多的果敢和善于表达。其实，每个人在心理上都是雌雄同体的，只不过基于家庭、社会和文化的强化，女性自我认同了自己的身体表征，把自己的阳性能量压抑到潜意识中，而伴侣往往是那个调动出我们潜能和激活我们阴影人格成分的那个人。在柏拉图的《会饮篇》当中，有一个叫做阿里斯托芬斯（Aristophanes）的人讲了一个古希腊神话故事：最早的人类是球形的，有四条胳膊、四条腿，一个头、两张脸，朝着相反的方向看。这些球形人类有着非凡的力量和智慧，与诸神战斗，结果被嫉妒的神砍成了两半，以削减他们的力量。这些最初的球形人类变成了两半，一个是女性的，一个是男性的，从此以后，这最初人类的两半一直在寻找对方，渴望重逢。

爱情的出现是让彼此完整，而非让彼此完美。我们每个人都有自己先天的气质类型和后天呈现出的性格特质，然而被我们无意识压抑的那些人格特质却是我们吸引伴侣的部分。例如，一个内敛稳重的生命遇见一个活泼热情的异性，他那个没有显现却渴望活泼的部分就被激发了，那些沉睡在心灵深处的特质如遇久违的阳光雨露般被滋养，生命力得以绽放，于是他们彼此会莫名地产生好感，这其实就是一见钟情的秘密。但同样的，那些特别吸引你的特质是你在成长过程中没有展现的人格，是你有意无意地排斥和压抑的部分。如果你没有接纳和承认自己人格中也有那个部分，你就无法接纳和整合自己，当然也就难以真正接纳对方。曾经你所欣赏和向往的沉静和理智变成了木讷和不解风情；过去欣赏的自信和果断不但没有带给你安全感却成了霸道和自私；那些你所享受的细腻温柔的呵护也变成了缺乏男子汉气概的黏人。同理，如果男子曾经被她的情感丰盈、活泼伶俐所吸引，那么现在就渴望她停止"歇斯底里"的唠叨和阴晴不定。

爱情中的投射机制

当我们把隐秘于内在深处的积极原型意向投射到异性身上时，爱情就发生了。投射是一种无意识的心理机制，因此，我们根本没有意识到那个令人着迷的魅力本是属于我们自己的，它不属于外界或任何人。投射是一面镜子，来觉察我们心理内容的映像，正如我们在对方身上看到的厌恶也是我们内在的一部分一样，背负投射意向的人总会被无端地抬高或贬低。如果我们不了解投射，也不知道爱情中的心理游戏，就会如过山车一般，刚享受到被崇拜和恩宠所带来的极大喜悦并因此而沾沾自喜时，就跌入被指责和嫌弃的深渊而痛不欲生。殊不知，本质上我们只是在和自己谈恋爱，只是我们内在的潜能正在寻求自我实现。但我们却愿意将自己认同为投射到我们身上的积极的意象，而逃避认识真实的自己。如果能收回并整合这些投射到别人身上的创造性能量，从幻想意向中回归，把焦点放在真实的人和关系中，我们就能实现自己内在的潜能，真正地爱自己、爱他人。

你是否也在爱情中寻觅童年

爱人和孩子的出现让我们看清内心深处的匮乏、恐惧和不安，加速我们成长的步伐，让我们仿佛重新经历了自己的童年，开启了疗愈的大门。

美国心理治疗专家鲍恩（Bowen）说："原生家庭中的父母关系模式和亲子关系模式会持续影响孩子未来的人际关系，尤其是在亲密关系中，人会倾向于复制早期原生家庭中建立的关系模式。"

我们心里梦想着重复童年的幸福，修正童年的不幸。看似都在追求快乐和幸福，但实际上我们是在追求自己所习惯的情绪或情感。《红楼梦》中林黛玉进入贾府时，贾宝玉对林黛玉一见钟情，他说："这个妹妹我见过。"这种强烈的、来电的、无法诉诸言语的、似曾相识的感觉来自于我们童年的憧憬，它充满了致命的诱惑。

童年的誓言与经验深深地影响着我们日后的亲密关系，影响着你与怎样的人相互吸引。所以，看似美好的爱情梦想恐怕不过是每个人寻觅内在父母的轮回。爱情被触发时人们进入一个非理性的潜意识过程，它如同母婴般彼此依恋，恨不得把世间一切的美好都献给对方，一日不见，如隔三秋。

美好的爱情视彼此为世间最重要的人，它无条件地接纳对方，这的确令人向往。然而，心智不成熟的恋爱会把这份美好推向另一个层面，请饶恕我把浪漫的、轰轰烈烈的爱情故事翻译如下：

我小时候没有感受到的安全感和无条件的爱，我希望你能给我，随时随地关注我、把我摆在第一位。还有我无处安放的控制欲和内心的匮乏，或许你也能帮我填满，我内在的伤痛与无助，冥冥之中也会有一个真命天子来帮我疗愈吧！我需要依赖你支撑我脆弱的价值感，否则我的生命还有什么意义？

事实上，一个人的内心越荒芜，这种需求和纠缠的能量就越强烈。

开启觉察，收回力量

要想拥有真正美满的婚姻，第一步就是去向内探索。如果你对伴侣的言行有不满，不过是你的一个内在旧伤口被激发了，或许是儿时那个"我不够好"的信念被激活了，或许是曾经压抑的愤怒和恐惧在向外涌，又或许是那个极度缺爱、渴望被看到的内在小孩在呐喊。

怎样判断我们和伴侣的争吵是旧伤被揭开了呢？一般来说，当你有强烈情绪的时候都是童年的关系模式开始重演了，其实几乎所有的愤怒与争吵都和眼前的实际情况关系不大。你可以说是对方激活了旧伤，但这份痛苦和恐惧是你自己的。每个人都有他自己的生命功课，无论你的他是怎样的人，我们都没有权力和能力去改变他，更不用为他承担这一切。因为指责就是在试图改变他，他只不过是踩到了你情绪的开关，却似一个优秀的演员帮助你再现不曾去整合和疗愈的痛处。但你和当年不同了，当年你是那个无力的小孩，而现在的你有力量，也有选择，只是我们依然会不自觉地用过去的回应方式去攻击、去逃离，或者退缩。我们让自己蜷缩在受害者的位置上怜悯自己的伤口，而现在是时候找回真实的、有力量的自己了。

如果有机会记录下这一切，你会发现自己在争吵中，声音和动作都无意识地回到了儿时的状态。我们很小的时候，一哭闹家人就积极回应，不论是父母的妥协退让，还是他们压制我们的情绪极力打击，我们都能从中获得关注。过去受的伤，我们总试图从现在的亲密关系中加倍讨回来。然而当我们退化到婴孩状态的时候，我们会发现用哭闹抓取对方的注意力来满足自己不但行不通，还有可能逼走对方，加上对方自己的讨爱与防御模式，我们便更深地受伤了，只留下一个加强版的声音在耳边萦绕："我不值得被爱"。

亲密关系帮你疗愈自卑

恋爱是与家庭分离的最后一步，又是对亲子关系的深刻复制。所以，恋人分手带来的痛不亚于童年时父母与我们的分离。成年的我们即使用理性判断出分手的一千个理由，感性上我们却只看到了一点："他不要我了，像当年的爸爸或妈妈一样。"来自原生家庭那个受伤的小孩在呐喊："不是不爱，只是我害怕被抛弃的痛，害怕自己不够好！"

我的一位来访者张女士说，当她开始去觉察自己，她发现只要丈夫一拒绝她，她就感到头脑里有个声音在说："他肯定不爱你了，他想伤害你，你要反击回去。"即使她现在事业稳定，精明能干，形象不差，而且身边有许多夸赞她的声音，但只要有一个人没有及时给她认可和肯定，她就感到非常失落，并且坚信：那个不够好的，才是真实的自己，头脑会告诉她："看吧，露馅了吧，大家都看出来了，你有那么多缺点，我就知道早晚人们会发现你没有他们想象得那么好！"她活得很累，而她从小就一直相信，自己是不值

得被爱的。起初张女士来找我的时候是因为她13岁的女儿田田，当时她非常着急。平时她就对女儿和丈夫控制得很严，她知道偷看女儿的日记不好，也知道整天盯着丈夫的行踪不对，但总是控制不住。虽然在老公那边暂时没发现什么大问题，但也已经远远不如过去亲密。而进入青春期的女儿更是觉得妈妈烦透了，防着她、躲着她，彼此的交流也越来越少，但越是这样，她询问得就越紧，最后还真被她发现了大秘密——早恋。她很痛苦，感觉天都要塌下来了。女儿成绩下降迷恋流行音乐的事情已经让她很苦恼了，这又发现个炸弹，她不知如何是好，和女儿吵了一架之后，她们之间的沟通也断开了。

我们的咨询从她全程控诉老公和孩子开始，到逐渐去了解她自己的成长。她像捡到了一个又一个彩蛋一般，即使面对自己的那些伤痛很不舒服，但她越来越笃定自己要怎样的生活，自己是否可以停止这些成长中自动化程序对自己的掌控，她和丈夫与女儿的关系也在一点一点地变暖。在第六次咨询时，她突然谈到了自己的初恋，那段已经被她刻意遗忘和尘封在记忆角落里的痛。

高一那年她遇到了一位很关心她的老师，老师无微不至的关怀和当时家里的冰冷对比鲜明，她和老师相恋了。然而在那个年代，一个早恋的第三者很快被人发现并唾弃，最终她被抛弃了。这段经历加重了她的自卑，而她不想女儿重蹈她的覆辙，她说："没错，徐老师，我的确太害怕女儿像我一样了，真是越担心什么就越来什么！我不想她受到伤害，但就像你们说的，这把钥匙在我手里，我自己不恐惧、不控制了，他们自然会好的，我想我还是先爱我自己吧！"当初她早恋是因为家里让她失望，她只是渴望爱，太想早点逃离那个让她感受不到爱与存在感的家，而她女儿也一样，需要的也是爱，而不是控制。

回忆起童年，张女士说她有两个哥哥，哥哥从小受重男轻女的父母影响，常和父母一起贬低她，嫌弃地骂她"笨蛋，小蠢猪"。当年弱小的她虽然在表面上不满这些评价，但在潜意识中深深认同这些关于自己的观念。当她无意识地相信自己不够好、不够聪明的时候，她便会不断创造出这些特质来证明贬低自己的标签都是千真万确的事实。正如弱小的孩子总是依赖和信任父母，于是他们不得不表现得"愚蠢"来忠于父母。

张女士一岁半的时候，父母太忙，把她送到了乡下的奶奶家抚养。7岁的时候又把她接回了身边。在大人眼中看似理所当然的安排对于张女士来说却是两次撕心裂肺的分离之痛。她在内心深处总有种强烈的被抛弃的恐惧，这种痛让她特别害怕分离，这种超乎常理的分离焦虑她早在很多年前送女儿上幼儿园时就发觉了。

女儿田田3岁前主要由她一人带大，第一天上幼儿园张女士就异常焦虑和担心。田田第一次离开妈妈，有分离焦虑，但不算太强烈。女儿本是对幼儿园带着浓厚的兴趣和憧憬，但受她恋恋不舍的低落情绪影响，适应起来难度加大了许多。我们探索她的童年时，她对自己儿时的经历已经没有太多记忆了，她似乎是选择性地忘却了那段令她痛苦的回忆，但是她从自己父母的口中得知了一些大事件和一些细节。张女士说，当时她回到父母家有一身的臭毛病，比如不刷牙、说脏话等，父母为了尽快把她纠正过来，给她制订了严格的作息和管教计划，当然也没少批评她，这让本就疏离的关系雪上加霜。她不愿和父母多沟通，更是深深地相信自己是不值得被爱的。父母对她教育的"上心"换来了一颗冰冷的心，这更加重了父母对哥哥的偏爱。长大后的她，尽管出落得亭亭玉立，但在高中师生恋后，她又在后来的几次恋爱中以看似被人抛弃的模式收场。这些经历像是在她的伤口上撒了把盐，烙印着她深深的自卑。而每段关系都似乎有一个类似的版本，那就是她会非常在意男朋友的行踪，稍有不如意就指责对方。潜意识里，她总是无法控制自己不断寻找对方不爱自己的蛛丝马迹，最后的结果当然如她所愿，让她不得不一次又一次地验证了自己的想法。

被深深地伤害过几次以后，她本已对婚姻不抱有希望，直到遇见田田爸爸——一位老实憨厚、其貌不扬的货车司机。当时尽管遭到了家人的反对，可张女士却想尽快离开那个让她感受不到温暖的家。于是他们结婚，生下了田田。可即使是这样一位普通的货车司机，也让张女士担惊受怕。她听说现在长得丑的人也很容易出轨。十几年来，不安一直如影相随，让她感受不到家庭的幸福。然而女儿早恋带给她的痛与反思像是无意中为她打开了一扇天窗，让她从无望的悲苦剧情中探出头来，看清自己，让疲惫而悲苦的心透透气。

张女士意识到，如果她继续控制孩子、干涉孩子的感情、安排孩子的事业，孩子将来也容易遇到不尊重她、要主宰她生活方式的配偶，剥削压榨她的老板、同事、朋友。这些是人生的旧程序，没有觉知到就按原轨迹自动运行了，周而复始地重复着相似的命运，吸引到特定的人、事、物。

那个不完美的伴侣是帮你来疗伤的

我们为什么非但不要斥责那个辜负了我们爱的人，还要感谢这位黑天使呢？这仿佛是面对一面把我们照丑了的镜子，而销毁镜子却无济于事。对那个让我显得很丑的人，即使我如何丑化、排斥和否认他也无法让自己变美、变快乐、变幸福。是的，没有哪一段关系是需要我们失去自己来挽救的，换人也只是改变了问题的诱因而非问题本身。当你梦想着真爱会在某时某地降临时，其实是期待一个完美的伴侣来弥补你的不足。因为这个世界没有所谓的完美伴侣，而爱上自己想象中的"完美伴侣"而非眼前这个真实的人，是亲密关系中痛苦最大的来源。换句话说，我们在试图改变对方，期待对方按我们希望的方式爱我们，而一个人并没有权利和能力去改变任何人，即使他感觉你是对的，也很难真正认同你，因为那将意味着他承认自己不够好，懂得没你多，你的高高在上感会削弱他本就不强的力量，触发内在的旧伤意味着激活了自动防御机制，于是排斥和攻击就在所难免了。而当我们把焦点放在完整自己的人格特质上，放弃使对方变完美的幻想时，我们会发现，你的光芒和包容正感染另一半不知不觉地变化着。因为当感觉不到指责、威胁的时候，他会卸掉防御的外壳，尝试着接纳你、倾听你、理解你。

不谴责的分享是亲密关系的基础。我有一位年长的成长小组学员，后来成了不错的朋友，我们叫他老王。他和太太风雨同舟地走过了三十多年，依然如初恋一般，甜蜜恩爱、相濡以沫。如今儿女也组成了美满幸福的小家庭，他俩还精力充沛地办着培训学校，事业上也成了彼此的贤内助，偶然忙里偷闲旅旅游，这样的感情真是羡煞旁人。一次过年时，几个家庭聚会，大家问起来他们爱情保鲜的秘密，快 60 岁的老王感慨地说："我真的特别感谢我太太，如果不是她，我现在估计是个满身带刺的老头子呢。"太太在一旁腼腆地笑着，有人说："李老师，你好厉害呀，怎么把老王改造成模范老公的呀！"太太还是"呵呵"地笑。老王开腔了，很真诚地说："她一点也没有试图改变我，是我自己想变的。"说罢开始回忆起来。

"我从小就是大大咧咧丢三落四的人，我母亲为此都没少骂过我甚至打过我，但是我不知道怎么了，好像越来越不长记性，可能是有老母亲的骂感觉有人在为我负责吧。结婚以后我也一样，每次我丢了东西都本能地准备狡辩或反抗来保护自己，但是太太居然从来不说我，而是给我鼓励和安慰。结婚第三年的时候，有个朋友向我们借钱，我们本身也没有多少钱，我太太认为那个人并不可靠，不建议借，但我还是偷偷借了，结果后来那个朋友真的人间蒸发了。有一天，我太太知道了这事儿，我感觉自己握紧了拳头准备着迎接一场暴风雨般的指责和攻击。因为被否定和说教的场景似乎是我成长剧情中的习以为常。然而出乎我意料的是，我太太啥也没说，给了我一个很温柔的拥抱。我当时都蒙了，就是这样一次一次地，我的习惯性防御攻击模式被她的包容与爱一点点地瓦解了。渐渐地，我长记性了，也更信任她爱她了。"

大家听着这个故事都很感动，不禁感叹："真的啊，好的亲密关系是来帮我们疗伤的！"一位稍年轻的朋友有点怀疑地说："那是你懂得感恩和反思吧，其他人会不会就把包容当做理所应当，然后变本加厉地作呀？"老王笑着转向太太说："哈哈，老婆，那你遇到我也挺幸运的啦。"他顿了顿，接着说："不过，她虽然理解我、包容我，但是善后的机会也是留给我的啊！"老王苦笑着，众人也哈哈笑着，应声道："这招厉害，要学，我不骂你也不太过帮你！我从精神上支持你！哈哈！"苦笑完，老王认真起来，温柔地瞅了一眼妻子，说："我觉得吧，主要是我太太她自己有独立完整的人格，她有一种气场会让周围的人尊重她。她也会真实地表达她的感受，只是不用埋怨的方式。这个可能是受我老丈人家影响，我很喜欢他们家的气氛。至少我知道，如果当年的我被她骂，我是不会改变的。我肯定忙活着想办法解释和回

击她。反思？没工夫想，表达爱？不可能的事情。"

"也是啊，幸福是会传染的，你看，从小王两口子身上就能看到他们夫妻的影子呢！"说罢大家看着老王的女儿一家。

小王5年前和一位西班牙先生结婚，现在有一个2岁的混血宝贝，十分可爱。他们俩从眼神到温馨的小细节都能看出彼此的恩爱。身旁的张姐忍不住八卦了："一直想问你呢，这可不是你爸妈有能力做榜样的，至少他们曾经是一个村子的！"说罢大伙儿哈哈地笑着，"是啊，你说现在的年轻人，同一个国家同一个地方的都好难相处，我女儿要找外省的我们都担心不好沟通啊！""你俩语言也不通，生活习惯和成长背景相差那么大，怎么相处的啊？"小王看了眼洋老公，莞尔一笑，说："哈，我父母的确给了我爱情观上特别好的榜样，让我可以排除杂念，爱对方真实的样子。不过我俩相处还有个秘密，那就是我们知道并且接纳一个事实——我们不一样！我们的心很敞开，也就很近，所以我们发现对方想法和做事风格很不同时，我们是好奇而不是感到震惊和试图改变对方。比如，我们之间的口头禅是：'哦，原来你是这么想的啊；哦，原来你小时候是这样长大的啊！'"小王的三言两语给了大家很深刻的启发。

是啊，我们何尝不是在不知不觉中期待别人和自己的想法一样、做法一致。我们爱的是我们头脑中塑造的完美恋人，而不是眼前那个真实的他。我们的头脑以过去的经验和对未来的想象诠释着当前的状况，却不愿脚踏实地面对这一刻的自己和对方。

有人说："男人婚后希望女人不要变，可女人变了；女人婚后希望男人改变，可男人没有变。"虽然是句玩笑话，但我们却在其中体会到了感情的无奈，无论是期待别人改变还是不变，我们都是试图让别人按照自己的期待发展，焦点和责任都放在对方身上，结果自然难以如愿。

请重复的剧情退场

"强迫性的重复"是指我们在不知不觉中，特别容易与某一类型的人产生深刻而强烈的互动。换句话说，我们会特别被他们吸引，不由自主地与他们发生或爱或恨的关系，很可能是因为这些人身上具有我们成长中重要人物（例如父母）的心理特征。这些人在我们生命中出现时，就给了我们第二次机会，让我们借着与他们或快乐或痛苦的深度情绪互动过程，去医治心理创伤，弥补过去的遗憾，满足小时候对自己特别重要、却在父母身上未能得偿的心理需求。

L是独生子，他的父亲脾气暴躁，对他和母亲都挑剔苛刻。在他10岁那年，父亲提出离婚，很快便重组了家庭。他则与母亲相依为命。但不久母亲得了抑郁症，身体每况愈下。他肩负起拯救母亲的责任。最后，母亲还是带着痛苦和遗憾撒手人间。他一面面对失去母亲的痛苦而无能为力，一面将父亲恨之入骨，从此发誓要出人头地。他的确很优秀，成绩优异，工作也一直很顺利，只要不深交，性格看起来也很吸引人，但他却对身边优秀的女性熟视无睹，他的两段刻骨铭心的感情对象似乎都是一些凄楚可怜的女子。

一次中学同学聚会的时候，他遇到了刚刚和男友分手的小玲。那次相遇L给了小玲很多安慰和帮助，于是原本没有什么联系的两人迅速坠入爱河，但没多久便痛苦地分开了。后来他爱上了自己的同事小优。小优和L的母亲一样，患有忧郁症，几次自杀未遂都有L的功劳，渐渐地两人走到了一起。和L在一起之后，小优的状态似乎好转了不少，但两人性格中的问题逐渐暴露，争吵不断。L已经对小优没有了往日的疼惜和爱恋，但却不敢提出分手，一来他害怕刺激小优旧病复发，二来他恨极了父亲当年抛妻弃子的残忍。而就在这时，小优却向他提出了分手，并告诉他自己爱上了他的好兄弟喆。这对L来说犹如晴天霹雳，他为此痛苦消沉了一整年。然而，经历了一系列恋爱挫折的L并未痛定思痛，在遇到有夫之妇Z后，L再次陷入了感情的纠葛。和丈夫有很多矛盾的Z经常向L倾诉，时间久了，他们的关系便暧昧不清了。L对Z有一种说不出的情愫，谈不上有多么动心，但当Z夫妇打完鸡飞狗跳的离婚官司后，L有种很强的内疚和责任感，于是很快便和Z结了婚。显然，踏进婚姻的L并没有过上童话般的幸福生活，被感情纠葛折磨的筋疲力尽的L前来求助。

"朋友们总说我什么都挺好，唯独在感情上是个招黑体质，几近白痴，我也不明白自己的情感路怎么就这么不顺利？"彬彬有礼的帅气小伙真诚地坦白道，愿意更多地了解自己。

一直以来，L在和母亲的关系中都扮演着安慰者和照顾者的角色，但任凭他怎么努力，也没能让母亲快乐起来。这种无助让L非常挫败，而孩子对父母的愚孝限制了他的生命，潜意识里他会觉得如果父母不开心，自己怎么能开心呢，比父母活得更美满似乎是对父母的不孝，于是他会无意识地摧毁自己的感情关系，让自己在痛苦中挣扎，重复父母的命运。我们许多人都有这个无意识程序。当我们觉察到这个忠于父母的盲目机制，认识到父母的真实愿望时，我们便可以释放积压已久的紧张与罪恶感，释放那份不属于自己的背负，活出真实的自己。因为，事实是，父母通常是希望孩子们幸福快乐的，而孩子只是无意识地为自己设置了这个沉重的枷锁。

潜意识中，每一次恋爱都像是一个机遇带L回到儿时受伤时的心理状态或场景中去疗伤。曾经的他哪怕掏空了自己也没能成功地使得母亲阳光起来。现在的他依然执着地用爱与努力去同情和呵护那些心灵受伤的女性，试图帮助她们经由他的拯救而快乐和强大起来，再回馈给自己曾经无限渴望却未能如愿获得的母爱般的呵护与爱。而显然，他不但没能拯救女子，也没能得到他期待的爱与滋养。他也借由拯救者迅速沦为受害者，这样的命运在L的不自知中轮回。

我的来访者里还有些男士对温柔体贴的淑女不"来电"，但却很容易被孤傲挑剔的女性所吸引。他们的生活中大多都有位掌控欲极强的、对他们要求严格的母亲。于是在潜意识里，这类难以取悦的女性有能力让他们深刻体验缺失的母爱，也不断挑战着他们试图凭借自身努力使她们变得温柔。他们渴望从女子们身上最终得到无条件的爱，得到心灵上的疗愈，但却难以如愿。离开了控制的母亲，他们在亲密关系中进入新一轮的心理纠缠，继续争取自己一直追寻的尊重和独立心理空间。许多女性亦是如此，那些在关系中忍辱负重，宁愿被忽视或失去尊严也难以割舍对方的女子多半都有位严苛或冷漠的父亲。而一个排斥自己父母、性格懦弱的人也很容易找到和父母类似的伴侣，潜意识中他／她希望这个人能够因为自己的感化变得坚强，带给自己从父母身上曾经缺失的爱与安全感。

爱情中的关系和幼年时的母婴依恋关系有很多相似，关系中的彼此缺乏心理界限，情绪也纠缠不清，喜怒哀乐随对方起伏，期待对方为自己的快乐负责，也以为对方的坏脾气都是因为自己不好。他们期待自己能像婴儿一样无须开口，"好妈妈"就能猜到自己的需求并及时满足，或者用哭闹的方式控制和惩罚对方，"好妈妈"就能收回"不悦"，及时给出我们所要的爱与支持。然而，当我们以为自己找到了那个能让我们的痛苦终结的"拯救者"，我们以为终于可以放心地卸下防御、退回到儿时的状态去好好享受缺失的关爱、包容与依恋，从此幸福快乐下去的时候，却逐渐被彼此间对爱的乞讨吓到落荒而逃，更加伤痕累累。

两颗寂寞的、匮乏的心像饮鸩止渴一般，给不出他们自身本没有的东西，唯有当我们能先疗愈自己的心灵创伤，发展出一个健全、完整的自我的时候，我们才能给别人真正的爱。我们是孩子的原生家庭，当我们足够了解自己，让自己从不断重蹈覆辙的恶性循环中脱身而出，才能真正组成美满的家庭，让爱流动起来。那时候，我们便有力量温柔而坚定地对伴侣和孩子说："我的生命已然完整，我无须你来填补我的任何匮乏，也无须你来疗愈我潜在的伤痛，我内在的爱已满溢，和你在一起，只是因为想与你分享我的喜悦，只是因为我爱你。"

亲密关系中的巨婴是如何炼成的

在亲密关系中收获成长的父母要如何养育孩子才能把爱传递下去，滋养我们的孩子？其实，养育是一件很私人化的事情，它没有绝对的好坏对错标准，但孩子依然有一些共通的心理需求。这些心理营养在不同年龄段的匮乏，会给成年后的人际交往、婚恋及家庭生活都留下隐患。

1. 一岁半以前

孩子在妈妈腹中和妈妈融为一体，那里舒适、安全，连呼吸都无须自己操心。而出生后的世界给了缺乏自我生存能力的婴儿诸多挑战，饿了、拉了、冷了都需要妈妈的呵护或竭尽全力地呼喊以求关注和帮助。为了生存，他需要全然地依恋妈妈，如果妈妈的情绪时而冷漠烦躁，时而呵护有加，孩子也容易对母亲产生爱恨交加的矛盾情感。一方面他逐渐认识到他需要用歇斯底里的大哭来获取所需；另一方面他又对母亲的冷漠而感到愤怒。有的母亲教条地按时哺乳和喂养，抑或刻意地训练孩子的独立而忽略他的情感需求，孩子常体验到被遗弃的愤怒和恐惧。有些人成年后这种对依恋的需求依然定格在那个阶段，他们表现出强烈的占有欲，内心深处总有个声音在说："我需要你的时候你总是不在"，于是他们会用儿时熟悉的方式，如哭闹、发怒或威胁迫使对方满足自己，而内心深处却有深深的恐惧、害怕被抛弃。

如果妈妈因为自己的种种原因持续地冷漠和抑郁，孩子发现自己每次对母亲依恋的渴望和要求都会导致心理上的痛苦，那么他们会不自觉地回避亲密，并把自己的情感牢牢地封锁住。由于他们对亲密关系和依恋的恐惧，他们往往很冷漠，难以享受美满的家庭生活。事实上，他们并不是真的没有需要，而是放弃了需要，看似独立的人格背后隐藏了一颗脆弱的、麻木的心。

前几年，南京有位妈妈乐燕把自己两个可爱的女儿活活地饿死在家中。在舆论中，她是世人声讨诛伐的对象。在法庭上，她在谩骂声中默默地说了一句："我知道你们都恨我，但我从来没有被爱过，也给不出来。"

我们的分析并不是为她开脱，而是看到，一切的发生都不是偶然，乐燕的童年充满了遗弃感和冷漠。她的父母未婚生下她不久就分手了，谁也不想留下她当做今后生活的拖累。母亲在无奈和怨气中把她养到4岁。一天，母亲找到了她的爷爷，把她送到爷爷手里后就消失了。和大多数小孩子不同的是，她不哭不闹，没有对母亲的留恋和想念，也不在乎别人是否关心她。她的冷漠、独立和"乖"成了她成长的主旋律，然而很快也创造出她生活的堕落与悲剧。她没有户口，没读几年书便在社会上混了：混乱的男女关系、吸毒以及重复母亲的命运——未婚生子。她曾经对记者说："我觉得我就不应该存在这个世界里，我也恨我自己。"一个卑微的、可怜的、价值感低到尘埃的生命其实是在用她曾被父母对待的方式回馈周遭。

乐燕的例子看似极端，但现实中，我们真的看到太多和父母的心渐行渐远的孩子。他们封闭自己的情感世界，逃学、叛逆、讨厌自己和周围的人。他们在生命最初的哭闹和呐喊中对这个世界逐渐失望，找不到自己，孤独地在生活中挣扎。

2. 一岁半到三岁的探索期

随着孩子逐渐长大，尤其是会行走之后，他的活动范围大了很多。在一发而不可收的探索过程中，他们时而欢欣雀跃地回到母亲身边，时而离开无微不至的呵护去探险，内心充满了对未知的好奇和恐惧、对妈妈怀抱的依恋与挣脱、对这个新奇世界的向往与不安，所有这些矛盾的感受在与妈妈的互动中碰撞着自我的画像。妈妈是鼓励、信任、祝福还是打击、干涉、担心，孩子的感受完全不同。一个心智成熟的妈妈会呵护孩子探索世界的求知欲，在保证基本安全的基础上，鼓励他尝试未知。她会默默跟在孩子身后，告诉孩子：如果你需要我，妈妈就在这里。许多爸爸在这时候把宝贝带离妈妈的身边，为孩子展示一个更大的世界，哪怕仅仅是从卧室到了客厅，从家里到了楼下。孩子在探索中试图弄清楚自己的能力边界在哪里，他会初步感知自己的价值感，这对其一生的发展都至关重要。

当妈妈把内心不觉知的恐惧和焦虑投射给孩子，就会以爱之名限制孩子的探索，"那个危险，不能动；那里不好玩，不要去；太脏了，不要碰；不许哭。"这些可能仅仅是妈妈小时候常常被教导的话语，妈妈们只是把自己被对待的方式传递给了孩子而已，孩子逐步失去了探索生命的好奇和欲求。这样长大的孩子一直都在试图逃离母亲的控制，本来敞开的心也会关闭，从小时候让妈妈抱但不让妈妈亲，到长大了和妈妈密而不亲，他们知道自己要孝顺要尽责任，但仍然想和妈妈保持一定的距离，他们怕被妈妈的掌控吸收掉。因为小的时候，恐惧感、受挫感和自我的渺小感已然深入进他的骨髓中。就像一只从小被训练的小象一般，因为失去了对自己、对生活的信心和兴趣，即使成年后体力上已经增强了数倍，但被信念限制住的心并没有长大，它仍然不敢去尝试、去挑战。

有趣的是，当一个在家里感受不到爱、极度苛求被关注、害怕被抛弃的孩子长大后，遇见一个在不厌其烦地干预和控制下长大的人时，一见钟情常常就这样发生了。他们都在彼此的身上看到了自己熟悉的父母的影子，这种曾经熟悉的味道吸引着他们去征服对方，幻想着用自己的爱拯救和改变对方，最终让对方给出自己童年缺失又渴望的爱。于是，一场场感情拉锯战也就此拉开了帷幕。

3. 花花公子养成记

林爸爸在聊到自己的亲密关系时候很坦白地说："我应该就是大家常说的那种花花公子型的，要不是我父亲重病，我可能都不会结婚。结婚前我谈过好多女朋友，因为我特别需要自己的空间，很容易厌倦。我太太也常抱怨她总也靠近不了我，不是在忙工作就是在自己的世界里。她一管我我就烦，就想忽略她、逃避她，甚至和别人暧昧。她一提离婚我就又千方百计地哄她，已经反反复复好多次了。我太太说她好崩溃、好痛苦，我也很无奈，但我并不想失去她。"后来，林爸爸和太太还是结束了这段婚姻，女儿林林跟了妈妈。好在林爸爸这份痛苦很快被他新的恋情转移了。他的新女友伊诺从不唠叨他。起初，她怯怯的眼神和乖巧顺从的个性很吸引他，但很快他又厌倦了对方的讨好和"黏"人。伊诺从小到大是别人眼里的"乖乖女"。她懂事、孝顺，从来不需要别人操心。但她习惯了看别人的眼色行事，压抑自己、取悦别人。这也和她的童年经历有着千丝万缕的关系。伊诺小时候父母很忙，每当伊诺想让他们陪伴的时候，父母便烦躁地告诉她："你多大了，自己一边玩去，别烦我。"然而她发现，她生病的时候父母还是紧张她的，妈妈还常说："你乖一点，才是我女儿，记住了吗？"她一天天长大，真的变得体弱多病、乖巧怯懦了。但她并不是没有需求，她只是善用无言的方式讨好别人、制造别人内疚而围在她的身边。而这一切，当然不是林爸爸所能忍受的，没过多久他又想逃离了。

林爸爸说："过去我还挺享受自己这种频繁换女友的潇洒和魅力的，但现在我也有点厌倦自己这种花心和变幻无常了，尤其是有家有孩子以后，我不希望我的孩子学我，但我感觉自己是不由自主的，一般俩人一开始都还好，可一旦走得太近我就想把她推开。是不是我就不适合结婚啊？"

如果一个母亲在孩子依恋她的阶段不能满足孩子的心理需求，又在孩子探索世界的阶段严重地限制了他对独立和探索的需求，那么她就很可能造就一个未来感情不专一的"花花公子"。他们成年后需要不断地吸引异性的注意力，正如小时候需要不断地吸引父母的注意力一样。可是一旦感情趋于稳定，或者自我感觉有被控制和被"吸收"的威胁，他们很快就会感到厌烦并设法摆脱和终止这个关系。他们既想独立怕被控制，又需要依恋怕被遗弃，这种矛盾的心理使他们不停地更替恋情。

给孩子最好的爱不一定是爸爸妈妈的相爱和相守

孩子在父母爱意浓浓的互动中成长，自然是一份丰厚的滋养，这份耳濡目染的甜蜜会帮孩子在今后自己的爱情婚姻中收获更多正向的期盼与境遇。但给孩子最好的爱不一定是父母甜蜜的爱情。父母能经营好自己的婚姻给孩子树立榜样固然很好，但父母在自己的情感功课上有自己的局限性和生命轨迹。是不是父母不够恩爱的孩子自小就被贴上了无形的标签，带着无力感在命运中挣扎呢？当然不是。没有了爱情和婚姻，我们依然可以做最好的自己和父母。其实，煎熬在婚姻中的父母为孩子托起的可能是乌云密布的天空，他们的痛苦与怨气也在一点一滴地腐蚀孩子的心，而离异后感到失败的父母更是在仇恨和内疚中迷茫。因此，给孩子最好的爱是那个内心坚定而温暖的、真诚而快乐的爸爸和妈妈。他们不一定永远相爱，但他们彼此尊重，即使不在一起了也依然认可对方的父母角色。他们不会因为自己的婚姻问题而减少给孩子的爱，或增添对孩子过度的愧疚。是的，孩子的人生轨迹无须受制于父母的婚姻，把孩子的力量还给孩子，也让"为了孩子，我们不离婚"的借口再无地藏身。成年人有权决定自己的人生如何度过，也肩负着自己生命选择的责任。

瞳瞳是我的小侄子，比佑佑小几天。几个月前，表哥表嫂的婚姻走到了尽头，他们分了家，平时孩子跟着妈妈，周末回爸爸家。上周我姑姑，也就是瞳瞳的奶奶来北京看他们，我便带着佑佑去表哥家小聚。瞳瞳一见我们就欢快地拉着我们玩他的玩具。正当家人们还沉浸在五味杂瓶的惋惜和失落感中的时候，瞳瞳突然兴奋地对我们说："姑姑，还有奶奶，你们知道吗？我现在有两个房子啦，都有我的玩具，想去哪个去哪个。"我和他奶奶对视了一下，欣慰地笑了。是的，表哥表嫂之间没有了感情，着实让人遗憾，但他们依然爱孩子，并努力活出自己。他们对孩子的陪伴未减少反而增多了。其实对于孩子来说，世界真的是简单而美好的，他们需要的很简单，那就是在踏实的、有爱的环境中长大。

　　之前在公交车上偶然听到一对小学生的谈话，令人回味。"听说你爸妈分开了，是不是最近没人管你了？"我正震撼于孩子的直言不讳和问题的敏感与尴尬，就听到另一个小朋友自信地说："哪能呢？他们只不过不是夫妻了，但还是我爸妈呀！"听到这，我心里涌动出一股温暖，是啊，许多人只不过不是夫妻了，但永远是爱孩子的父母。这个连孩子都懂的道理，许多成年人却拎不清。提问的小朋友仍然不死心，一脸同情地问："你难受不？你不想想办法让他们和好？""干吗要和好啊，他们在一起不开心，我希望他们开心啊。现在他们陪我比以前还多了呢，可能是把吵架的时间省出来了吧，哈哈！他们心情好，我也开心，这样挺好哒！"短短几句话，却道出了情感的真谛，爱一个人，就是允许他们做开心的自己！

　　当然，不是每一个孩子都能处事不惊、淡定乐观地接受父母感情的变化。父母们到底应该怎样做才能将夫妻感情的问题变成积极的教育契机，帮孩子更好地成长呢？卸下了只有"甜蜜爱情"才能滋养孩子的包袱，我们就可以真正静下来看一看，如何做真实的自己和有爱的父母。首先，我们的真实是给孩子的第一份礼物。真实不意味着毫无顾忌、口无遮拦地在孩子面前呈现自己的弱点或宣泄，而是真诚地和孩子分享你的感受，与其回避和否认情绪，不如真诚地对孩子说："妈妈刚才确实哭了，因为妈妈有点难过，哭不是什么坏事，也不是软弱，不过妈妈的情绪和你无关。"

不评判、不指责对方不但是感情中真正保鲜和自我觉察成长的关键，也是爱孩子的基石。孩子心里有一个强烈的需要，就是和他的父母链接。如果妈妈一直抱怨爸爸的"愚蠢、懒惰、不负责"，孩子表面上或许会跟随妈妈谴责爸爸，但在潜意识里却模仿或跟随着爸爸的命运而不自知。如果有关他爸爸的信息全是负面的，他只能链接和认同被妈妈唾弃的特质来找到归属感。被我们否定的对方的特点就像被我们压抑的自身的阴影特质一般，不经意间侵蚀着我们的人格。所以，如果爱孩子就多赞美孩子像伴侣的部分吧！即使是感情不好，我们依然可以找到对方的优点。与其说"你和你爸爸一个德行，又懒又倔"，不如说"你像你爸爸一样，做事专注又认真！"如此般一下子夸了俩。

对于不得已，分开已成定局的夫妻，我们可以说："爸爸妈妈分开了，这是我们之间相处的问题，不是谁的错，更不是你的错，爸妈永远爱你！"帮孩子卸下内疚的包袱让孩子内心更强大。远离了与父母间情感的拉扯和愧疚，孩子更能集中精力成长自己。孩子非常容易把父母的情绪、争吵或分手归咎于是自己的责任，同时，真正爱孩子的父母不会拿孩子当做自己破裂婚姻的筹码或替罪羊。他们会希望对方有更多的机会和孩子在一起，让孩子感受到完整的父爱或母爱，而不是被法律上交给一方抚养的判决限制了责任和权利。

重组的家庭往往会遇到更多的挑战，但如果我们足够真诚，只集中精力做好自己，一个善于沟通的、有爱的环境依然能成为孩子构建健康心灵的港湾。这里的真诚也意味着不越界、不营造过度的期待，也不为难自己。孩子的父母没有变，真实地面对这个事实我们会意识到，父亲或母亲的新伴侣不可能也不需要取代那个位置，新爸妈可以让孩子知道："我不是你的妈妈／爸爸，我没法满足你对一个妈妈／爸爸的期待，你有自己的妈妈／爸爸，无人能替代她／他，你可以叫我阿姨／叔叔，但我希望和你沟通顺畅、愉快相处，我也会尽力带给你家庭的温暖。"当新伴侣尊重原生父母在孩子心中的地位，孩子也更能接受和尊重她／他，毕竟谁都愿意多一个人疼爱自己，但前提是新伴侣没有侵占孩子父母在家族"系统"中的位置。

第二节　与原生家庭和解

透过孩子，领取与父母和解的金钥匙

我们是孩子的原生家庭，如果我们整天闷闷不乐、易受惊吓、充满愤怒与罪恶感，那么孩子将会变得消极。

其实，养孩子也是我们修复与自己父母关系的宝贵机会。此言一出，可能有人会说："不，不，不，没孩子倒还好，有彼此独立的空间，节假日拜访一下，嘘个寒问个暖，相安无事，那时候和父母的关系倒也说得过去。这有了孩子联系就不得不多起来，修复？能不继续破坏就谢天谢地啦。"没错，与父母同住共同养育孩子更是把隔阂放大了，而与父母修复关系的功课也是赤裸裸地摆出来了。

心理学教授黛博拉·理查森（Deborah Richardson）证明在人际关系中，越亲密的人，我们越容易表现出攻击性。因为我们知道关系牢固，无论我们怎样，他们都不会真的离开，同时我们也最在乎他们的评价。我们一边很放肆，一边在乎。在这样的模式里，双方都容易纠结。

有些人一直在逃避面对与父母的关系，他们像鸵鸟一般把头埋到沙堆里。但是当生命中无法承载的苦痛和麻烦来临时，修复自己与父母间的关系是最根本的途径。与父母的关系是我们在这个世界最初的关系，早期的人生剧本中与他们的互动模式像旧电影一般不断变相地重复在我们的婚恋交友、生儿育女和事业追求中，爱恨情仇、酸甜苦辣、奋力拼搏不过是在寻觅儿时缺失的那些安全感、那些无条件的爱。如果我们有能力将所有的负面情绪转化成真正的爱意，区分出自己想要的人生与父母对我们的期待，就能放下我们对父母的期待，放下我们内在那些执拗的要求，不再要求他们以我们想要的方式来爱我们。

生儿育女的过程让我们感动于生命的神奇和养育的不易，不由地生发出对父母的感恩。透过初来乍到的新生命和与父母频繁的相处，我们的人生功课密集到来。我们吃惊地发现，自己下意识对娃说的话从语气到内容都像极了我们小时候从父母那里听到的，无论好的坏的、当初深恶痛绝的、还是倍感滋养的。平时文质彬彬的我们，随着孩子的成长，会时不时地把自己最坏的脾气、最喜怒无常的恶魔样，赤裸裸地暴露在孩子面前。有时候我们自己都不知道自己哪里储藏了那么多情绪，愤怒、伤心、担心、内疚常常如泉涌般冷不丁地喷出。我们以为是自己的信念、态度和习惯，不过是我们很久以前从父母那里无意间承接过来的。是的，我们也不是自己期待中的"完美父母"，是不是也可以放下对拥有"完美老父母"的期待？宽恕父母、让父母自由、不期待父母完美，我们才能宽恕自己、不苛求自己，让自己自由。

我们常有意无意地抱怨和排斥父母，期待他们能有所不同，这期待也是一种抱怨。即使你不想承认，你也会惊讶地发现，你越不喜欢父母哪一点，在潜意识里越像他，那个部分就是你压抑的阴影人格。只有真正接纳了父母，承认并允许那些你排斥的、痛恨的特质出来见光，你才能真正完整。如果有机会，回顾你父母和父母的父母，他们的思想、风格和习惯，是不是有许多共同点？

小练习

分别列出父母的主要特点、态度和习惯，包括你喜欢和不屑的部分。例如"急脾气、固执、自我"；也可以是"耿直、坚持、重感情"。完成后看看自己是不是有其中的特质，并记录下来。试着想象自己对他们说："我有点像你。"这句话带给你释放，一旦我们接受无意识中的我们和父母相像，我们便可以不对抗、不判断地选择自己想保留的部分，而放弃某些部分。

当一个人对另一个人有怨恨或是不满时，很难站在对方的立场看问题，所以我们需要先让压抑的情绪有觉知地、负责任地表达出来。首先我们需要明确情绪是自己的，我们处理情绪的过程不需要牵扯到其他的人、事、物，因为他们没有义务也没有能力承载你的情绪。如果你朝他们发泄，反而有可能再次让自己感到受伤。

我们可以通过冥想、散步、深呼吸等方式处理情绪，情绪里面藏着伤痛，埋着孤独和寂寞，在更深的地方，是那不被关注和即将失去爱的恐惧，也可能是羞愧。你可以深深地吸气，让胸腔内充满气体，然后慢慢地呼出，也可以找一位专业的心理咨询师。例如，我常常用空椅子方法鼓励来访者想象对面椅子上坐着父母，我们可以把压抑已久的心里话和情绪统统表达给这个假想的父母。这样做的时候，来访者常常会痛哭流涕，甚至会用激烈的言辞表达愤怒。这个宣泄的过程让能量真正流动起来，为最终的和解奠定了基础。

我们为什么要接纳甚至感谢父母

宣泄完情绪我们就容易站在父母的角度体会他们当时所处的情境和感受了，慢慢地，我们会开始由心而发地感谢父母。其实，排斥父母会削弱我们的力量，我们的根来自父母，如果他们真的有所不同，那么我们也不是今天的自己，所以对父母的抱怨是对自己生命的否定，而排斥父母任何一方，都是排斥一半的自己。愤怒背后是一颗缺少爱、渴望爱的心，而抱怨是使自己继续沉溺在问题当中的最有效的方法。这时候我们也意识到，我们可以生气，但是却不需要生气。其实你并不喜欢以情绪化的方式应对问题，你只不过是熟悉它。抱怨的时候，我们放弃了自己的力量。过去无法被改变，而未来却是由当下而定，你可以从此刻起尝试停止抱怨。

父母无法告诉我们他们自己都不知道的事情，正如他们无法给出他们从没有感受过的东西——无条件的爱与接纳。他们只是尽其所能地把他们从孩提时代学到的东西传递下来。当我们有机会倾听他们的童年故事时，会了解他们的恐惧和信念来自何方，我们可以用爱与接纳让恶性循环在我们这里终止。

接纳父母很难，我们都执着在自己的抗争中，似乎总有充分的理由傲慢和愤怒，这样的情绪让我们感到自己与众不同，但却将我们桎梏在生命的无可奈何中。与父母的关系是我们与万事万物关系的基础。如果我们得不到父母的爱、认可与支持，我们会转向从别人身上找寻，从孩子、从伴侣、从上司身上找，遗憾的是他们没有义务担当我们的内在父母，他们有他们的生命局限性，极有可能无意间就让你更受伤。与父母和解也包括觉察到儿时无意识认同父母的愚孝，父母一辈子太悲苦，我怎么能活得那么轻松？父母的婚姻如此不幸，我怎么可以有幸福的家庭？一旦我们意识到这一点，就可以试着放弃这份内疚。

唯有感谢父母才能得到脱离他们的力量，开启自己新的生命蓝图。感谢父母绝不是带有道德绑架的歌颂和愚孝，也不是讨好和顺从，你甚至都不需要原谅父母。有些伤害的确发生了，但我们无须为父母人生脚本的设置负责。当成年的我们足够接纳自己和爱自己，我们便可以放弃与父母情感的纠葛，选择轻松上阵。那时候我们可以诚恳地说："爸妈，感谢你们赋予我生命，即使这是你们能给予我的唯一，也足够珍贵了。"感谢会带给我们深层次的放松和释放，你将感到新的力量进驻体内，因为你接受了一直以来否定的那部分自己。

感谢父母以他们或模范或错误的方式给我们示范，让我们能引以为戒活出自己负全责的人生。冥冥之中，父母是我们自己选择的，而我们选择的父母身上正好具备了我们想要学习和超越的东西。如果成年的你依然在怪罪父母，那么你一定生活得不快乐。我真心地理解你的不满，这一切不是你的错，但这也不是你父母的错，或者说这不是谁的错，只能说，这道生命的应用题仍然等待我们去解、去超越。当我们真正读懂了父母，我们似乎也就放下了对过去的追究和对未来的追逐，甚至看淡了对当下的喜悲。这时候我们才能意识到，原来父母和每一个人都是这样地深爱着你，只不过是用了你自己不了解和未曾期待的方式。

家有二宝，手足情深——生二胎是添伴还是添堵，你说了算

近些年，许多妈妈都顺应着自己内心的渴望、家庭的期盼、他人的感染或国家的感召，踏上了生二宝，甚至生多宝的征途。但迎接我们的是大战3000回合之后的手足深情，还是每天在家中上演的争风吃醋和混乱残局呢？生二宝，怕冷落大宝，怕自己吃不消照顾不过来？本想给大宝添个玩伴，不想却添了堵？那么我们到底该做点儿什么或者不做点什么才能收获那幅温馨欢快的画面：我们在笑，孩子在闹呢？通过摆平孩子之间的战争，我们又能收获怎样的自己呢？手足深情的引导需要父母的努力，手足情深的曙光就在前方。

充分的心理准备，接纳大宝的大小崩溃

1."孕期预演"

"无理取闹"的孩子的身上，往往住着一颗脆弱、痛苦、愤怒的心。这个时候他们需要的是接纳、帮助，而不是指责。他们需要反复确认：我这么"坏"，爸妈是否还依然爱我？

2.见面礼是个好东西，但不够收买我

我家哥哥佑佑比妹妹大2岁8个月。怀妹妹时，佑佑经常摸着我的肚皮，和肚子里的妹妹说话。我也会告诉他妹妹说了什么，妹妹在肚子里是在睡觉还是在吃东西。快到预产期的时候，哥哥和我的肚皮商定了妹妹给他的见面礼——一整套期待已久的消防车和救护车。尽管哥哥充满期待，见面礼也如期而至，可妹妹的真实出生却似乎并没有给他带来多少惊喜。我记得那天哥哥放学回到家，姥姥说："妹妹出生啦，你要不要来看一眼？"哥哥完全不感兴趣地撇了撇嘴：不要。显然他还没准备好该如何面对。

是啊，即使给足了陪伴与关注，我们依然能感受到大宝对这个半路杀出的小生命有着无法言说的焦虑。即使是一直在憧憬弟弟妹妹的大宝，也难免会在小婴儿出生之后的一段时间里心生嫉妒和失望。在他们眼里，一个皱巴巴的小生命不但不好看、不好玩儿，还貌似妨碍着自己得到爸爸妈妈更多的

爱。这个小生命随时随地需要关注和呵护，大宝瞬间从宇宙的中心失宠，心里苦啊！有的时候忙晕了的我们很容易忘记，他也还只是一个孩子！

我生完二宝不到一周就去幼儿园接他放学了。如果在国内，幼儿园老师恐怕会问，怎么没出月子就跑出来了呀！而大宝的老师却惊喜地问我："呀，你的肚子去哪儿了？怎么没有把二宝带来？明天带来让我们看看呀！"老师转向大宝："你太棒了，都有妹妹了，你妹妹叫什么名字呀？""叫咪咪！"大宝大声地回答。这着实让我吃了一惊，因为这名字起了还不到一周，他居然记得，原来看似不经意、不关心小宝的大宝还是把妹妹放在了心里，尽管她暂时还是个假想敌。

妹妹出生几天后，大宝偶尔跑来瞅两眼了，慢慢地，他试探着触碰妹妹的小脚，对妹妹产生了一点兴趣。心情好的时候，他也积极地帮妹妹拿纸尿裤。然而后来，哥哥几次尝试接近小宝，都让我们心有余悸。有的时候，他掌握不好轻重，一不小心就按住了小宝的脚丫；有时候太兴奋了，很莽撞地冲过来，惊醒了小宝。我们希望哥哥能感受到我们对他的信任，但也会时刻保护小宝。有必要时，我们也会第一时间严肃和坚定地抱离妹妹："妹妹会痛，这样很危险。"姥姥帮着打圆场说："哥哥不是故意的，是不小心碰到了，对不对？"哥哥的情绪终于无端地爆发了，他大哭着说："我就是故意的，就是故意的。"我们抱着他，没有说教、没有指责，任他在怀里哭到崩溃。好长时间之后，哥哥从大哭转成了抽泣，最后放松地吐了口气。我们在他的耳边说出了他的害怕与担心，并且温和而肯定地说："爸爸妈妈爱你，妹妹也是。"他显然已经放松下来了，没有说什么，转身去玩了。也许是情绪有了充足的空间和时间释放，从那以后，哥哥就几乎没有再伤妹妹的冲动了。

这段时间，幼儿园老师的旁敲侧击，小朋友的羡慕，无数关于二宝的绘本故事等，都在潜移默化的铺垫中。动画片偶尔也可以是好帮手，这里推荐一部：Daniel Tiger（《小老虎丹尼尔》），其中有几集就是讲小老虎妈咪在生妹妹的前前后后，小老虎复杂的心情变化：如何兴奋地关心妹妹、帮助妈

妈；又如何失落、嫉妒、生气、释怀和成长的。里面的小老虎爸妈既温和又坚定，语言自然又充满智慧，简单平凡的小事却细腻感人。

其实哥哥的一系列反应基本都在我们的预料之中，他没有和妹妹争奶吃已经出乎我们所料。所以，父母们不要因为大宝期待小宝出生就低估了大宝的失落。我知道，哥哥这个时候不好受，或者他自己都弄不清是怎样的一份不自在。他理智上知道爸爸妈妈是爱他的，自己也认为应该接受和喜欢妹妹，但是内心深处的焦虑和恐慌，会让他用各种成人似乎无法理解的方式去表达痛苦，甚至退行到婴儿的状态。因为他误以为变成小宝宝就能得到和小宝宝一样的爱与照顾了。这个过程只有成人耐心、耐心再耐心地陪他走过，他需要真真切切地体会和确认：无论他是个怎样的孩子，爸爸妈妈都依然爱他。

但是对于成人来说，这真的是一场真刀实枪的修炼场。妈妈需要恢复身体，小宝需要家人 24 小时随时的关注和待命，爸爸肩负了全家的重担，本指望能够乖巧懂事的大宝又有那么多的心理需求……这个阶段如果爸妈们依然气定神闲、有条不紊地做事，心中有爱而不慌乱，那我们的生命里就没有太难的应用题了。

3. 众人拾柴火焰高

光靠妈妈一个人搞定大小宝是有困难的。成长也意味着，我们很多时候要承认自己并不是什么都行。这承认里不带自卑、没有抱怨，只是真实地、真诚地告诉亲人：我需要你的帮助。

姥姥在这个过程中陪着我们，帮了很多忙，而宝爸在这个时候就更重要了。宝爸在小宝出生前后负责给哥哥讲故事、洗澡、带他去参加各种活动。我们能明显感受到大宝每天都舍不得睡觉，尽管早上六七点就要起床上幼儿园，晚上他却找各种理由拖延，撑着已经困得睁不开的眼睛要求讲故事，平均每晚十几本。但是我们知道，这个时期会过去的，我们做好了一切心理准备，无论是退行，还是随时随地的情绪爆发。

4. 大宝的"救护车"之旅

然而始料未及的是，小宝半个月时候，大宝有一天肚子疼，各种检查之后被怀疑是恶性肿瘤，插着满身管子的哥哥被抬上了"梦寐以求"的救护车，我的月子也变成了提着小宝往大宝医院跑的特别时光。在等待确诊的 4 天里，从两小时一次到一小时一次，大宝靠注射止痛煎熬着，挂在爸爸身上，不吃不喝不睡。好在上天眷顾了这个顽强的小生命，尽管之后治疗的路漫漫，但肿瘤是良性的。两次暂时的腹部硬化手术后，哥哥确信自己也完成了使命，生出了狮子弟弟，而生弟弟就是很痛。他抱着小狮子玩偶出院，因为身体虚弱，真的退行到无法站立，情绪低落到了极点，随时无缘由地崩溃大哭，在我们温柔而坚定的陪伴下，他挺过了最困难的时期。

小孩子真是活在当下，虽然面临着未来不知会经历多少次手术的命运，但不痛的时候大宝似乎又满血复活，没满月的妹妹又陪哥哥一起去了期待已久的沙滩、乐高乐园和图书馆。虽然哥哥还是时不时地因为我、姥姥或爸爸抱了妹妹而大哭不止，但令人欣慰的瞬间越来越多了。有时妹妹哭了，他也会酷酷的、头也不抬地对我说："快喂喂她吧，可能是饿啦！"要么指导我们"抱起来，竖着抱，然后拍一拍可能就不哭啦！"看着他认真的样子，我们都哭笑不得，后来他听到妹妹哭会欢喜地跑过来："一定是好久看不见哥哥了才哭吧。"有时房东两岁半的小女孩刚要靠近妹妹，他便横在了中间，显然，忙着维护物权的哥哥把妹妹当成了一件心爱的玩具，并给它扣上了标签——这是我的。

道路是曲折的，前方是光明的

一路走过来虽然很辛苦，但我至今仍然庆幸一直把他带在身边。在妹妹一个半月回国的时候，整个相处都变得很自然了。他见证了妹妹从孕育到出生的全过程。他没有因此失去爸爸妈妈的陪伴和爱。他渐渐整合了一个概念：一家四口，我们爱彼此。

1. "我是香饽饽"

虽然陪伴大宝的时间在客观上不得不缩减，但我们还是尽量让大宝感受到，他在家里得到的爱并没有因为妹妹的到来而变少。来我家的客人似乎都深知二宝家庭的敏感，都会给哥哥准备礼物。有时候，哥哥看到妹妹没有礼物，还安慰道："你长大了我给你买，你现在还玩不了！"

回国以后，哥哥和爷爷奶奶睡，我俩和妹妹睡。我们觉得这件事对于大宝来说应该是不好受的，但是大宝没说什么，欣然地接受了。当然父母如果有精力有条件，能一直陪伴大宝睡是最好不过了。有一天晚上读完绘本，哥哥说今天晚上想和爸爸妈妈睡。我和爸爸很爽快地就答应了，尽管我们知道可能睡不下。奶奶说："你今天不和奶奶睡了啊？"我说："看来大家都想和佑佑睡，爷爷奶奶也想和佑佑睡，可怎么办呢？"佑佑抱着被子，左右为难，他安慰起我和爸爸："那我改天再陪你们吧，我还是先和爷爷奶奶睡啦！"从此，哥哥便安心地跟爷爷奶奶睡起来，因为在他的心里已经确定了爸爸妈妈的爱，他觉得并不是因为妹妹才不得已要跟爷爷奶奶睡的，而是家里每个人都想跟他睡，想要他这个"香饽饽"陪还得排队呢！

2. 家有"大哥大"

树立老大的高大形象，提高他做哥哥的自豪感、威严感很重要。老大会越夸越好，当然，夸是有艺术的，既要夸得真诚又要夸得具体，夸出他可以努力的品质而不是天赋。好的夸赞会激起人的善意和自我价值感，反之，会使人过度依赖外界的肯定和赞美，升起攀比心。总之，要让哥哥感觉到他的努力爸妈是看在眼里的，妹妹以后是他的小跟班，他的角色和一举一动都很重要。

成为一个值得被模仿的、谦让的老大一定是他发自内心的决定，这种动力需要被激发出来，而绝不能是要求，因此我们会避免说诸如"你是哥哥，要给妹妹做榜样或者要让着妹妹"之类的话。凡是我们想给孩子提要求的时候都可以想一想，咱们自己被要求时的感受。这种引导是随时随地的，"佑佑一直自己看绘本，等着妈妈喂完奶过来，好有耐心！""佑佑本来这么喜欢这个球，还是先让给妹妹玩了？""你想用妹妹的澡盆啊，行！今天佑佑洗完再给妹妹洗。""佑佑把玩具收拾得这么整齐，妹妹长大点你带着她一起收吧？""*Rain Rain go away*（《雨点、雨点快走开》）的歌词你全记住了，以后能教妹妹唱吗？"

我们还要让哥哥感到做大孩子的优越感，感到自己内在和外在都很有力量。我会反复和大宝说："小宝宝现在不能跑、不能说话，吃不了冰激凌、大米饭和鳕鱼肠，她只能喝奶。""连酸奶都吃不了吗？""是啊！"哥哥边喝酸奶边一脸同情地瞅着妹妹，后来哥哥一吃好东西就一脸遗憾地安慰妹妹："你还没有牙，你还吃不了，等你长大了我给你买。等你长大了你就能像我一样，吃好多好吃的，想要啥就跟妈妈说，就不用哭啦。"

让老大成为二宝模仿的楷模，就要确保哥哥保持高的自我价值感。喝奶、换尿布等都是制造使命感的好机会，让大宝参与其中，他会觉得自己更有价值。大宝心情好的时候，我们还会给他更多的信任，甚至让他抱妹妹。我的口头禅是："Thank you my big helper！"（谢谢你，我的大帮手！）后来每次大宝看到我喂奶，都会赶紧去帮我递纸巾。妹妹哭了，他时常第一时间冲过去，学着我们的样子，给妹妹看黑白卡片，嘴里还念念有词："咪咪，你先别哭，妈妈忙完了就来看你，现在我先照顾你好吗？"有时候，他会很爱护妹妹，有人来家里看小宝，他会急着问："你洗手了吗？洗完再抱我妹妹吧！"

3. 为小宝代言

虽然小宝宝不会说话，但是我们可以为她代言，替妹妹和哥哥交流，让哥哥感受到妹妹对自己的喜爱、依赖和佩服，这是培养兄妹俩感情非常重要的一步。"佑佑，妹妹总喜欢扭过头看你，都不愿吃奶了，她怎么这么喜欢你？""呀，妹妹一看不到哥哥就哭。你看来了来了，哥哥这就来啦。""今天咪咪最喜欢的佑佑哥哥去哪里啦，咪咪刚才又蹦又跳，特别想念哥哥啊！"这个时候，哥哥就会得意地说："哈哈，我上幼儿园去啦，你太小，还不能去呢！"这些话重复多了，哥哥真的深信不疑，有时候他在逗妹妹，我们叫他吃饭，他会一本正经地说："哎呀，我走不开呀，我一走咪咪就会哭的。"

有时候我要给妹妹用的东西，他总会抢先试一试。我刚要把妹妹放进小床，他就抢先一步躺进去，我就会故意说："咪咪，我们让哥哥先躺吧，这个床原来是哥哥的呢！"哥哥于是学着妹妹的样子躺在小床里面手舞足蹈咿咿呀呀，但不一会儿，他就觉得没意思了，主动把小床让出来。

有一次，我刚要让妹妹趴在瑜伽球上玩儿，哥哥就一个箭步冲了过来，一把抢过大球，说："我要玩儿，我也要玩儿。""啊，对呀，我们先让哥哥玩儿，哥哥玩儿完了你再玩，你可以看哥哥怎么玩的。"我刚说完，哥哥就不好意思了，把球又滚了过来，"让咪咪玩吧，我扶着她教她。"这个小家伙，真的学会了等待和谦让呢。很多时候，孩子的霸道和争夺不过是想确认，他永远是爸爸妈妈深爱的宝贝！

有天下午我正在给佑佑讲故事，妹妹哭起来了，我感觉到佑佑把我的胳膊抓紧了，好像生怕我逃离似的，于是我对小宝宝说："妈妈正在和哥哥看书呢，你想加入我们吗？如果你不想，就先让爸爸抱一会儿吧！"听我这么说完，哥哥反而把我推开："你先去看看咪咪吧！"

晚上我抱着妹妹坐在沙发上看哥哥和爸爸踢球，于是我有一搭没一搭地和妹妹说："你看哥哥多厉害啊！踢得那么准，转弯那么快！"哥哥这时候就会欢乐地宣布："咪咪，你长大了我会教你的！你也可以像我一样的！"

4. 小 Baby 也是爸妈珍贵的宝贝

也许有宝妈担心，如果处处让小宝让着大宝，大宝会不会觉得自己才是家里的核心，以后忽略了小宝呢？其实，一个真正被爱、情绪被接纳了的孩子才会心存善意，才有能力给予别人爱，所以这一点我并不担心。当然，我们不能忽略了小宝，毕竟孩子一岁前是一生中最重要的时期，要让大宝在没有威胁感的时候认识到，小宝也是一个珍贵的生命，是家庭的一员！在两个宝宝没有利益冲突的时候或大宝心情好的时候，引导大宝意识到小宝也很重要，爸爸妈妈像爱他一样地爱小宝，全家要一起呵护这个小生命。

我们也会让大宝看到，他有这么大的手和脚，妹妹太小了，需要更多的照顾，就像他小时候一样。当然，这会使大宝尝试变成小婴儿的样子，他也曾一度拒绝自己穿衣服吃饭，阻拦我喂奶、抱小宝。多数情况，我会尽量满足他的需求，但如果小宝饿了，只需要我，我会告诉佑佑妈妈爱你，但妈妈现在必须去喂小宝，她不能等待。即使大宝此刻会失落、会愤怒、会哭，我也会温和而坚定地执行。因为大宝也需要体会到，爸爸妈妈爱他并且接纳和允许他所有的情绪，但这并不意味着爸爸妈妈要完全顺从他。这其中的度需要妈妈们自己的智慧，当我们把目光停留在自己身上，觉察和清理掉对大宝的内疚和愤怒、对小宝的犹豫和烦躁，我们便会在冲突发生的每一个当下，从容地应对，笃定地做自己、做好两个孩子的妈妈。

5. 比较和猜疑是仇恨的种子

小时候，我们最讨厌一种孩子，那就是"别人家的孩子"，受够了被比较之苦的大人又不知不觉地发明了新一轮的对比，那就是：看，妹妹/弟弟多乖。有的时候，比较是无意识就流露出来的，因为我们内心深处都住着一个从小被比较的、受伤的小小孩，那个小小孩一直带着愤怒、委屈，被遗忘在角落。长大成人的我们却依然想当然地以为"比较"会激发一个孩子向他人学习的动力，从而变得更好。殊不知，这样做唯一的效果就是伤害了孩子的心，无形中给手足间增添了仇恨。曾经一度，爷爷的口头禅是："看，二宝多听话！"爸爸严肃地跟爷爷交流，希望他不要这样说，因为这样说的言外之意就是"大宝不如小宝听话，大宝不乖"，而且这句话的负面效果惊人。大宝总是会在得到这句评价后以各种方式制造出一些麻烦。孩子的表达方式有限，他们通常会用生病、哭闹、不良行为等方式舒缓他们内在的不满，如此一来便形成了恶性循环，因为他们将有更多的机会被指责、被纠正和被贴上各种标签。

哥哥曾经有过误伤妹妹的举动，所以全家人都很谨慎。这天哥哥心情不错，正在用一个扁扁的小玩偶逗妹妹，突然他想起了什么，把一个小抱枕放在了小宝头上。爷爷急了，严厉地说："你要干什么！你会把小宝捂死的！"大宝也急了，坚持道："我就要放，我就要放。""这孩子怎么这么不听话？"爷爷很生气，我赶紧赶过来看，抱枕只是放在了小宝的头上端，其实还好。于是我没有急着制止，我说："佑佑想把这个小抱枕放在这里呀！""是啊！我要给咪咪戴帽子。妈妈你看，这个抱枕像不像她的帽子？好看吗？""还真像一顶花凉帽呢！不过，抱枕离咪咪的头好近呀！她会不会害怕呢？""可能吧，那我哪天给她买一顶真的帽子吧！"说着，他就把抱枕从小床里拿了出来。孩子的心思其实很简单，一不小心，我们恐怕就误读了他。

还有一次，出门遛弯儿前，我正准备把小宝放进推车，哥哥却怎么也不肯让妹妹躺进来。爷爷奶奶说："这孩子怎么回事儿？太不懂事了！妹妹不

躺小车里躺哪儿？刚才不还好好的吗，怎么又闹开了？"被指责的哥哥一屁股坐在地上大哭起来，仍然坚持不让妹妹躺进推车。愤怒的哥哥哭了好一阵儿，渐渐平复下来后，我也终于有机会跟他单独沟通了，我问他："刚才佑佑很着急啊，还气哭了（识别和表达情绪），不想妹妹躺进来（陈述事实），希望妹妹躺哪里呢（启发性提问）？""嗯，妈妈抱着吧！""那推车怎么办呢？""今天我要推啊！"我忽然想起来刚才给他讲过的绘本，里面的大哥哥推婴儿车。"哦，那妹妹躺在里边行吗？""不行啊，我太小，还掌握不好方向，妹妹躺在里面太危险了啊！"我忽然间心里一震，在这个幼小生命的心里，有多少善意是被我们不经意间忽略掉了的呢！

手足相伴，共同成长

转眼间，小宝已经跟上了哥哥的步伐，能蹦能跳，能说会道了。然而之前的矛盾只是预热，二宝家庭的挑战其实才刚刚开始。有了自主意识的小宝，更是能随时随地踩到哥哥的开关，激起一场大战。我们也和许多二宝家庭一样，免不了各种鸡飞狗跳，争宠哭闹。即使有了足够的心理准备，二宝间相爱相杀的应用题也还是随时挑动着大家的神经，令人不免感到身心俱疲。然而我们相信曙光就在前方，我和宝爸仍默默地坚持着温和而坚定、鼓励和正面强化，坚守尽量不干预的引导智慧。

有一次，妹妹大哭，我们赶过去的瞬间，大宝只是迅速地喊出"不是我碰的"，他第一时间不是自然而然地关心妹妹哪里有磕碰，而是以最快的速度撇清关系，逃避惩罚。这让我意识到，孩子真的是一面镜子，我们有的时候给予他的不是信任和支持，他反馈的便是恐惧与逃避。我看到了自己的那一丝焦虑，即使不说，孩子能够感受得到。妹妹每一次哭泣，哥哥会比大人更迅速地看到本质，他会告诉我们妹妹是饿了还是困了，还是要抱抱。

有段时间，2岁的妹妹又一次扯住哥哥的头发，我们都捏了一把汗，破天荒的，哥哥没有立即暴怒和反击，而是嘿嘿地笑着说："不疼，她在跟我逗着玩儿呢。"妹妹是个小跟班，哥哥也无比自豪和耐心地带着这个小拖油瓶，之前哥哥喊的频率最高的词是"爸爸""妈妈"，现在分了一半儿给"妹妹"。只要他们在一起，哥哥就总是对妹妹说"来，咪咪跟着哥哥。"有一次去游乐园玩儿，有一个和哥哥年龄相仿的小男孩冲过来，热情地拍着哥哥的肩膀说，咱俩一起玩儿吧，去爬那个大的，你跟着我。哥哥其实特别渴望与同龄的小伙伴玩，但是他却向后退了退、顿了顿，对小男孩说："我们一起玩可以，但是得带着我妹妹，好吗？"小男孩这才注意到他身旁的妹妹，有点嫌弃地说："她太小了，跟着我们跑不快呀，不要了吧！"哥哥于是无奈地说："对不起，那我就不能和你玩儿了，我要是跑开了，我妹妹会着急的，这里这么多人，我得在这保护她。"我听到这段一本正经的对话，觉得好温暖。为了打消哥哥的后顾之忧，我连忙对他们说："你们去玩儿吧，妹妹由妈妈来照顾着，你放心吧，佑佑！"哥哥听了这些，便认真地低下头对妹妹说："咪咪，那你跟妈妈玩儿，哥哥去爬那个大的，看看危不危险，一会儿过来接咪咪哦。"说罢便欢快地跟小男孩跑去攀爬了。

我们终于又一次迎来了二宝相处的新的小高峰，感动与欣慰之情溢于言表。大家可能会问，是什么让孩子发生了变化？其实，这里边的关键人物还是哥哥。哥哥的心理平衡了，哥哥找到了当大孩子的自豪感，哥哥找到了自己应该担当的角色，并感受到无条件的爱与尊重，一切就都迎刃而解了。这也是为什么人们常说：两个孩子要护大不护小。过去，长兄如父，一家中的老大只要身正，兄弟姐妹们都会自然而然地模仿，品性就不会偏离。

我们需要在繁忙中找寻爸爸或妈妈单独与大宝相处的时光，经常亲吻和抚摸他。即使抱不动了，也时常拥抱他，并且对他说：爸爸妈妈爱你。让他真正从身心都能够感受到，即使有了妹妹，爸爸妈妈的爱也没有减少，虽然关注没有以前那么多了，但成长带给他更多的自豪和自由。

妹妹想吃零食了，我们会对她说："去问问哥哥，哥哥同意，你就能吃一块哦。""哥哥说得对，这里危险，不可以上去哦。""拉紧哥哥的手才可以过马路。"这时候对妹妹说这些话，就比直接要求哥哥带妹妹更有效啦。让哥哥在不知不觉中产生一种被依赖、被信任的自豪感，这比我们施加压力让他去做事情要自然和有效得多。

手足情深从来不是与生俱来的，对于孩子们，我们需要做的只是多一点耐心、爱和尊重，少一些评判、比较和标签，做一个不干预的忠实听众，用心去倾听他们！终有一天，手足情深便会在朝夕相伴的时光中自然地生根发芽，开出温暖的花朵。

孩子们的婚姻敏感期，帮你真正读懂爱情

儿童在 4 岁前后进入婚姻敏感期。初始阶段表现为对自己父母的喜爱。我们会听到这个年龄段的孩子有时会宣称：要和自己的爸爸或妈妈结婚或者跟他喜爱的老师结婚。这时候他们的对象没有年龄甚至没有性别之分。再发展一段时间后，孩子们会意识到，可以从自己身边同龄异性的小朋友中选择。再往后，孩子们便开始尝试同自己爱慕的伙伴交往，甚至还会因为喜欢而痛苦。

家长们遇到婚姻敏感期的问题，有人觉得好玩好笑，有人却异常紧张。其实，孩子出现婚姻敏感期的苗头，是我们可以感到欣慰的事情。因为这既预示着孩子心智的发展和成熟，又为我们提供了宝贵的机会帮助儿童发展健康的情绪和情感，为成年后的婚姻关系奠定坚实的基础。因此，既不干涉也不强化，帮助儿童顺利地度过婚姻敏感期有着重要的意义。

什么是"不干预和不强化"的原则呢？说到不干预，现在很多开明的家长是能够理解的，他们知道，对于孩童时代纯真的感情没有必要过于上纲上线地横加干涉。因为父母越是大惊小怪，越会负性强化孩子们的感情问题，使之产生内心暧昧或厌恶的意识。严重的可能使得一部分"乖"孩子长大以后从内心深处恐惧正常的恋爱情感，并对此排斥。但是至于"不强化"这一点很多家长就不容易把握度了。其实孩子的婚姻敏感期，是一个非常纯粹的情感发展和培养的阶段，不可以成人世俗的婚姻观和价值观来对其界定和引导。我们要做的是教会孩子欣赏他人，接纳自己、爱自己、爱他人，同时从自己内心深处寻找力量。

幼儿园里，我们为孩子们顺利地度过婚姻敏感期布设了娃娃屋，允许他

们有一个私密的小空间过家家。前段时间，4岁3个月的维维和刚4岁的小柔，高调地宣布他们结婚了。两个人形影不离手拉手，相互帮助，非常要好。放学的时候，维维手里举着小柔送给他的小玩具，兴奋地说："今天我和小柔结了两次婚呢。"妈妈听着儿子的描述，只是适时回应："是吗，这是小柔送你的礼物哦，那你想怎样表达感谢呢？"第二天早上，维维带着妈妈给他的红苹果，赠给了小柔，可是小柔却摇摇头拒绝了："我不爱吃苹果，我喜欢吃梨！"。维维急了，说"不行，你必须要，这是我妈妈给你的。"小柔也很坚持："我不想要！"看到维维懊恼又无奈的样子，老师走过去对维维说："小柔不收你的礼物，你很失落吧（情绪识别），但是小柔有权利不收你的礼物，不过这不代表你和你的礼物不好哦。"过了几天，小柔有了新的亲密伙伴——2岁的迪迪。一整天，小柔帮助迪迪系鞋带、洗手、撸袖子。维维又有点失落了，但是很快，他们三个人一起成了好朋友。有时候，迪迪在过家家游戏里扮演他们的小宝宝，迪迪也头一次在两个小伙伴的陪伴下进入了午睡的梦乡。维维的妈妈告诉我们，在之前的幼儿园，维维也出现过类似的情况，和另外一个女孩子很要好，可是女孩的妈妈一到幼儿园，就会开玩笑地问"你的女朋友呢"，弄得孩子一脸茫然。维维妈很欣赏老师和小柔妈的做法。我们看到，在老师和家长的引导下，维维经历了被拒绝、感情受挫这样一系列重要的人际交往情感体验，不但没有受伤，还建立了人与人之间的边界感，灵活地学会了和不同人相处，提升了人际交往能力。同时，他认识到，两个人相互喜欢和爱慕才是情感的基础。

因此，婚姻敏感期中和异性的交往是孩子们人际交往关系发展的重要一课，这时候家长和老师可以做，也是需要做的就是，帮助孩子们在情感受挫的时候认识到：喜欢是两个人的事情，每个人都有重新选择的权利。这样引导下的孩子的内心会变得既温暖又有力量。因为他们会坦然接受：你很不错，我欣赏你，但是别人也很喜欢你，所以你可以选择别人，也可以选择我，这都没有关系；你没有选择我并不代表我不够好，你选择了他也并不代表我不如他。我们常说要帮助孩子从小获得强大的内在力量，从内心深处而非从他人的肯定与认可中获取自我价值感，那么婚姻敏感期的陪伴和引导，就是构建这一人格的重要机遇。其实我们可以看到，现在很多成人的心智依然停留在幼童的水平。他们会因为别人的拒绝和感情的受挫就轻易否定自己，感觉自己一无是处甚至因为别人的拒绝而痛不欲生，这就是因为童年婚姻敏感期该做的功课没有做好。

菲菲今年4岁，已经上幼儿园了，在外面接触的小伙伴多了，其中有几个男孩儿跟菲菲玩得比较好。菲菲妈妈最近每看到女儿跟小男孩儿玩，就自动进入"丈母娘"角色，启动她的好恶选择系统，评判这个男孩适不适合做女婿。

最近菲菲喜欢与她家附近的一个小男孩玩耍，菲菲妈觉得这个男孩文静、瘦弱，长大后缺乏阳刚之气。她本人更喜欢女儿幼儿园里那个虎头虎脑的小男孩。

虽然菲菲妈也清楚自己现在想这个问题有点杞人忧天，即便将来女儿就是要嫁给她不喜欢的男孩，她还是会遵从女儿的选择。可心有所想，就免不了有所表露，当她跟女儿探讨这个问题时，女儿说："还是嫁给他吧，他家离我们近。"菲菲妈好笑之余又觉得贴心，想当初自己不知道哪根神经搭错了，就不想嫁在家附近。

菲菲妈提早进入"丈母娘"角色，又可爱又可笑。其实像菲菲妈这样的妈妈并不少。

我曾经受杂志《妈咪爱》之邀做点评。下面这些小小的婚恋观，这些可爱的生活片断能进一步帮我们看到如何在婚恋敏感期引导孩子。

1. 长大娶媳妇

3岁的小男孩懿懿从幼儿园回来，对奶奶说："奶奶，我今天特别开心。"奶奶问怎么啦，小男孩说："陈沐彤（女孩儿）跟我说话了。"奶奶问："陈沐彤漂亮吗？"小男孩："漂亮。"奶奶："那你长大娶她当媳妇吧！"

我的点评：首先，作为祖孙间充满童趣的闲聊，这些对话没有所谓的对与错。但要从抓好时机引导孩子建立健康婚恋观的角度来说，可以有更好的引导方式。比如奶奶可以问，你喜欢陈沐彤吗？小男孩可能会答喜欢（确立喜欢的感觉）。那你都喜欢她什么呀（引入对他人品质的向往和欣赏）？把孩子对某一个人的认可转化为对具体品质的追寻，关注点就不会过度停留在某一特定个体身上。

2."是不是有女孩儿喜欢你"

一天豆豆爸爸捧着豆豆的脸，看着自己儿子这"花见花开"的帅气脸蛋，不知如何表达喜爱之情，就突然问豆豆："你们幼儿园是不是有很多女孩儿喜欢你？"豆豆一脸漠然，皱眉思考片刻，说："好像没有。"

我的点评：当豆豆回答"好像没有"的时候，内心经历的可能是失落和困惑。爸爸可以接下来问豆豆："哦？你认为没有吗？那你觉得女孩子们都喜欢怎样的男孩呢？你想不想成为那样的男孩呢？"引导孩子把目光从外界转向对自身价值感的关注。

3.青梅竹马"娃娃亲"

能能妈和茜茜妈是铁杆闺蜜。能能是个帅气的小男孩儿，茜茜是个漂亮的小女孩儿。俗话说，肥水不流外人田，于是两个闺蜜半玩笑半当真地向孩子们表达了她们想要成为亲家的想法。

一天，茜茜妈跟女儿说，你以后嫁给卷毛哥哥（能能）吧。女儿问："妈妈，他学习好吗？"妈妈说："挺好，门门都在 90 分以上。"女儿又问："那他对他妈妈好吗？"

一次，能能妈看了茜茜的作文，感叹写得真好，并对能能说："能能，如果你不好好学习，茜茜长大成了文学家，就看不上你了。"能能很自信地说："怎么会呢？她作文写得好，以后当文学家，可我喜欢捏泥、画画，以后当艺术家，真好呢！"

能能妈还说，有一次她夸一个女孩漂亮，能能居然说："妈妈，你这么夸她，茜茜会不高兴的。"

我的点评：在这段动人的小故事中，孩子们的要好，妈妈们的喜悦都溢于言表。茜茜在对小哥哥的喜爱中，把勤奋好学和对妈妈好作为重要的标

准。能能对自我价值感的界定和自信心给人留下深刻的印象。父母们可以继续这样不干涉、不强化地和对方家庭良性互动，但要注意的是尽量让孩子们把对异性独一无二的情感转移到对不同人的欣赏上去。这样，茜茜会意识到除了学习好和对妈妈好之外，别人还有很多可以被欣赏的品质。而能能也会意识到，每个人都有值得称赞和欣赏的地方，而真正内心有力量的人不会太在乎竞争者被表扬。

4."可以做我的情人"

5岁的赫赫很喜欢他班上一个叫李欣悦的小姑娘，说长大要娶她做老婆。有一次，他不听话，姑姑就说他："你要是不听话，我就告诉李欣悦，以后不要给你做老婆了。"赫赫说："那可以做我的情人。"顿时，姑姑一脸尴尬……

我的点评：孩子有这样的回答，一定是在婚恋情感价值观方面受到过成人的影响。这时候家长不要轻易评判，也不建议哄笑而过。姑姑可以温和而平静地问孩子："你这样想啊，那你觉得情人和老婆有什么不同呢？你有哪些优势吸引李欣悦呢？"通过对话，我们可以了解孩子的思想，慢慢引导孩子提升自己，真诚地对待感情。

第三节 如何让爸爸积极参与育儿

爸爸们，你们很重要

弗洛伊德曾说："作为一个孩子，没有比对父亲的需要更加重要的了。"我们已经欣喜地看到太多有智慧的爸爸在养育大军中发挥着耀眼的光和热。然而，不得不承认的是，长久以来，由于社会历史文化和性别特点、刻板印象的局限，父亲的早期参与依然缺乏，父亲们也有一种有力使不上的无奈。是的，父爱如山，父亲的爱宽厚而绵长，深沉而不外露。也有人说，父爱就像一座大山立在那儿，任凭油瓶倒了、娃哭了也看不见，"父爱如山"的新解读调侃出了妈妈的不满、传递着爸爸的无奈。

从呼吁父亲育儿的角度讨论不免有点先入为主的偏见，现今的世界的确不乏负责任的好爸爸，但不得不承认的是，在爸爸参与育儿这件事儿上，我们依然有很多困惑。我们下面就从传统的认识误区入手聊一聊爸爸到底有多么重要。

误区1：长大点再参与也不晚

很多人觉得，孩子小的时候主要需要妈妈的照顾，甚至认为无论保姆还是老人，谁看管都一样，只要孩子吃饱、穿暖、保证安全，等他长大点再教育也不晚。

孩子大了出了"问题"才打算管教孩子的父亲们会发现，他所幻想的"教育"时常无从谈起。孩子2岁以前和妈妈的依恋的确是最重要的，然而父亲在孩子6岁前也起着至关重要的作用。这个时期的孩子更多地用潜意识无选择地吸收周围环境中的讯息，他身边照料者的一言一行、一颦一笑都会

深深地影响孩子的身心健康。如果这个阶段的基础打牢了，孩子的安全感和人格建构就有了保障，今后的人生也不会有太大的偏差。我们经常说，0~6岁是孩子人生的草稿期，6~12岁是修正期，而家长的影响力随着孩子的长大会越来越弱。如果父亲错过了走进孩子内心的黄金时期，再要建立深层次的联接与信任将会比较困难。

事实上，早早便参与到育儿中的父亲会意识到，孩子其实是不需要被"教育"的，家长是怎样的状态，孩子会全盘映射出来。因此，从孩子出生起就和孩子共同成长的父亲犹如经历了一次心灵的重生，在反思和展望自己生命的同时，也为自我开启了更多幸福的可能性。

小王是2岁孩子的父亲，他说自己小时候父亲工作很忙，三天两头出差，无暇顾及他。等他10岁后父亲下了岗被迫回归家庭，那时候再想管他或者亲近他，他已经不愿接受、也不需要了。长大后的他感受到自己的内心是很爱父亲的，父亲也关心他，但他们之间始终是密而不亲的状态，只谈事情，不交流情感，能感觉到责任，却很难真切地感受到彼此的温度，直到父亲在一次突发疾病中去世，未能表达和流淌出来的爱成了小王一生的心结与心痛。为了弥补这种遗憾，小王尽管工作很忙，但还是尽可能给自己的孩子高质量的陪伴。

成长是不可逆的，对安全感、亲密感的需求期一旦过去，孩子们就自然发展到了下一个阶段，开始更多地探索外部的世界。他们有了自己的判断和价值观，便会开始寻求同伴的关注和认可。

父亲参与育儿越早越好。父亲真正参与到育儿中是从妻子怀孕甚至是结婚时就开始了。首先，良好的夫妻关系是健康亲子关系的基础，也是人类社会中最重要的关系。想象一下茫茫人海中两个陌生人因爱走在一起，变得亲密无间，然后共度一生，这是何等美妙的一段关系。他们会成为孩子第一个也是最重要的人际榜样。他们之间的互动模式会深刻影响孩子的一生。如果夫妻能够倾听彼此、善于沟通并且关系融洽，那孩子的身心健康便有了最重要的保障。亲子关系和夫妻关系不同，再亲密的亲子关系也是指向分离的，不过他会带着父母传递给他的爱，笃定地活出自己生命的精彩。

在孕育新生命的过程中，父亲与腹中宝宝的交流和互动能使整个家庭都充满爱的氛围。在新生命的诞生之际，父亲的全程参与增加了家庭的凝聚力、喜悦与爱。母亲分娩时，父亲的鼓励与爱抚会使妈妈产生更多的催产素和内啡肽（起镇痛作用的荷尔蒙），从而帮助宝宝顺利降生。我们看到越来越多的医院开始鼓励孩子的父亲陪产，有的国家把父亲陪产写进了法律，成为公民的一项重要权利，父亲与孩子有了第一时间的联结。实践证明，经历了陪产的父亲在今后的育儿过程中往往更加主动、更加享受。

误区2：父亲参与的职责和意义没有妈妈明显

"男主外、女主内"的思想在我们的社会里根深蒂固。不少人认为，父亲在外奔波赚钱养家，带孩子是妈妈的事儿，从而低估了父亲在育儿中至关重要的作用。

父亲在促进儿童认知发展方面有独特优势。妈妈通常能耐心地陪伴宝宝读绘本故事、唱儿歌、做手指游戏等。爸爸更擅长和孩子一起拆装家具、修自行车、挑战大动作的运动，托举、翻滚等。游戏对于孩子的成长很重要，而父亲往往在创设游戏以及游戏陪伴的过程中占了天然的优势，能在玩乐中调动起孩子的求知欲和探索精神。在这些互动中，孩子能体会到学习的乐趣，获得知识并生成智慧。因为身体细胞和情绪的记忆比线性的死记硬背来得更深刻，它需要孩子全身心投入去感知获得。耶鲁大学的研究也表明，父亲带大的孩子更聪明、智商更高、发展更好。

父亲在儿童性别角色认知方面也不可缺席。性别角色包括两个方面：对自己性别角色的认知和对对方性别角色的认知。我们经常会发现不管是男孩还是女孩，都喜欢把爸爸当做偶像。研究表明，父亲在这方面的作用比母亲更大。男孩在和父亲相处的时候通过模仿等逐渐完成对自己性别的认同。女孩在成长过程中，父亲是她生命中出现的第一个男性角色，和父亲的关系直接影响她们与异性的关系和今后的婚恋是否幸福。

父亲在儿童社会性发展方面起着重要作用。母亲通常是以婴儿为中心，而父亲则代表着社会规则，为孩子从家庭走向社会起到过渡桥梁的作用。有研究表明，父亲陪伴较少的孩子会容易出现害羞、自暴自弃等行为现象。而父爱充足的孩子更自信、敢于面对挑战。母亲倾向于在生活起居上照顾孩子，而父亲则是那个引领孩子看世界的人。

爱可园有好几个由爸爸一手带大的孩子，说带大，不过是从出生带到3岁，却已经显露出一些别样的气质。心心刚入园的时候，在几个挣扎在分离焦虑里思念妈妈的孩子中显得很特别，她会清晰地表达："心心想爸爸了。"每当这个时候，老师会抱起她说："爸爸可能也在想心心呐！心心不能时时刻刻见到爸爸有些难过，难过就哭出来吧！"心心虽然在哭，但她依偎在老师身上的肢体语言已经在表达她对于环境的接纳和安全感了。没过几天，心心就完全适应了幼儿园的生活。她很喜欢和小朋友玩，主动和小朋友分享玩具。偶尔摔倒了，爬起来又继续欢笑着玩耍了。她喜欢尝试和挑战新事物，情绪饱满、充满了活力。

父亲能帮助母亲管理情绪，为孩子做榜样。一般来说，妈妈陪伴孩子的时间较长，容易"遭遇"更多育儿的挑战。繁重的社会和家庭压力加之女性自身的特点，导致妈妈的情绪容易起伏。另外，很多妈妈都希望把最好的东西给到自己的孩子，完美主义使得焦虑的妈妈常说："每次想对孩子温柔的时候却失去了耐心，想坚持原则却又变成妥协。还是她爸心大！"如果爸爸比较包容，拥有相对平和的情绪，这对安抚妈妈、理解与支持妈妈有着巨大的帮助。当然，在严父慈母型的家庭，急躁、苛刻的爸爸搭配心宽、温柔的妈妈，只要寻得家庭氛围的平衡，也是不错的组合。

智慧妈妈造就超级爸爸

通常，妈妈在自我成长和新育儿理念的学习上步伐较快，她们常抱怨爸爸的"不求上进"。而爸爸和孩子们一样，当他们感受到被尊重、被信任、被给予充足的空间时，妈妈的言行才可能传递过去。当一个人没有准备好改变、内心没有足够敞开时，任何人都无法改变他。这时候，所有企图劝慰的讯号都被诠释成抱怨甚至是攻击，被爸爸们屏蔽。试图改变对方的结果是爸爸的心门关得更紧了。而当妈妈执着于让另一半妥协和改变时，妈妈先有了烦恼和困惑，需要改变的就变成了妈妈自己，正所谓心理咨询中常提倡的"谁痛苦，谁改变"。

1. 减少抱怨，增加空间

我常常遇到这样的家长，妈妈很"懂"教育，看了很多书，在嫌弃和抱怨爸爸不专业的过程中扼杀了爸爸的自尊与热情，一不小心把一个负责的、主动的超级奶爸逼成了甩手掌柜。

有一次幼儿园开放日，一个三口之家一边陪孩子参观玩耍，一边听我的介绍。在观园的过程中，妈妈不时指点爸爸的"错误"。孩子发现了积木，兴致勃勃地摆弄起来。爸爸指着蒙氏拼图玩具兴奋地说："那个不错诶，佳佳你要不要玩！"爸爸话音还没落，妈妈就指导起来："你干吗打扰她的专注啊！没看到她在看植物吗？"爸爸悻悻地走开了。过了一会儿，孩子玩起了园里的木滑梯，爸爸脱口而出："看着点儿，别摔着啊！小心磕破头！"妈妈又急了："你不会说点正面的啊！总强调'摔'啊'破头'的话，她能不摔吗？你应该引导她注意安全。"爸爸不敢说话了。后来，另一个小朋友跑来想要佳佳手中的玩具，爸爸又忍不住说："给小弟弟玩会儿吧！"妈妈又不失时机地传递育儿"真金"："你别强迫孩子分享啊，让她自己决定！"爸爸小声嘟囔着："行行行，我不管了，你懂你来！"爸爸索性退到旁边玩起了手机。妈妈显然对爸爸消极抵抗的态度极为不满，继续不依不饶："让你来陪孩子的，你玩手机。手机啥时候不能看？"爸爸一脸无奈地叹了口气，把手机插进兜里，默默站到了一边，直到离开幼儿园也没有再说话。

妈妈有些委屈地向我求证："徐老师，我说得都没错吧！"因为她只是要寻找认同，并没有真正做好准备听到我的反馈，更没有打算觉察自己，所以我笑了笑，没有说什么。离开的时候，这个妈妈还是不甘心地和我抱怨："我觉得我说的都是对的，但孩子爸爸总是不听，真是没辙，我现在对这事儿烦死了。"我说："有的时候，正确可能不是最重要的呢！"她睁大了眼睛，若有所思地告辞了。是啊，谁也不希望被谁改变，这位爸爸的参与热情本来很高，可是在妈妈的谆谆教导之下，爸爸感觉不到有价值、被尊重、被需要，进而变得冷漠甚至愤怒，夫妻关系由此而变得紧张，自然也影响到亲子

关系，紧张的气氛对孩子的影响大过所谓正确的教养技巧。

所以，要维护亲子关系，还是先关注夫妻关系；要解决如何与孩子沟通，先学会如何与自己的爱人沟通；要尝试走进孩子的内心，先学会聆听自己的爱人，看到爱人言行背后的需求、无奈、恐惧和不容易。爸爸妈妈在家庭里建立好爱的联接，以身作则、热爱生活、情绪平和、乐观好学、待人真诚，孩子自然会成为我们期待的样子。这也是为什么我们用了大量篇幅着墨于强调如何在亲密关系中成长。

李妈妈也常抱怨爸爸陪孩子的时间太少，可真当爸爸一个人带孩子的时候，她却一百个不放心，一天下来打了好几个电话叮咛嘱咐。这回爸爸休假，想开启一段父女俩的南下之旅，李妈妈想都没想就拒绝了。不被授权的爸爸是很难独当一面、真正参与到育儿中的。有些积极性受挫的爸爸干脆就此卸下了自己的责任，图个清静。可见，爸爸们不但需要被尊重，还需要被给予足够的信任和空间去施展自己的能力。妈妈们要相信孩子是有力量的、有能力的，也需要相信爸爸有和孩子相处的独特模式，那是属于他们俩的，不希望随意被干涉。当妈妈能接纳爸爸当下的状态，爱自己、活出自己时，会更容易在爸爸参与育儿的过程中给予支持和鼓励。

2. 创设有准备的环境

我们常说，6岁以前的孩子不需要"被教育"，只需要成人的"爱和以身作则"。因为孩子是充满智慧与生命力的种子，我们只需为孩子提前创设有准备的环境，给予他们充分的自由，使之在爱、信任和尊重的氛围里发展出自律，积极主动地对环境产生兴趣和求知欲。其实，对待爸爸也应是如此。

小小妈妈在怀孕生孩子这几年对科学育儿和自身的不断成长产生了浓厚的兴趣，而小小爸爸是典型的工科男，执着于理性、数据和模型，根本不认为育儿还需要学习。他认为教育学、成长、心理学这些东西很"邪乎"，不如踏踏实实的生活来得实在。小小妈妈深知这一切，她也从不轻易和爸爸"分享"自己的所学或指点爸爸的教育方式。她只是把精力放在完善自我上，并把自己学到的和领悟到的实践出来。这个过程中，妈妈研读的书籍越来越多，上的课也越来越多，她非但没有丝毫抱怨爸爸的不思进取，还非常感恩爸爸对她成长的不干预。当爸爸发现，妈妈的情绪变平和了，女儿出状况时，自己搞不定的问题妈妈一出面就很有办法，他逐渐开始由衷地佩服妈妈，也偶然开始翻阅家里这些随处可见的读物。在妈妈毫无压力的感染下，爸爸的参与热情越来越高。他意识到，自己所谓的自然而然不过是在复制自己爸妈常和自己说的话，而了解自己，才可以真正踏踏实实地生活。现在，爸爸有时候还邀约妈妈一起去听育儿讲座，陪伴孩子也越来越有耐心了。

当然，如果妈妈是带有功利心地在家中放置育儿书籍，那么爸爸一定能觉察到其中的期待。当爸爸并不翻阅时，妈妈会失望，而爸爸也极有可能因为这份压力而不自觉地排斥。其实真正的学习是为自己，不为其他任何人。了解了这一点，我们便会在育儿和学习时真正地享受其中，并不急着去改变孩子和另一半了。

3. 育儿是一段自我修行的旅程

许多投身于育儿学习中的妈妈会发现，育儿到后来变成了育自己，因为你无法给出你没有的东西。于是，丰富自己的内心、不断地修行和成长变成了教养孩子的根本。对于6岁前的孩子，你的一言一行孩子照单全收地模仿。你良好的情绪状态、生活态度、人际互动模式就是孩子成长最好的滋养。对于大孩子，父母的影响力较小，说教和批判就显得更加无力。这时候，那些早年建立起良好亲子互动和互信的家长就可以和孩子享受彼此了。

我有一位家长学员在一次课后羡慕地说："我才发现，佑佑的爸爸是正面管教和父母效能训练的讲师，又是父亲参与计划和蒙氏的指导师，天哪，你好幸运。我们家那口子根本不愿意拿起育儿书，快说说，你是怎么拉你老公入伙的！""哈哈，我可没拉他，这是他自己的决定！"我说。记得很多年前，佑佑爸爸的口头禅是："那是你们心理学界的事情。"作为一个从美国华尔街工作归国的金融男，他热爱自己的行业，也有一种发自骨子里的自豪感，觉得育儿和心理学知识和他没有半点关系，更不愿被牵扯进来。那时候我也忙着自己的成长和专业学习，完全顾不上诱导他。2010年一个偶然的机会，他和我一起走进了催眠的课堂，他开始自发地对"我的领域"产生了好奇。有一次我去安徽开"催眠在亲子关系中的应用"的工作坊，他自愿同去当我的助教，从此一发而不可收。我时不时能看到他抱着我的专业书籍津津有味地阅读，仿佛内在的智慧之穴被点燃，他的成长探索之旅借由育儿开启了。2013年，他通过自学加翻译原版书籍成了我的御用催眠分娩师，佑佑出生的那个7月，他正式辞去金融行业的优越工作，投身在儿童教育心理的领域。如今，我们在学习成长的道路上相伴前行，时常成为对方的一面镜子，映射对方也觉知自己。说起来好险，如果当初我对他一点点用力地劝慰，也许他就和这个他真心喜爱的行业绝缘了。

爸爸的参与智慧

爸爸的参与和妈妈的支持如此重要，那么爸爸如何在家庭关系中扮演好自己的角色，参与到高质量的陪伴中呢？

1. 爱妈妈、支持妈妈

爸爸的参与可以通过爱妈妈、支持妈妈来实现。家庭是孩子成长的第一个环境，健康稳定的夫妻关系让孩子感受到这个世界是安全的、温暖的。孩子会去观察父母的相处模式，看他们是不是爱自己，是不是爱着对方，从中孩子也相应地学会了如何爱自己、爱爸妈和爱未来的另一半；孩子通过观察父母如何管理自己的情绪和照顾到对方的情绪，学会了合理表达自己的情绪和拥有感同身受的能力。所以，爸爸如果能好好地爱孩子的妈妈、给妈妈支持，不破坏妈妈的权威，对孩子来说，是一份上等的滋养品。因此，像类似下面的话就可以从头脑字典里抠掉了，如"你不是育儿专家嘛，还对孩子发火""别听你妈的""连个孩子都搞不定，咋当妈的啊"等。之前提过，其实男性时常在情绪调控能力方面高于女性，所以，当妈妈有情绪时积极倾听和理解妈妈，做母子（女）矛盾的缓冲者，也是爸爸在育儿中的大贡献。

小丽的爸爸妈妈都很关注科学育儿，尽管知道恐吓、发脾气、说教的方式对待孩子是不可取的，但小丽的妈妈有时还是忍不住冲孩子吼叫。这时候爸爸不是去质疑妈妈的做法，而是第一时间想到，妈妈需要帮助，她今天一定很累很烦很无奈，才会不得已用了自己都不认同的方式教育孩子。而得到先生充分理解和接纳的妈妈能更快地调整好自己的状态，又可以从容地面对孩子了。

夫妻关系是家庭关系的核心，双方是彼此的支持者。爸爸需要支持妈妈、理解妈妈的不容易；同样，妈妈也要理解爸爸的辛苦，理解男人所渴求的被尊重、被需要的价值感。

2. 用爸爸擅长的方式爱孩子

尽管在生活细节上有的爸爸似乎插不上手，但男性独有的特点和魅力善于引领孩子户外探索、设计开脑洞的游戏、带孩子们博览群书、游历世界，爸爸们总是可以找到自己熟悉和擅长的领域入手，成为孩子们心中"正能量"的来源。

男性和女性在沟通方式、性格特点等方面都有许多不同，爸爸和妈妈爱孩子的方式也有不同。例如，张女士总是认为孩子爸爸对孩子太凶，说话时不讲究艺术，可是爸爸如果突然改变掉自己的风格也会很不自在，夫妻俩对此都很苦恼。爸爸明确表示并不认同妈妈的观点，而就算自己接受妈妈的建议，也很难真正做到细声细语、温柔可亲。起初，无法改变爸爸的妈妈只好任由爸爸继续很"男人"的教导风格，爸爸有了自由发挥的空间也不再被指责，反而开始反思自己了。尽管口气依然很严厉，却不再随意和孩子发脾气了，家里的气氛也越来越好。更令妈妈不解的是，尽管爸爸看似不够尊重孩子，孩子却和爸爸的关系很好。同时她发现儿子身上有了越来越明显的男子汉气概。妈妈渐渐释然了。每个人的风格不同，育儿道路上没有绝对的对与错，而尊重爸爸本身的风格对孩子的成长和家庭的和谐更加重要。

爸爸虽然不善于润物细无声的谆谆诱导，但总有自己擅长的方面，可以利用自己独特的优势走进孩子的内心。例如，有位爸爸动手能力很强，积木到了他的手里像有了生命，孩子好生佩服。小西的爸爸平时陪伴他的时间少，通过带着孩子自驾旅行，迅速建立起了亲密关系。刘爸爸烧得一手好菜，女儿总是邀请小伙伴来家里品尝，并且自豪地说："这是我爸爸烧的，很好吃吧！"小朵儿的爸爸真心很忙，还不时出差，但爸爸每一次陪伴女儿的时候都关上手机，十分专注和享受与女儿疯玩。虽然只是短短的半个小时，但高质量的亲子时光已经牢牢印刻在女儿那洋溢着幸福的笑脸上了。当然，随着孩子年龄的增长，孩子们其实需要拥有自我愉悦的独处能力。他们会渐渐发现，我的快乐不需要依靠别人，我有能力使自己开心。有时候，成人的陪玩反而变成了一种控制，打扰了孩子的专注力、想象力以及自主能力的发展。而无声的陪伴依然能在潜移默化中带给孩子正面的影响。小朵儿爸爸常需要带一堆资料回来加班，很愧疚也很遗憾不能总是陪女儿尽情地玩耍，但是爸爸读书的时候，小朵儿也在一旁翻绘本、玩玩具，学着爸爸的样子专注而认真地做着自己的事情，并懂得了自由是要建立在尊重他人、不打扰他人的基础之上的。

3. 了解孩子，成就自己

有的爸爸即使有时间，也觉得陪孩子很烦、很累，似乎并不情愿或者是没有能力真正走进孩子的世界。出现这样的情况是一个很好的信号促使爸爸觉察自己的成长经历。有的时候不是我们真的不想陪孩子，而是我们其实还没有勇气去面对和接受自己内心深处的那个受伤的孩童。爸爸可以回想和询问一下自己的早年经历：是不是在3岁以前得到了充足的心理营养；是不是有父母无条件爱的滋养；是不是在你缠着父母讲故事的时候曾被粗暴地拒绝了；抑或是哭泣的时候被打压，情绪被生硬地卡在了自己儿时内心的深处。如果你内在那个渴望与父母联接的小小孩曾经没有被好好看到，那么很可能我们会带着这种遗憾难以接近自己的孩子。当然，这一切的发生是无意识的。那么，在学着爱自己孩子的同时，我们也是在给自己一个机会关照自己内心的孩童，疗愈早年的创伤，活出那个真实的自己。

我的一位来访者在结束夫妻关系咨询的时候，也收获了各自内在的成长。这位父亲很想重新陪孩子长大，但刚上初二的女儿都已经快有他高了，他说："玲玲小时候我确实没有好好陪她，大多数时间都在奶奶家，不过就像你说的，一切都是最好的安排，啥时候开始都不晚对吧，只是，现在开始陪她，你有什么建议吗？""孩子每个阶段的成长任务不同，错过了不同成长阶段的敏感期，我们就需要用发展的眼光看孩子，用当下孩子最适合的方式与他建立连接。比如玲玲，已经过了对依恋需要的孩子会更希望父母给她空间，这时候如果想弥补'建立亲密关系'这一课恐怕要遭到孩子的排斥了。"

父亲锁着眉头点着头。我补充说："不过，我相信她不会介意多一个朋友的，尤其是一个愿意倾听她、尊重她的知心朋友！"父亲的眉头舒展了，我相信他已经知道如何做一个好父亲了，前提是他要成为最好的、最真实的自己。

父亲滋养孩子童年的幸福片段会成为他们日后成长过程中最珍贵的精神资源，每每回想起来就会带给他们面对生活、面对未来的力量。陪孩子一路成长也是一个男人一生中最耀眼的事业，而孩子给了男性独一无二的感受幸福的机遇，重遇最好的自己，重拾内心深处的喜悦、平和与爱。

温暖、放松、踏实的感觉是孩子永生难忘的力量源泉

无论我们说了多少正确的话，用了多少精湛的育儿技巧，留在孩子心里面的不过是一种温暖的、信任的、美好的感觉。在孩子成长的过程中，这些依稀的记忆沉淀在心底，滋养孩子的心田，它成为一股源源不断的力量源泉、一道坚实的心理屏障、一份厚重的人生底蕴，帮助孩子挑战未知、应对挫折、探索生命。我们在教育孩子的道路上兢兢业业，宁愿为了所谓的"成功"而牺牲亲子关系、弄丢了自己，一脸委屈和困惑，当有一天回头看，我们会发现，作为父母最美的事不过是有一天，我们能自豪地说："我孩子比我高了，还喜欢和我聊天说心里话！"

1. 滋养心灵的记忆

童年的记忆如同山谷里回荡的驼铃声，触不可及又渐行渐远。我们试图抓住它，它却被封尘得那么深、那么久。然而那一声声清脆，那一幅幅温暖的画面，那些平凡而又动人的瞬间，却时不时地在心中荡漾。我知道，那曾经所有的美好，温柔的目光、耐心的陪伴，都深深地印刻在我的内心深处，融进了我的血液，在我的身体里滋长。它是我一生宝贵的财富，是我生命的基石，是我取之不尽的力量源泉。它给我内心注入了笃定的勇气去面对人生的挫折和挑战。

想想都觉得神奇，我至今依然记得小时候洗完澡，被柔软的浴巾包裹着、躺在妈妈怀抱里，听着妈妈哼着摇篮曲，在凸凹不平的房间里踱步的情景。我记得家里家具摆放的样子，记得那昏暗的灯光，记得当时屋里的泥土

地。当我说出这些时，我母亲非常惊讶，她说："那时候你才一岁呀，怎么可能记得？"我说："其实那是一些记忆的碎片和感受，不确定，所以问一问是否真的存在。"偶然间，这些画面闪现出来，它不是来自于我的头脑，而是从我的身体、我的情绪中浮现出来的。那种被包裹着、被抱持的感觉，妈妈的体温和轻柔的哼唱总能在某些瞬间滋养到我，如净化灵魂的养分般，从心底袭来。

20世纪80年代中期，生活还是比较清苦的，我父母都是兢兢业业的教书匠，一家人挤在自建的20来平方米的小土房里，但整个童年，我内心的基调是温暖的橘黄色。记得许多个夏天的傍晚，外面狂风暴雨，我们一家三口忙活得热火朝天。至今还记得那份兴奋，我们把所有的锅碗瓢盆都拿出来接屋顶漏下的雨水。床上自然是没法睡了，于是三个人依偎在一起，吹拉弹唱，昏暗的橘黄灯泡在水帘洞的折射下泛着金光。当然，我也记得，两岁多随爸爸妈妈搬家到新的城市，打开新家院门看到的那一地木头屑，那泛着斑斑点点铁锈的、掉了漆的铁皮门，耳边似乎还回荡着和邻家小朋友说的第一句话，记得和小伙伴们进地里偷草莓被骂的心情。

那时候爸爸妈妈工作非常忙，我有时候被锁在小黑屋里，看着偶尔出没的老鼠窜来窜去而不知所措。我也记得，在幼儿园里老师的冷漠、小朋友之间的排挤、成长中的自卑、恐惧和孤单。经历过所有这一切之后，我依然健康、顽强地拥有了虽不够强大却还算温暖的内心，用我的光和热陪伴着来访者、学员、一个个渴望疗愈的家庭、活泼可爱的孩子们……是什么在支撑着我呢？是父母的那份爱，点点滴滴、猝不及防地在我心灵深处留下时刻可以闪耀的光芒。

2. 追赶太阳的孩子

去年夏天，久别家乡近4年后的我带着孩子回老家避暑。一日，在去郊区游玩的路上，汽车驶过一片田野，我突然有种莫名的、似曾相识的感觉，于是问父亲，"这里是不是有个南山门啊？带木头框架的那种，我好像来过！"爸爸诧异而兴奋地问我："还记得这里啊？你3岁的时候咱们一起来追过太阳呀！当年这里是有一道门，你居然还记得！"说实话，我是记不清了，只是隐约感觉自己来过，然而此时，内心却涌出一份无以言表的感动和温暖。随着爸爸的娓娓道来，夕阳折射出温暖的光，洋溢在他那布满皱纹的脸庞上。我的眼睛逐渐湿润了，儿时那一段温馨的美好时光再一次回到眼前，或者说这些本就从未消失过的记忆，一直都在那里，在内心深处默默地给我力量，滋养我成为今天的自己。

3岁那年的一个夏天傍晚，我正在院子里玩土，一抬头就被天边那轮红彤彤的大太阳吸引了，于是兴奋地对着正在院子里擦摩托车的爸爸说："爸爸看呐，好红的太阳啊！"爸爸当时是一名物理老师，爱好广泛、喜欢钻研，面前的摩托车就是他自制的杰作。听到呼喊，他放下手头的事儿，过来蹲下和我一起欣赏夕阳。可是眼看太阳即将下山，我急得快要哭出来了，执拗地大喊着："我不要太阳下山，我不要太阳下山！"父亲并没急着给我讲道理，也没有责怪，更没有一本正经地告诉我马上就要吃晚饭了，大概是不忍心打扰我的好奇和兴致吧。这时候他灵机一动，一脸兴奋地对我说："那咱们去追赶太阳吧！"说罢就把我抱上摩托车，一边跟正在厨房里忙活的妈妈打声招呼，一边带着我风驰电掣般地向天边驶去。

一路上，我紧紧地抱着爸爸的后背，他的背像一座大山，坚实有力，仁慈的太阳也似乎非常知趣地配合，它放慢了落山的脚步来犒劳我们的努力。我们大约向西南方追赶了20公里，逼近郊区的南山。爸爸在半山腰的斜坡上停了下来，我似乎也意识到，任凭怎样追赶，都无法阻止太阳的落下。我们眼巴巴地注视着远方，父女俩紧紧地依偎着，站在山上欣赏着天边快要掉下去的大火球。这时候的太阳格外迷人，非常柔和，鲜亮却不刺眼，默默地散发着它温暖的光，似乎想把这最后一抹的光亮洒向大地、献给人间。太阳的周围泛着金光，那光芒至今还在我的心里荡漾，柔软而美好。

我们目送着最后一抹余晖落幕，直到整个天色都暗了下来，才恋恋不舍地掉头准备回家。新疆的天气温差极大，有人曾经用"早穿棉袄午穿纱，抱着火炉吃西瓜"来形容西域的夏天。追赶太阳时的兴奋和热情使我们一点都没有觉得冷，而往回走的时候才突然感觉到冷得出奇。爸爸把他的衣服脱下来给我裹上，回城的路似乎要比来时漫长了许多，但是我有父亲宽广而又温暖的肩背。这份踏实和温暖一直支撑我无所畏惧地向前进，时时刻刻伴随我，不惧寒冷、穿越黑暗、勇于探索未知，在漫长又布满荆棘的征途中笃定地迈出人生每一个坚实的步伐。我于是不再彷徨，对未来充满希望。父爱的力量，深沉而绵长，厚重而深邃，值得我们用一生来品味，需要我们用心去传承！

3. 聆听孩子心底的呼唤

父母对孩子似乎拥有许多沉重的教育责任，我们身边有不少泡在育儿书籍中寻找科学方法的好父母。然而我想，对于孩子而言，他们心底呼唤的爸爸妈妈或许只是这样的：一对热爱生活并相亲相爱的夫妻，他们能够珍视孩子小小的好奇心和愿望；能够让孩子看到，生命是那么多彩和有意义；能够欣赏和感受生活中不经意间的精彩与感动；能够为孩子幼小的心灵谱写欢快跳跃的音符；能够让他在回忆童年的时候，嘴角泛起微笑，眼前闪过温暖而泛着金光的画面；能够让他感受到，即使世间有黑暗和寒冷，我们也并不孤单，因为我们有着这世间最温暖的港湾、最宽广的臂膀、最温柔的目光！于是孩子们能够勇敢地探索未知，内心充满爱与希望，在世间行走，并延续着这份温暖和力量！

第四节
隔代养育的大家庭是父母的修炼"道场"

好关系胜过好技巧——创建求同尊异、民主和谐的家庭氛围

民主和谐的家庭氛围，对孩子来说非常重要。孩子在温馨的家庭氛围中会感觉到自己是安全的，这样他们就会把精力真正放在自我的成长上，踏实、勇敢地探索这个世界。所以家庭中融洽的关系是孩子最好的滋养品，在家庭系统中良好的互动关系比起育儿技巧本身更重要。但这并不意味着我们总要保持一致，维护表面的和平。

欣欣妈是我的一位学员，自从有孩子以后就和公婆同住，她是一个

"八五"后，很注重学习成长，这几年上了不少父母课堂，也读了不少书。可令她苦恼的是，她试图用书里学到的知识武装自己的家庭，理工男老公觉得她太较真儿，公公婆婆更是感觉不自在。一次课后，她焦虑而无奈地问我："徐老师，你说的所有的话我都特别有共鸣，非常认同，科学育儿的理念固然很好，可是，我家的老人不理解啊！说了他们也不听，听了也做不到，我又上班，没办法亲自带孩子，该怎么办呢？"

我让欣欣妈试着放松紧锁的眉头，感受一下自己在问我问题时的语气和表情。她意识到了自己的僵硬和纠结的语气，"是的，我是挺困惑的，而且不是说家人教育孩子的方式要一致嘛？关于老人带娃的方式，我现在说也不是，不说也不行，压抑得我隔一段时间就得和老公吵一架。"

可儿妈妈也遇到了隔代养育中的困扰。尽管是姥姥与夫妻俩同住，帮忙照看孩子，但她感觉宝爸对姥姥不够尊重，她和先生也沟通不畅，担心丈夫的脾气会越来越差。

她一面为妈妈的隐忍叫冤，感到委屈和难过；一面又和老人有许多育儿理念的冲突。她感到心力交瘁，不知孩子在这样的环境里成长是否不利。

我可以感受到这些妈妈心中那种深深的无力感。年轻人与老人相处包括隔代抚养的家庭关系问题是一个经久不衰的话题，许多家庭可能都遇到过。每个人的童年经历、成长步伐不同，再加上没有建立求同存异的家庭关系，思想观念和行事风格的差异和分歧自然在育儿中被放大，家人之间如何看待不同的育儿理念便成了棘手的问题。透过问题我们可以找寻建构幸福和谐家庭关系的方向，看清问题的本质，走出困惑的泥潭。

有的时候，让我们纠结的事情是因为我们不愿意去面对它，也不愿意去承担随之而来的结果。比如说一段纠结的婚姻，如果相互抱怨、痛苦不堪，已然难以挽回，但对离开婚姻的各种现实层面的恐惧和担心促使我们留在受害者的位置上自爱自怜、抱怨他人。人们在这段婚姻中，即使感觉痛苦，可头脑仍然紧抓看似重要的那一份获益，不愿意去面对和承担剩下的结果，忽略了心灵的感受，似乎就只剩下一条路，那就是痛苦和纠结。但实际上，我们的内心在任何时候都是有选择的，在育儿的过程中也是一样的。我们如果不能每时每刻全然地陪伴孩子，而选择别人的帮助，就需要承担相应的结果，比如说价值观的不统一等。在接纳和面对的同时，让爱流动起来，在一份圆融的、自由表达的、尊重的关系中，一切自然就能归位。

当然，我们不必打着求同的旗号强加给家人我们认为对的观点。当家庭里的育儿理念有分歧的时候，换个角度看，家庭里有不同的声音存在不一定是坏事。孩子看到，家庭里每个人的想法和风格不尽相同，但他们依然能够尊重彼此的界限、积极沟通、和睦相处，谁也不强迫谁改变，这恐怕是一份更难得的教育示范和成长的机会。在这样民主、有爱、充满生气的家庭里，孩子的价值观会更加开明、灵活，会更加尊重界限、接纳并坚持自我。孩子会意识到这个世界上并不是只有一个真理被允许存在，我的家庭里可以有多种声音，同时大家又能真实地做自己、表达自己。孩子有自己的生命智慧，有时甚至有能力自动甄选和过滤适合他们的教育方式。所以真正让孩子困惑的不是教育观点本身，而是家长的虚假和家庭气氛的压抑。如果父母的规则摇摆不定，家人之间不能真诚地表达，彼此间充满防范和敌意，气氛冷漠而紧张，会让孩子不知所措，在成长的过程中找不到自己。

积极诠释了欣欣妈所担忧的"理念不一致"问题，她瞬间释然了，也开始觉察自己。她抱怨的语气渐渐变缓，眉毛也舒展开来。"没错，我老公总说我一肚子道理，好像全世界就我一人说的是真理似的，我越想让他们听我的，他们就越不买账，搞得本来向着我的老公都开始挑战我的育儿权威了。""是啊，每个人都希望被看到、被认可！""难怪我老公说：'你自己先平静点，再充当育儿专家吧！'""有的时候我们总是盯着别人改变，实际上是因为我们自己内心深处觉得自己做不到，进而转移焦虑，想让别人来承担责任，从掌控别人中获得心安。但这样，我们不但无法改变别人，也让自己乱了阵脚。"我说。

孩子们需要真正的民主，民主不是无限制地给孩子选项，也不是假惺惺的询问。那天去表姐家住，她温和地把头探进10岁儿子的卧室说："阳阳，你一会儿是就洗个脚呢还是洗澡？""洗脚。"阳阳回答，"啊？还是洗个澡吧，冲一下多舒服，头也能洗洗，今天那么热。"妈妈说道。阳阳赶紧鸡叨米一般地点头，嘴里却嘟囔起来："好啦好啦，那你一开始就别问我了呗！"妈妈完全没有感到不妥，继续沉浸在劝慰孩子的热情中。这样的一幕在我们身边随时随地上演着，我们想放权又担心，想尊重又干涉，想尝试给孩子有选择的民主，但却仅保留了民主的形式。

接受差异，尊重自己真实的感受

我们也无须为了刻意的一致而忽略自己内心的真实感受和需求，不试图改变他人，但也不要任凭自己的界限被一再打破。有的妈妈为了迎合家人而委曲求全，其实心里是另一套想法，这份压抑孩子是能感知得到的。例如妈妈想喂到自然离乳，而家人都反对孩子长期吃母乳。为了和家人保持一致，妈妈就放弃了自己的立场，也许这份纠结和隐忍妈妈自己都没有感觉到，但却会被敏感的孩子感受到，引起孩子的不安或躁动。

每个人压抑的情感都不会自行消失，它会以自己的方式存在、转化、释放。而妈妈如果能真诚又坚定地告诉家人："我知道你们对喂奶这件事情有很多不理解和顾虑，但我真心希望一直喂下去，这是我和宝宝之间的事，希望得到你们的祝福。"家人听到这样的表达也许仍然会不舒服，但是妈妈的态度既温和又坚定，家人也会逐渐习惯于尊重妈妈的底线。如果遇到强势的家人，既不愿了解科学知识又一定要越界干涉，妈妈就需要做到接纳和允许家人的情绪表达，但是并不代表接受他们的观点，这和与孩子的相处之道一致。持有不同的观点不代表对抗，总是附和别人的声音也不代表尊重，灵活地允许对方、表达自己是妈妈的智慧。

接纳差异说起来容易做起来难。我们有时候还难以接受几年前的自己，更何况期待家人完全理解彼此。妈妈们有时候心想，这些都是为了孩子好，老人为什么不愿意接受新的观点，为什么就不能为了孩子放弃老、旧、错的育儿理念呢？

然而，每个人的成长背景和生活经验不同，人们所认为的"好"也不尽相同，更何况，在彼此建立的关系和信任还不到位时，给对方抛出新理念直

接意味着质疑和否定。当一个人自身价值体系被挑战和威胁时，排斥便是一种本能的反应。因为顺从和接受将意味着我承认自己是不好的、不对的。如果一个人内心缺乏力量，靠外界的评价、肯定和赞美来确认自己的存在，那么这种否定就是致命的。在这些特定的场景中如果再触发到更多的情感开关，就已经不是育儿建议好不好的问题了。比如老人也常常想，我是过来人比你有经验多了，听我的当然是没错，怎么那么执拗呢？再加上本就是牺牲了自己的玩乐时间，辛苦帮忙带娃，却得不到肯定，老人心中免不了生起委屈、无助甚至愤怒的情绪，而这是年轻父母不易考虑的。

融洽的关系是传达理念的基础

"谁带谁有发言权。"这句话听起来包含了不少无奈，但仔细想想也的确如此。有时候家庭中纷争的不是孰对孰非，而是话语权和掌控权。没人喜欢在付出的同时还被人指指点点。父母养育孩子的时候一定不希望被轻易干涉，同样的，老人也不希望被轻易干涉。这个世界上没有人有权力或者有能力去改变另一个人，但我们却能通过自身改变而散发出的光芒逐渐影响到身边的人。当然，前提是父母需要履行第一养育人的职责。"谁带谁有发言权"正是在告诉我们尊重自己和别人的界限，我们给出的建议和指导，我们认为更好的标准，不过是还没放下自己的控制欲。随时觉察自己是不是又希望周遭的一切按照自己的期待去发展，看到这个部分，就应该深吸一口气去感受自己的内在，接纳自己，并放开自己。

那我们就要放弃一切更科学、更有效的育儿理念吗？当然不是。我们要把重点先放在建立良好的家庭关系上。因为良好的沟通、融洽的关系是传达理念的基础。良好的氛围并不是维护表面的和气、隐藏自己的想法，而是家人之间建立真诚的沟通模式，诚实地表达自己，在原则问题上坚持自己的界限。

有的妈妈发现，当自己不执着于传达所谓新的教育理念，而是更多地关心、理解和赞美家人的付出时，对方的态度也随之柔和下来，使沟通变得更顺畅。当我们和家人建立了足够稳定、强大的信任关系后，再传达一些重要的理念就变得容易和自然多了。

不要执着于标准答案，借育儿先育己

当你在育儿道路上开始觉醒的时候，有没有不自觉地用挑剔的眼光看待家人的育儿观念和行为？甚至无论学了多少沟通技巧都发现慢慢不那么管用了？那是因为我们沟通的前提是想改变和说服对方，而先入为主的"我对，你错"的预设会让一切沟通技巧失效。

在育儿过程中，我们发现，执着于标准答案和绝对的好坏对错本身恐怕是育儿的大忌。今天你坚守的真理，也许就是另一个流派饱受争议的观点，又或是几年后将被淘汰和颠覆的对象。但有一点永远也不会过时不会变，那就是妈妈们随时向内看，把家庭关系中的每一幕都看成是活出自己的机缘，通过孩子、老公和所有家人照见自己、活在当下，心中充满温柔、感恩和智慧的光。这个时候，我们可以抛开一切方法、技巧和形式，只把它们当作一种流动的助缘，而非形成固化的"所知障"，从容又智慧地做妈妈、做自己。

父母们刚刚学到一些令人激动的育儿知识后，容易顾此失彼，甚至走极端。可儿妈继续和我诉苦，觉得姥姥不支持她的科学育儿观。虽然并不想用对错来界定输赢和评判是非，但为了加深印象，动摇她内心中固守的"对"，平反角落里的那些"错"，听完她的叙述后，我故意说，"老人的做法好像更妥当呢。"可儿妈愣了一下，陷入了思考。

在可儿小的时候，可儿妈害怕老人把孩子宠坏了，总是会提醒姥姥不要过多抱孩子。然而，我们常说，一岁半以内的宝宝怎么宠也宠不坏，尽量多给他温暖和拥抱，及时满足他的各种需求。这么看，可儿在成长的过程中，恐怕还得感谢姥姥给了孩子足够的安全感和肌肤的接触，才弥补了可儿妈在这方面的缺失。曾经有妈妈一度追捧"哭声免疫法"，这个理念说："当宝宝哭就放下，不哭再抱起来，如此训练，宝宝就不再哭了。"也许宝宝真的不哭了，那是他意识到自己的情绪是不被看到和接纳的。他看似乖巧的表现不过是对这个世界的失望，因为他感到哭是不好、不对、不讨人喜欢的，纵使如何呼求关注也是徒劳的，而哭是他这时候所会使用的唯一的语言，从此，他逐渐关闭了自己表达感受和与人链接的心门，这也为孩子日后的心理健康埋下了伏笔。

除此以外，可儿妈抱怨老人总是替孩子做过多的事情，她看在眼里急在心上。例如，2 岁的女儿乱扔玩具，妈妈的做法是告诉孩子：这个玩具是你扔的，必须自己捡回来。可儿妈会反复强调并坚持等孩子自己把玩具捡起来，而姥姥通常不说什么，直接默默地蹲下身子帮孩子捡。可儿妈担心姥姥这样做会让孩子养成不负责任的习惯，将来……

妈妈的担心自有道理，而姥姥的做法虽不完美却至少用自己的实际行动给孩子做出了示范，没有过多的说教。我们相信身教大于言传，执着于给 4 岁以下的孩子讲空洞的道理并不是最明智的选择。当然，如果姥姥能带动孩子一起来拾东西就更好了。但任凭可儿妈有千百条理由说明自己担心的合理性和育儿理念的正确性，我们都不能忽视态度行为背后发出的底层能量。妈妈的做法出发于恐惧，而姥姥的做法出发于爱。这里我也深有体会。

大宝小的时候，我对于隔代养育有些焦虑，尤其是自己专攻于儿童教育心理领域，更是有眼里揉不得沙子的感觉。尽管知道育儿先育己，但目光还是时不时地盯向他人和孩子。自我的觉察和成长是一条曲折和漫长的路，是一辈子要学习的功课。当我刚讲完课指导完家长关于孩子自主进餐的知识，回到家却看到已经两岁多的儿子被奶奶喂饭；当我刚讲完给予孩子空间和机会自主做事情，就看到奶奶还抱着或背着块头已经不小的孩子从远处走来。出于对奶奶的关心，我也经常提醒她，但收效甚微。我把这份纠结和宝爸分享："这么下去真的会宠坏啦！"宝爸说："我们能做的最多是建议，但建议了他们也不会认同，认同了也不一定做得到，所以我们做好自己这部分就好了。"虽然道理上都明白，但我仍然有些不甘心。"放心吧，咱们做父母的影响力还是最大的！"宝爸的话突然让我一怔，是啊，一个不小心我就陷入了育儿的大忌——担心！忙着判断什么样的教育方式对孩子好，却忘记了这一个当下，我是出于担心还是祝福，是带着恐惧还是爱！至少奶奶喂进嘴里的是爱，背在背上的是一份沉甸甸的幸福，而我的目光里却背负着担心！虽说怕奶奶因给孩子喂饭而使自己吃不好或者怕她累着是关心，但这也是一份越界的担心啊。其实，奶奶有权决定自己的事情，只有我不信任她能照顾好自己时，才会觉得这是一个需要改变的问题，而老人可以被提醒，但不需要被改变。更重要的是，当我进入更深的觉察，我看见内心深处那个不被看到的小小孩，那么无助和慌乱。是的，我承认，在自家的孩子身上看到我所坚持的育儿"真理"不能被很好地贯彻实施，我的价值感被硬生生地挑战了。当我所在乎的、想极力抓牢的权威感被毫不留情地掀翻，羞愧、恐慌和失控正在把我的信念一点点瓦解，我在努力证明自己的"对"。当我在讲台上，在咨询师的位置上，在自己的育儿实践中毫不费力地把"对"呈现出来时，生活还原给我一道真正的应用题，我想借以撑起自己"强大"的所谓"真理"都在这份关系和真实到赤裸裸的题目中被照得清清楚楚。

突然间我好感恩，也一下子释怀了，一切方法论都瞬间回归它的本质——专注于自己的修为和境界！不评判、不干预，允许每个人在他们自己的位置上，只做好自己。从那以后，我可以平静地看着奶奶抱着大宝一脸宠溺地喂饭，享受他们的温馨时光，偶尔带着真诚的爱与关心提醒一句："妈，您的饭别凉了哦！"但是我和大宝的相处却一直坚守我自己的育儿方式和原则，相信孩子内在的智慧。然后我发现，即使大宝见了奶奶有时候变回小婴儿，但和我在一起的时候，依然乐于自己吃饭，依然有使不完的力气跑步、蹦跳，甚至主动帮我拿包，怕我累着，很绅士地替我挡着门让我先进屋。睡觉前大宝会神秘地对我说："妈妈你过一会儿再进来！"当我再次进卧室的时候，被子已经被铺得整整齐齐了，床头放了一杯水，他那得意的小表情充满了欣喜和成就感，"妈妈，你快尝尝，水温怎么样。"我喝着不凉不烫的水，感觉从喉咙到心底都甜滋滋的。从此，帮我铺床和做睡前准备也成了他的必修功课之一。

当我们放下担心、专注于自己的提升时，孩子会给我们一个又一个的惊喜；而当我们担心他、害怕他出错的时候，我们排斥的东西往往会成为现实。孩子的问题本身常常不是问题，而家长的焦虑却是个大问题。孩子更需要真实的、从容的妈妈。让我们借着育儿先育己，既尊重自己又尊重他人，在真诚、融洽的家庭关系中和孩子共同成长吧！

外面没有别人，还是我们自己，遇见孩子，看见自己，我们需要做的只是允许生命绽放。

把自由还给你的心，才有力量保护自己和你爱的人

当我们的内在真正有力量的时候，我们的心情是不太容易被周围的事、周围的环境所影响的。如果我们的内心不够温暖而有力，那么我们常常会希望别人肯定自己，这时候我们内在的价值感是通过外在的认可、评价来获得的。于是我们就非常容易情绪起伏，也特别在乎外在的一切。比如说，如果周围的人对我很好、夸奖我，我就很开心。但是如果周围的人说我不是一个好人，或者是对我有负面的评价，我就会立马不开心了。这时我们的情绪就受外界左右，我们的心是不自由的。

当我们真正知道自己是一个有价值的、可爱的人，我们甚至会微笑着回应别人的抱怨："谢谢你的分享，你是对的，因为在你看来事情是那样的！但我有自己的看法。"如此这般，我们既不抗拒，也不急于解释和辩驳，也不被别人的负能量波及。

我们每时每刻保持在一个稳定的状态，内心喜悦、心智成熟、界限清晰，不卑不亢地表达自己的需求和感受，这个时候我们才能真正保护我们爱的人。

妈妈的成长，孩子的福气，家族的希望

对妈妈来说，如果我们真的能把力量收回来，让自己变得强大，那么我们在这个家庭中创造的氛围就会滋养身边的人。渐渐地你会发现，丈夫更温暖有爱了，孩子也更乖巧了，老人也舒畅了。而尽管有着不同的声音，这个家庭依然是充满生气的、有爱的，而且是民主的。所以构建良好家庭关系的源头还是要处理好我们与自己的关系。

欣欣妈由衷地感叹，自己的状态很稳定、很积极时，整个家庭氛围就会特别的好。但是如果有段时间她对自己有一些不接纳了，那么家庭呈现出来的状态就会有些紧张。所以妈妈在家庭里面确实非常重要，她散发的能量和气场影响着整个大家庭。

永远不要试图改变你的先生、长辈或者任何的家人，包括孩子。不试图

改变别人就是把力量收回来的关键一步。当然，我们还要真实地、不带评判、不带怨气地表达自己，这样家人才会愿意真正倾听我们，并且知道我们的界限和底线在哪里。当家人有情绪的时候，无论是丈夫、孩子还是老人，我们都可以看到情绪背后是有多么渴望被爱、被看见。

透过孩子这份珍贵的"厚礼"，我们看见并疗愈自己、让生命得以绽放，也收获了圆融的家庭关系。孩子陪着我们一点一滴地"长大"，愿这本书帮助你看到"这份礼物"。

与真实的孩子相遇，看见更好的自己！

成长路漫漫，有你陪我，真好

扫码浏览全文

尝试练习，清理那些不适合你的信念系统

扫码浏览全文

参考文献

[1] 张德芬. 活出全新的自己 [M]. 长沙：湖南文艺出版社，2016.

[2] 奥南朵. 对生命说是 [M]. 翠思，译. 北京：北京联合出版公司，2015.

[3] 路易丝·海. 生命的重建 [M]. 徐克茹，译. 北京：中国宇航出版社，2008.

[4] 培恩. 简单父母经 [M]. 杨雪，张欢，译. 沈阳：辽宁科学技术出版社，2013.